貧困脱出マニュアル

タカ大丸
Taka Daimaru

飛鳥新社

故・青木秀雄の思い出に。

まえがき

「タカ大丸、急に金持ちになった疑惑」というものがある。この2年ほど、私の友人・知人の間でかなり真実味を帯びた調子で囁《ささや》かれていた。

曰《いわ》く、タカ大丸が訳した『ジョコビッチの生まれ変わる食事』は2015年のジョコビッチ一強時代のバブルに便乗して10万部を超えた。元々貧しい家の生まれで、さえないただの翻訳者だったはずなのに、最近はン千万円を儲《もう》けてウハウハの印税生活らしい――

端的に言って、以上はすべて間違いである。

私が訳した『ジョコビッチ～』が10万部以上のベストセラーとなったのは事実だ。だが、それで受け取った印税は、契約上単行本1冊が1400円、印税は最初の2万部が5・5%、

2万1部以降が6・5％となっている。計算機をたたけばすぐわかることだが、残念ながら10万部に到達してさえ私が受け取った印税は1000万円には及ばないのである。当然、ここからさらに所得税と消費税が差し引かれることになる。翻訳者には「印税は必ず著者と分けなければならない」という悲しい宿命があり、正直なところ消費税より高いパーセンテージは一度ももらったことがないのだ。後述するが、翻訳業は貧困脱出において最悪の手段・職業である。

そして、「私が貧しい家庭の生まれ」であるのはその通りだ。しかし、「ジョコビッチバブル」に「便乗」したわけではない。事前に彼の台頭を予測して、準備していたのだ。言ってみれば、彼に「ベット」して、当てたのである。

それでも思う。

もうオレは貧乏ではない、と。あんなところに戻らなくていいのだ、と――。

昔から、よく「アフリカの（あるいは東南アジア）のXXの国の子供たちは、貧しいけど目をキラキラ輝かせて水汲《く》みをしていた」とか感動した顔で言う人たちがいたではないか。あの手の輩《やから》が私は大嫌いだった。過去形では不十分だ。今も許せない、と現在形で言おう。

あなたは本当の貧しさを知っているのか。貧しさなど、百害、いや千害万害あって一利ない。さんざん経験してきた私が言うのだから間違いない。何ひとついいことなどない。

水汲みをして「キラキラ目を輝かせている」子供は、たぶん教育を受けられない。学校に行けないから字も読めないままで一生単純労働だけで終わり、貧困の負の連鎖から抜け出せないことがなぜわからないのか。貧しさを知らない人に限って、貧しさを称《たた》えるのだ。

貧困がはびこれば、家族の揉《も》め事が増え、教育を受けられないから学力低下によって機会が奪われ、衛生状態の悪さから病気になっても治療を受けられず、せっかく才能があってもそれを伸ばす可能性すらない。想像力も狭まる。歯並びが悪くても矯正できないから無駄な虫歯やケガが増える。寿命も短くなる。

だから、私が子供のころはいかに貧困から抜け出すかしか考えていなかった。そして、もし自分に子供が生まれるなら、絶対にあんな思いだけはさせたくないと思い続けてきた。

「いや、スポーツの世界ではハングリー精神がある者が勝つのでは」という人もいる。プロスポーツの世界なら仕事柄私は人より知っているが、これも大嘘《うそ》である。

私がこの本を書こうと考えたとき、友人のプロサッカー選手・監督約20人に聞いてみた。

「お前さんの業界、サッカー仲間で誰かめちゃくちゃな貧乏を克服して出てきたかっこいいヤツはいないか?」

かなりしつこく聞いて回った。だが、残念ながらいなかった。

結局、プロサッカーの世界に入ろうと思えば、才能プラス先行投資が必要となる。だから、現在活躍するJリーガーの大部分は中流階級以上の自営業者の息子である。

「ブラジルがW杯で強いのはハングリー精神があるからだ」
大間違いである。W杯決勝に出てくる選手は、すでに大富豪になっている面々ばかりである。歴史に残るプレーヤーたちを見ると、カカもネイマールも、裕福な家庭の出身である。ロナウジーニョも小学校のころからプール付きの家に住んでいた。年収２８０億円というクリスティアーノ・ロナウドがハングリー精神で毎日の練習をしているはずがないではないか。資産家社長の子供に生まれ、選手としてもすでに圧倒的な実績を残したラファエル・ナダルがいまさらお金のために世界ツアーを回る必要がどこにあるのか。

野球もまた同じである。カリブ海諸国、具体的にはドミニカ共和国やプエルトリコ、キューバ、キュラソーといったところから数多くの偉大な選手たちが生まれてきた。これはハングリー精神のおかげと勘違いしている人が多いが、ならドミニカ共和国と同じ島にある最貧国、ハイチからなぜ野球選手が出てきていないのか。

本当にハングリーなヤツは、夢すら見ることができない。これが厳然たる世の習いである。だからこそ、私はこの本を書こうと思った。私が子供だった約30年前より、確実に増えている「仲間」のために。今貧しさや家庭内暴力・虐待に苦しんでいる子供たちのために。

端的に言って、今の私は60％の圧倒的言語能力と、25％の未来予知能力と、15％のセールス能力を駆使して生きている。大富豪にはなっていないが、下手なサラリーマンよりはもらえている。岡山の片田舎で誰ひとり振り向いてくれなかった時代があり、読者約25万人が振り返ってお金を払ってくれている今を、素直にありがたいと思い、幸せに感じている。

本書では、どうすれば貧しさを抜け出せるのか、どのような方法で教育を受けて、何を学び、どのようにして職業を選び、何を考えればいいのかすべて具体的に詳述する。私自身の経験はもとより、貧困を脱出した人たちを徹底的に取材し、実践できるようにハウツー化した。貧困に苦しんでいる人だけでなく、収入を少しでも増やしたいすべての人のヒントになるはずだ。

家庭内に問題を抱える人のために、絶対必要不可欠な正しい離婚の作法も伝える。DVなどの家庭問題は貧困と切っても切れない話だからだ。

さらに、今までの経験や読書、実践の中で効果があった貧困脱出につながるエッセンス、「違いをもたらす違い」だけを抜き出して述べる。上記の三つの能力をいかにして得たのかも明かす。モラルや綺麗《きれい》ごとは一切ない。本当に貧しい者は、そんなものには構っていられないからだ。


私の育ちは決して幸せなものではなかった。かつて1年間留学したイスラエルは、戦時中でしょっちゅう自爆テロがあったにもかかわらず、私の実家よりはるかに安全だった。ただ、私が恵まれていたのは実家の貧しさが社会構造や階層によるものではなく、ひとりの破綻者（元父親）によるものだったということだ。もうひとつ恵まれていたのは、親戚つまり伯父や伯母がみなまともな人だったということだ。そして、本文の中で話すこともすべて簡単にウラがとれるということだ。だから貧困から抜け出せた、というのはその通りである。

貧困は罪悪であり、病である。すべての悪の根源である。人類はかつて天然痘《てんねんとう》やペストを克服した。今度は貧困の番だ。できないはずがない。いつの日か歴史の教科書に「人類には、かつて貧困という病気がありました。今は完全に撲滅されました」と書かれる日が来ることが私の生涯を賭けた悲願のひとつである。

貧困脱出マニュアル　目次

1章　基本スキル編

4章 語学力アップ編

5章　未来予測 編

6章　トラウマ脱出 編

7章 稼ぎ続ける人の習慣 編

1章 基本スキル編

貧困から抜け出す方法 1

近所の人がやりたがらない重労働をやってあげる

「実を言うと、僕自身も家族について最近まで知らないことが多かった。僕の父は統合失調症《スキゾフレニア》だった。脳内であらゆる声を聞いていたんだ。そして僕が5歳のときに死んだ。睡眠薬の過剰摂取による自殺だったよ」

デービット・ホルトンはスポーツ栄養サプリメント会社の株式会社ボディプラスインターナショナルとHALEO, Incの創業者である。今でこそ数々の格闘家を支援し、バスケットボールの仙台89ersのスポンサーも務め、自他ともに認める成功者となっている彼だが、学歴は「高校を1週間で中退」である。

外国人の話？　と思った向きもいるだろうから説明しよう。本書の最初にホルトンを取り上げるのは、典型的な貧困家庭の背景を持つこと、そしてその脱出方法が基本中の基本であるからだ。そして、彼の脱出方法が学歴と関係ないところがいいとも考えた。

「まあ、中学もロクに行ってなかったけどね……成績もひどいものだった。人には言えないような裏仕事、それこそヤクの売人とかもしていたからね。もしあのまま地元に留まっていたら、今ごろ刑務所にいるかケンカに巻き込まれて死んでいたかのどちらかだと思う。僕は日本に救われたんだよ」

ホルトンは１９７５年にカナダのアルバータでカナダ人の父と日本人の母の間に生まれた。姉がひとりいる。

「今でいうカケオチなんだろうな。母親は実家とケンカして、日本語で勘当というの？ そんな状態でカナダに移り住んだからね。でもさっき言ったように父の精神状態がおかしくなって、強制入院になった。実の父について覚えているのは何度か僕らに会いに来てくれたこと、それだけだな」

その後、母親は再婚する。お決まりといえばお決まりだが、義父の虐待がここから始まる。

「幼いころ、僕のモチベーションはいつかこの義父をぶっ殺してやる、それだけだった。といっても、すべてが悪い思い出というわけでもないんだ。義父はアルコール中毒だったけど、お酒を飲んでいるときは機嫌がよくて優しかった。本当に怖いのは素面《しらふ》のときだったね。何かほんの小さな子供らしいミスをすると地下室に呼び出されて、ぶっ叩かれるのはハンマーがいいか、ムチがいいか、長い定規がいいかって聞いてくるんだ。映画の『グッド・ウィル・ハンティング』そのままだよ。何度か姉が僕の罪をかぶってくれて、助かったよ」

ホルトンに幼いころ一番貧しさと惨めさを感じたのはいつだったのかと聞いてみた。

「僕が使うものはすべて姉のオサガリだったんだ。だから自転車が欲しいと言ったら、あてがわれたのは姉の女の子用自転車だったわけさ。ほかの同級生たちはいかにも男の子用のかっこいい自転車に乗っているわけだよね。当然、なんなんだお前の女々しい自転車は、ということになる。今思えば、殴り合い・いじめにならないほうがおかしい。それで母に文句を言ったら〝うちは貧乏《プアー》なのよ〟と言うわけ。え、プアーって何なんだ？　僕にとって〝プアー〟とは、テレビとかで見るアフリカの裸足で何も食べるものがない子供たちのことだったから、自分がまさかプアーに当てはまるなんて夢にも思っていなかった。あれは僕の子供時代の中でも大きな衝撃だったよね」

こうして必然的に、ホルトンは何が何でもカネを手にしてやる、と幼いながらに執念を燃やすようになる。

「日本人はよく日本には四季があるって言うけど、カナダにだって四季はあるんだよ。ということはさ、夏なら芝刈りの仕事が発生するし、秋には落ち葉掃き、冬は雪かきをしなければいけない。だけど重労働だから誰だってやりたくない。それで近所を回って芝刈り、あるいは雪かきをやりましょうかって聞いて回った。そこで大人は考える。面倒くさいことをして腰が痛くなるくらいなら、10ドル払ってこの小僧にやらせればいいんだ、とね。それが僕にとっての初めての仕事だったよ」

お金をもらえるパターンは三つだけ

昔、ジェームス・スキナーという経営コンサルタントが講演でこんなことを言っていた。

人がお金をもらえるパターンは三つしかない。

1. 人がやりたくないことをやってあげる
2. 凡人ができないことをしてみせる
3. リスクをとってリターンを得る

この三つだけである。たとえば、「満員のヤンキースタジアムで160kmの速球を130m飛ばしてスタンドに打ち込む」とか「ワールドカップで国を代表して直接フリーキックをゴールに入れる」はふたつ目にあたる。この場合のホルトンは当然ひとつ目にあたる。

さらにホルトンの独白は続く。

「次にやったのが新聞配達だった。割り当ての地域があって、たとえば100部配るとかになっているわけだよね。でも、僕としてはもっとたくさん配ってもっとお金をもらいたいわけだ。そこで隣の割り当て地域を担当する子供にお金を払って、そこの地域でも新聞を配らせてもらった。でもね、今にして思えば本当に頭がよかったのは〝新聞を配る権利〟を売った子供のほうだよ。働かずにお金を手にしたわけだからね」

そういって笑った。

常識で考えて、実家から勘当された日本人女性がカナダに移り住み、夫が自殺してしまえば生活が厳しくならないほうがおかしい。ホルトンの母はとにかく働きづめだったという。

「母には週末もなかったよ。だから僕はとにかく週末だけでも母を休ませてあげたかったんだ。ただね、本当に慎ましい生活をしてお金を貯めて……たしか3回だったかな、僕を日本に行かせてくれたんだ。母の実家がある奈良にも行ったし、東京にも来た。そのとき丸の内のオフィス街を見たら着飾ったビジネスマン・ビジネスウーマンが美味しそうなランチをとっていた。これを見て僕はいつの日か日本で会社をたちあげ、ビルを建てて美味いものを食ってやろうと決意を固めたんだよ」

その後ホルトンは輝かしい実績を築いていくことになるのだが、その原点にあったのは「人がやりたくないことをやる」である。

「どうやったらお金をもらえるか」は何通りも方法があっても、「どんなときお金をもらえるか」は先述の3パターンだけ。そのうちだれでも実行できるのは、「人がやりたくないことをやる」だけなのだ。

経済の原則として、まずは理解しておく必要がある。

貧困から抜け出す方法 2

まかないがつく店でバイトせよ。どうしても追い詰められたら、ゴミを漁れ

「うちの実家は元々経営者でさ、オレが産まれたときには裕福だったよ。貧乏どころか裕福。まだ平均月収3万円の時代に大倉山で母親のと2台ブルーバードがあったもんな……」

細貝淳一は東京の大田区にある株式会社マテリアルの代表取締役社長である。会社の名前に聞き覚えがなかったとしても、〝下町ボブスレー〟の初代推進委員長といえばテレビ等で見たことがある方も多いのではないか。

下町ボブスレーは、東京都の大田区の町工場が中心となりボブスレーのソリを開発するプロジェクトである。ソリを使用予定だったジャマイカチームが平昌《ピョンチャン》五輪を前にドタキャンするゴタゴタが発生したが、それはまた別の話だ。耳目を集めるプロジェクトを進めたには違いな

いし、記者会見や発表会などには必ず顔として登場してきた。

冒頭のくだりを聞く限りにおいては、細貝が本書に登場する余地はなさそうに見える。しかし、運命は小学校1年の終わりに暗転した。

「オヤジが女を作ってたんだよ。何人か知らないけど、複数いたことは確かよ。会社も倒産して、オレは母親の実家に引き取られた。お袋が夜昼働いていて、オレは祖父母にイナゴを食わされたり、サンマの缶詰だけで白飯3杯食わされた思い出があるな」

こういう環境にいると、お金が欲しくなるのは当然だろう。

「小4か小5だったかな、当時コーラの空き瓶が1本30円で買い取りだったんだよね。それを拾って売りに行ったのが初めてお金を稼いだ経験だったな。だけど、もっとお金が欲しくなるじゃない。今でいうマネーロンダリングだか何だか知らないけど、オレ、店の在庫のビンをつまんでまた売りに行ったんだよな。たぶん、店のおばちゃんもお見通しだったと思うよ。何回目かに行ったら〝淳ちゃん、そういうことしたらダメよ〟って怒られたもん」

その次に年中行事のようになったのが〝教科書配り〟だったという。

「新学年になったら、新しい教科書を配るじゃない。それを手伝ったら、日当３０００円もらえたんだよな。当時、地元のラーメン１杯が１００円の時代だから、３０００円は大きいよ。これが毎年３日だけあるんだけど、３日あれば９０００円だから新学年は毎年楽しみだったよ。まあ年に3日だけどな。これは中学に入っていても続けたな。そして、中学を出てから成績が悪かったたし、ワルをしていたこともあって定時制高校に通うことになったんだけど、その高校時代に500万貯めたね」

私も大昔、高校卒業後に肉体労働を1年半続けて200万円貯めたことはあったが、500万円とは想像すらつかない。どうやって貯めたのか。そのとき細貝は背筋を伸ばし直して身を乗り出してきた。

「おう、そこだよな。まず、昼に18万円程度稼げる仕事を確保する。これが第一歩な。それから定時制高校に出席して、部活が終わったら夜10時になる。で、10時から夜中の3時までラーメン屋で働いたんだ。当時ラーメン屋の夜の時給は1000円だったから、1日で5000円でしょ。それ掛けることの25日。それをさっきの18万円と足したら毎月30万円くらいにはなる。で、オレはそのお金を家に入れることはなかった。全部自分に貯めたんだよね。食事についていえば、高校に行ったら5時半から6時くらいに給食が出てね、もうひとつはラーメン屋のまかないが午前1時に出たんだよね。この給食は学費に含まれているもので、ひと月5000円で食い放題だった。そうやって徹底的に出費を抑えていけば月に25万円は残るだろ。それを1年続けたら……」

「300万円にはなりますね」

「それでもね、1年目はお金が貯まらなかった。麻雀やパチンコに入れてしまったのもあったし、母親に100万円渡したのもあった。だけど2年目以降の16、17と。とにかく100万円貯めて、そこからステップアップできたね。ここからいえることは、稼ぐというのはある程度誰にでもできるんだよ。ただ、大切なのは原価を抑える、残すことなんだよね。必要なものは買えばいい。でも欲しいものは我慢しろということなんだよ。着るものも1年中ほぼほぼ変わらなかったし、当時セルシオが出始めたころでね、オレだって買おうと思えば買えたよ。でもここじゃねえな、みんなが大学を出るときにオレがいくら作ってるんだ、というのがキモだと思ったから、買わなかったね」

そして細貝は父ちゃん・母ちゃん・親戚の娘の「三ちゃん」でやっていた工場にもぐりこむ。

「あるとき、取引先のお客さんからXXを持ってきてくれ、って注文がきたんだよね。それで注文に合わせてほんのちょっと加工したら、原価が100円くらいだった材料が10万円で売れて、しかも感謝されたんだよ。100円がたった7時間で10万円に化けたんだよ」

その後細貝は貯めたお金と信用を元手に、現在の工場を立ち上げた。

人生の「最低限」をまずは満たす

先ほどの細貝淳一の独白の中で、特に重要な部分があったのをお気づきだろうか。

「夜10時から3時までラーメン屋で働いた」「ラーメン屋のまかないが午前1時に出たんだよね」

人間が生きていく上での最低限といえば、今さら私が繰り返すまでもなく衣食住である。その中でも最重要なものをひとつ選ぶとすれば食だろう。これだけはなくしてしまったら死んでしまう。だからどうしてもお金を出すしかない。

この出費を抑える一番の方法は、まかないがつく飲食店で働くことである。そうすれば食費をただにできる。仕事柄、「グルテンフリー」を推奨するジョコビッチの本を出してベストセラーにした私が、ラーメン店で働いてグルテンと炭水化物と動物性脂肪と塩分の塊《かたまり》たるラーメンを食えと言うのは矛盾もいいところだが、貧乏な時期に選択の余地などない。目をつぶって食べ、一刻も早く貧困の負の連鎖から抜け出すことを目指すしかない。十割そばの店なら、少なくともグルテンの問題はほとんどなくなる。

私の場合で言うと、日中はそばの出前、夜中はコンビニのバイトを掛け持ちしたことがある。出前のほうはまかないが元々保証されているし、きちんとざるそばくらいは出てくるからいい。コンビニは違った。私は夜の12時から朝8時までのシフトに入っていた。夜間にした理由は簡単で、日中なら760円とかの時給が900円になるからだ。当時の私にとって、1時間百数十円の違いはあまりに大きかった。

そして、当然ながら夜は客の出入りが少ない。だから事務室で洋書を読むことくらいはできた。岡山でも最底辺の街外れにある薄暗いコンビニの倉庫と、岡山の外に広がっているはずの大きな世界をつなぐ糸は、私の手元にある1冊の英語の本しかなかった。

12時の勤務開始に向けて、私は毎日夜11時に起き、11時50分ごろに出勤する。店のユニフォームを着ると、まずは店周りの掃除をする。その間に店長は賞味期限切れが近いおにぎりとか、エクレアなどを買い物かご一杯につめて、裏に引き上げる。

12時半くらいになると店長は帰宅していくわけだが、その前に必ずやることがあった。買い物かご一杯につめた賞味期限切れ寸前の食べ物を、思い切り踏みつけて食べられないようにするのだ。ホームレスの人たちや犬たちが食べないようにするのだ、と言っていた。

だが、岡山にホームレスはほとんどいない。別に東京より優れているからではない。ホームレスを支えられるだけの地域の力がないだけだ。犬にとってみれば、靴裏で踏みつけていようがいまいが大して変わらないだろう。

だが、そこにはもうひとりお腹を空かせていた者がいた。言うまでもなく私である。

エクレアを1個買えば100円が消える。おにぎり1個買えば120円か130円が消える。1日200円を25日使えば5000円、1年たてば6万円になってしまう。当時の私がそこまで細かく計算していたわけではないが、とにかく無駄なお金が消えてしまうのが許せなかった。100円を無駄にすれば、その分だけアメリカへのクモの糸がさらに長く伸びてしまう。

10代のうちにとにかく貯める

さらに恐ろしかったことがある。店長の働く姿だった。働く姿は尊い、と誰もが言う。だが、30代後半になって238円が1点、316円が3点、と言いながらバーコードを読み取る姿はどう見ても憧れる大人の姿ではなかった。このままの生活が続けば、オレはアメリカだの世界だのは夢のまた夢で終わり、15年後に412円が1点、セブンスター3個で690円、と未成年の不良小僧に媚《こび》を売りながら生きていかなければならないのだろうかと本気で恐れた。本当は、武士は食わねど高楊枝《たかようじ》、とカッコをつけていたかった。だが少しは食べなければ飢え死にしてしまう。残された道は、足元にあるひとつしかなかった。

足元の廃棄食物に目をやる。すでに日付は変わったから賞味期限は切れているかもしれないが、常識で考えて9月24日午前1時に賞味期限切れとなるおにぎりを午前2時半に食べたとしても食中毒になるとは思えない。頭上には監視カメラが仕掛けられているから油断してはならない。バレたらクビになる恐れも十分にある。実際、その後クビになった。少し前『コンビニ人間』なる小説が大ヒットした。ダメ人間の象徴が「コンビニ人間」なのだろうが、私はコンビニ人間にすらなれなかった。

エクレアを1個手に取る。思い切り足跡がついて中のクリームが飛び出し、袋の内側全体に広がっている。だがぎりぎり穴は開いていないようだ。だから食べられる部分に足跡とか土《つち》埃《ぼこり》はついていないはずだ、と自分自身を納得させる。

袋を開ける。監視カメラに写らないよう十分注意しながらぐちゃぐちゃのエクレアを食べ、クリームがべっとりついた袋の内側をなめつくす。美味しさなど全くなかった。野良犬と変わらない自分に涙が出た。

貧しいというのは圧倒的なハンディだ。強みになるようなことなど何もない。でもそこから抜け出す、のし上がっていくためには地にはいつくばって野良犬と同じところに身を落として手を汚してでも成り上がるしかなかった。30代後半になっても真夜中にあんな田舎のコンビニに残るなど想像すらできなかった。

それにしても大切なのは、まず、タネ銭を作ることである。タネ銭だけは食うものも食わずに作らなければならない。タネ銭が100万円なら100万円たまると、意外に別の知恵が湧いてくるものだ。（藤田田著『Den Fujitaの商法1』120頁）

――人間が成功するには最初の1万ドルを貯めることが大切である。1万ドルがあれば、様々な可能性が出てくる。

雑誌だったのか本だったのか、また正確な文章も覚えていない。ただ、1万ドルという文字だけははっきりと頭の中に記憶している。（団野村著『説得する力』22頁）

ほかにも邱永漢《きゅうえいかん》氏が似たようなことを書いていた。たしかに私の実感とも当てはまる。最初の100万円を貯めるのは本当に苦しい。しかし、100万円さえ貯めれば次の200万円はなんとかなる。そうすれば、新しい人生を始められる。100万貯めたことがある人とない人では、同じ空間にいても見える光景が全く違う。それだけは確実だ。

高校時代だけで500万貯めた細貝淳一の場合もそうだが、10代のうちに、長時間の肉体労働でもいいから、なりふり構わず稼いで貯めることだ。いくら稼いでも、全部パチンコに入れたり買い物につぎ込んではいけない。貯めて残さなければ意味がない。贅沢《ぜいたく》は一切禁止だ。タバコ・酒など論外だ。どうしてもタバコを吸いたいなら、101万円貯まったときに1本だけ葉巻を吸えばいい。それからまた貯蓄再開だ。

今はもうそんなことをしなくてもよくなった。おやつを食べるときに計算するのはカロリーと糖分の量であり、金額ではなくなった。

これだけは言える。私は報われて当然なのだ。

貧困から抜け出す方法 3

徹底的に誰かの思考を取り入れてみる

昔、神田昌典著『非常識な成功法則』の中で「ひたすら成功者が語るオーディオプログラムを聞け」というので実践したことがある。当時よく聞いたのが神田昌典&ジェームス・スキナーの対談CDだった。

その中に「どうしてあなたはそんなにすごい人たちと会えるのか?」という質問が出てくるのだが、ジェームス・スキナーは笑いながら次のような答えをしていた。

「皆さんね、そういう人たちは会いにくいと思っていること自体が誤解なんですよ。私の経験では、本当の成功者というのはモデリングされたいんですよ。自分がどうしてこのような結果を出せたのか、人に伝えたくて伝えたくてしょうがないのに、でも弟子がいない、という場合が多いんですよ。だからそれを真剣に学びたいと伝えると意外と会えることが多いんですよ」

最初は半信半疑だったが、何回も聞いているうちに本当のような気がしてくる。試してみると、確かにその通りだった。結局、本当の実績を出している人は自信があり、疚《やま》しいところがないからいくらでも出てこられるということだ。

そう考えてみると、私自身もオーディオプログラムの恩恵を受けている。

ご覧の通り、本書には実に数多くの方々にご登場いただいている。元々友人だった場合も多々あるが、本書のために初めてお会いした方々もいる。だから必ず聞かれるのが「なんでそんな人たちに会えるのですか？」なのだが、種を明かすと簡単で、「問い合わせてみた」だけである。

今までを振り返っても、私が会えた人は、例外なく自信家だった。私ごとき若造の1匹や2匹、自分の魅力でイチコロにできるという確信を持っていた。反対に、ここだけの話、名前は出さないが面談を断ってきた人もいる。そういう人は、その後大きなつまずきに直面したという事例がいくつかあった。だから、仮に教わりたいとお願いしてみてあちらが断ってきたら、気にしなくともよい。何か後ろめたいのだろうくらいに思っておけばいいのだ。

ちなみに、私が聞いてよかったオーディオプログラムをいくつか紹介しておきたい。

Robert Cialdini　*Influence*
Mark Victor Hansen & Robert Allen *Cracking the Millionaire Code*

Mark Victor Hansen *Mega Book Marketing University*

※日本では発売しておらず、すべて英語である

このうち *Mega Book Marketing University* というのは出版志望者向けにマーク・ヴィクター・ハンセンと親しいベストセラー作家・編集者・エージェントなどが売れる本を作るためにどうしているのかを語るセミナーである。たしか、CDで二十数枚、時間にすると丸1日に達するだろう。引っ越しの際に片づけてしまったが、ひとつだけ言えることがある。今聞いたらどう感じるかわからないが、約10年前の私が二十数時間全部聞いた中で役立ったのは1行だけだった。だがその1行のおかげで私は今も本を出し続け、食え続けている。

ちなみに、その1行とは、「編集者は本の中身になど何の興味もない。知りたいのは売れる理由と根拠だけだ」である。

出版を生業《なりわい》にしている私にとって、業界の真理を知っていることは強みだ。別の仕事にはそれぞれの真理が必ずあるはずで、どこかで誰かがすでにしゃべっているはずだ。

「読書百遍」という言葉もある。古代中国で、官僚になるためには古典の漢文をひたすら読まなければならなかった。難解そのものの古文でも百回繰り返し読んでいると、あるとき意味がわかるようになるという。これだと思うものが見つかったら、ぜひ100回繰り返して聞いてみてほしい。

貧困から抜け出す方法 4

貧乏人は部活にかまける暇はない

もう何年も前の話になるが、上田桃子というプロゴルファーが次のような発言をして物議をかもしたことがある。

「私、同級生でバスケやバレーに打ち込んでいる人たちが不思議でしょうがなかった。先がないじゃないですか。プロがないのに、なぜそんなに真剣にできるのですか？（中略）私は最終的にプロになる、仕事になるスポーツしかしたくなかった。だからこそ、最初からゴルフで稼ぐつもりだった」

結論から言うと、彼女は100％全面的に正しい。当時バッシングに加わった輩は、全員手をついて謝るべきだ。

実際に、これとまったく同じことを言った人がいる。選手・監督としてラグビーを極め、息子はプロ野球でドラフト1位指名を受けるところまで育て上げた清宮克幸氏である。

ラグビーはプロがない。実力への対価のないスポーツ。そう考えると野球は、最も評価の高い時期にプロに行くべき。(2017年9月22日　デイリースポーツより)

今までの人生を振り返って私が一番無駄だったと後悔しているのは早めに野球の見切りをつけなかったことである。小5でソフトボールを始め、高校まで野球部にも入ったが、中学高校と一度もレギュラーになれたことがなかった。残念ながら、私に才能はなかったのだ。にもかかわらず、続けてしまった。幼いころ、大金持ちになれる職業というのはプロ野球選手しかないと思い込んでいた。だから野球がダメなら人生終わりだと誤解していたのだ。あの時間を、アルバイトと英語の勉強にもっとつぎ込んでいれば、私はもっと早く貧困を抜け出せたと思う。そして英語の習得がもっと早くなっているということは、ひょっとしたらあと追加でフランス語と中国語くらいは話せるようになっていたかもしれない。それが残念でならない。

中流階級、親に余裕がある子供が好きでテニスなり剣道をやるのはいい。しかし、貧乏人にそんな余裕はない。今の時点で自分の才能が何かわからない、見つかっていないというならなおのこととにかく働いてお金を貯めることだ。貧乏人が部活をやっていいのは、プロになって稼げそうな場合と推薦で名のある大学に入り、奨学金をもらえる場合だけだ。

好きなことを習い事にしてもめったに続くものではないし、まして稼げるプロになどなれるものではない。好きでさえなければ、そんな可能性すら皆無だ。そんなことをするくらいなら、もっとお金のために時間と労力をさいたほうがよいのだ。

一度、私は1時間500円で教える学習塾で特別講演を行ったことがある。当然、そこに通う子供たちは大なり小なり家庭に問題を抱えている。そこで善意の人たちが集まってこの子たちが基礎学力をつけて少なくとも全日制の都立高校に進めるよう尽力しているわけだ。

この講演会で「何か儲かる仕事と聞いて思いつくものはあるか？」と私が聞くと「サッカー選手」という声があがった。まあ期待通りの答えである。実際、クリスティアーノ・ロナウドの年収は代理人が公表したところによると280億円だという。羨ましい限りである。

しかし、ピラミッドを書けばすぐにわかる話だが、日本でサッカー選手の頂点と言えるのが日本代表の約20名だろう。その下にJ1がいる。昨年度の平均年俸が約2300万円だという。今年は確実にそれより高くなっているが、それはイニエスタ、ポドルスキ、フェルナンド・トーレスという「アウトライアーズ」（統計学用語で〝外れ値〟つまり統計で主要値から外れすぎて参考にならないもの）がいるからで、この3人は除外して考えなければならない。

ちなみにJ2の年俸は約400万円である。1チーム20人として、J1が18チームあるわけで、サラリーマン以上にもらえるのはせいぜい300人程度ではないか。

そして日本全国にはサッカー部がある高校が約4000校ある。単純計算で少なくとも4万4000人のサッカー少年がいるわけで、そこからこの300人に到達できる可能性は

確率論なら、サッカー選手より社長

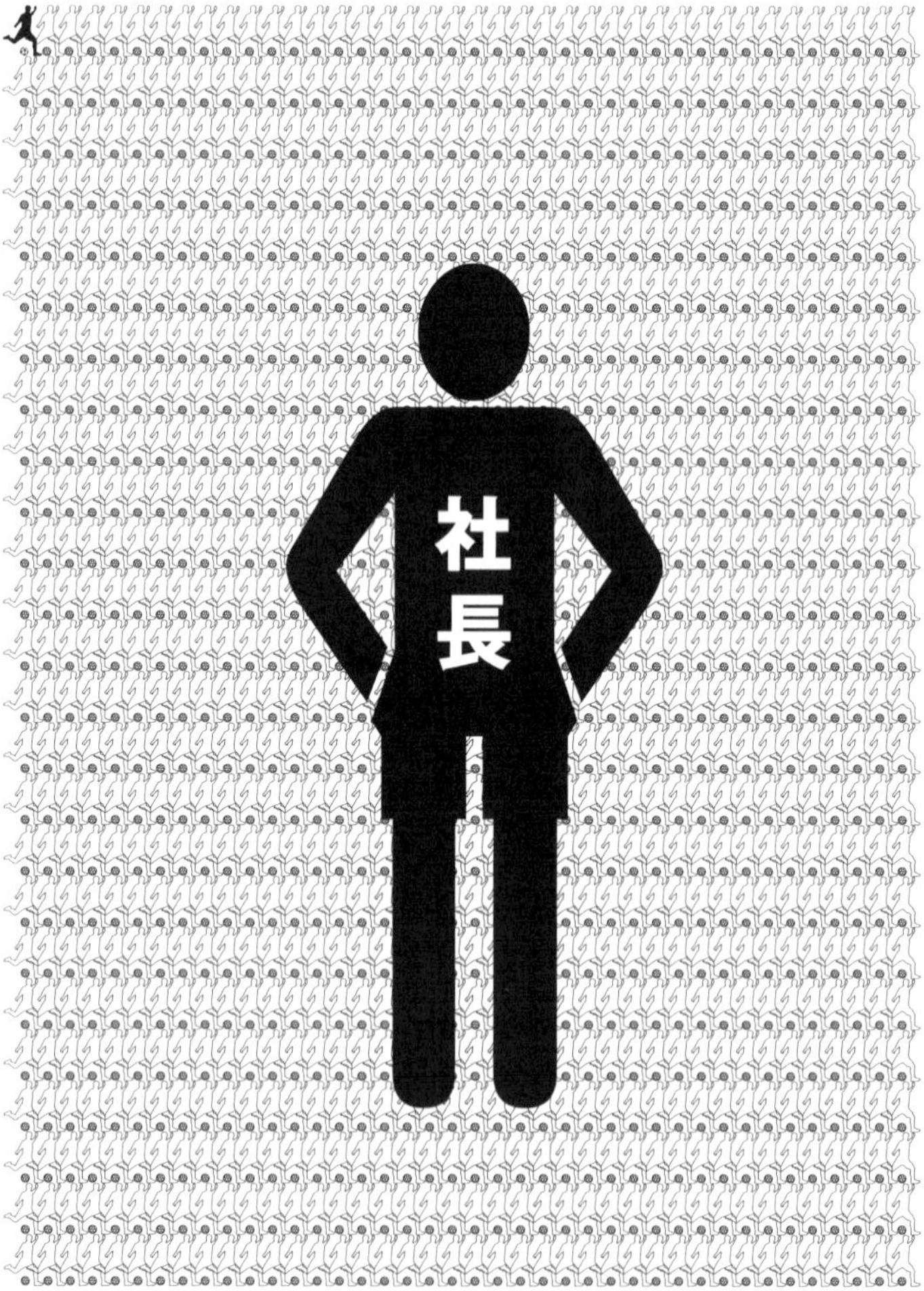

300人の中のひとりか、76万人の中のひとりか

……ということだ。

では、会社の社長というのはどうか。中小企業庁が2017年度に出した白書によると、中小企業は約380万件だという。つまり380万人は社長がいるわけだ。

聞くところによるとそのうち8割が5年以内に廃業するらしいが、言い換えると2割の76万人は社長として生き残っているわけだ。300人のひとりになるのと、76万人のひとりになることのどちらが簡単か、もはや言うまでもあるまい。私の友人に社長はたくさんいるが、翻訳家の実態を話すと「社長のほうが断然恵まれているんだな……」と必ず言う。確率論でいって、社長を目指すほうが間口が広いのは間違いない。

歴史上、評論家と補欠の銅像が立ったことはない。私が知る限り、補欠が映画の主役になったのは「ルディ」だけだ。運動部の補欠・応援要員で時間を無駄にするくらいなら、後述のスポーツへさっさと転向して、勝負をかけたほうがまだ可能性があり、儲かる道も開き、人生の主役になれる道筋が見えてくる。私のように、野球部の球拾いで人生を無駄にしないでほしい。

貧困から抜け出す方法5

まずはメルカリで1000円稼いでみよう

我妻伊都《わがつまいと》は40代前半のライターである。10年以上中国暮らしが続いたが、昨年帰国した。いってみれば浦島太郎である。

言っては悪いが、彼の原稿収入は私の数分の一である。それだけでは到底生活できない。にもかかわらず、彼は食えている。それもしょっちゅう海外旅行しながら優雅に稼いでいる。

その秘訣《ひけつ》こそ「メルカリ」である。スマホ1台あればすぐに始められる転売サイトである。

「要は、メルカリで私物とか海外で買ってきたけどいらなくなったものとかを売ればいいんですよ」。我妻はこともなげに言う。

「最近よく売れたのは、フィリピンで超国民的人気を誇る〝コジエサン〟という美白成分が多く含まれる酸性の強い石鹸《せっけん》ですね。どこのドラッグストアでも必ず手に入ります。2個で50ペソだから、100円少々かな。それをメルカリで5〜6倍にして売るんですよ。それで売れますから、単純計算で利益は4倍ということですよね」

これだと1個500円の売り上げということになるが、塵《ちり》も積もれば山となるでほかにもっと利益率が高いものがたくさんあるに違いない。

「最近、オンラインで無料セミナーをやっていて、そこにいけば顔も名前も出さなくていいですし、登録の仕方からすべて易しく教えていますので、そこに行くのが一番いいんじゃないですかね。なにより、グループで仲間意識をもって一緒にやっていると挫折しにくいというのは大きいと思いますね」

実際に、このセミナーで学んだおじさんが、それまでヤフオクでどうしても売れなかったものを一瞬でメルカリで売りさばいたという事例がいくつもあるそうだ。

「物販で一番いけないのは在庫を抱えてしまうことですが、そのあたりも含めて易しく教えてくれますよ。上は70代、下は高校生もいましたし、副業ができない公務員の方なんかも始めているみたいですよ」

たしかに、名前も出さなくていいのなら、やってみたい人は多いだろう。何より、失敗して恥をかく心配がない。

「今まで個人的にやって好評だったのがベトナムで買ってきたハス茶、タイのスーパーで売ってる乾燥ドリアンとかでしたね。乾燥していますから壊れる心配もありませんし、少々売れなくても腐る心配もありませんしね。あとはタイで買ってきたパロディ系・北朝鮮をからかったTシャツなんかは1枚300バーツ、つまり1000円弱で仕入れて4倍くらいの値段がつきましたね」

ほかに、どんなものなら売れるのか？

「本当に何でも売れますよ。今までで一番驚いたのは、男物の中古の水着が売れたことでしたね」

これには私も驚かされた。そんなものをわざわざ選んではく人がいるのか。もちろん、特殊な趣味をお持ちの方だったのかもしれないが、それでも売れるなら自宅のいらないものはほぼ何でも売れるに違いない。

入手困難なものを売ってみた

実際にできるのかどうか、私自身が試してみることにした。

自分のスマホでメルカリの公式サイトを探し出し、登録する。といっても最低限の個人情報だけで、我妻の言う通り性別すら表に出す必要がない。時間で言えば、5分もかからなかったのではないか。

今回私が出品しようと考えたのが、とある書籍である。『沖縄の業界地図2017』というもので、とあるメルマガで大絶賛されていた。それだけならアマゾンなり街中の紀伊國屋なりで買えばいいだけの話で私が出る幕はないのだが、同書はほぼ沖縄限定の発売で、本土では入手困難なのだという。それなら欲しがる人はいるのではないか。

試しに「市場調査」をしてみると、アマゾンおよび楽天ブックスでは入手不可能となっている。市場調査といってもそれぞれのサイトに名前を打ち込んで検索しただけである。メルカリをみると、しばらく前に500円少々で売られたことがあったようだ。ただこのときは明らかに前述のメルマガで紹介される前の話である。今は欲しがる人、つまり市場そのものがそのときよりは大きくなっている。多少高くしても売れる、と踏んだ。

幸い私には那覇在住の友人が何人かいる。事情を説明して3冊ほど買って送ってもらった。

書籍が届いたところで出品となる。スマホにダウンロードしたメルカリのアプリを立ち上げると、右下に「出品」という赤くて丸いタブが出てくる。それをクリックすると出品ページが出てくるので、そこでスマホのカメラで撮影した書籍の表紙の写真を上げる。そして簡単な説明文を書く。

冒頭に【新品】と強調し、さらに「送料無料」と付け加える。人間は「無料」に弱いものだ。よく空港などであるではないか。お土産の饅頭とかクッキーとかで「3個買ったら1個無料」というあれである。冷静に考えたら単なる25％割引なのだが、「無料」のほうが顧客に響く。今さらこんなところであらたまって書くのも恥ずかしいくらいの販売心理学の基礎中の基礎である。ちなみに、メルカリと郵便局の間ですでに仕組みが出来上がっていて、A4の封筒に入るものであれば「ゆうパケット」というサイズの郵送で送料175円となっている。175円割引で売れるなら安いものだ。

火曜日の寝る前、つまり夜12時少し前に出品したわけだが、木曜の午後には「売れました」とメールが届いた。1冊1100円の本が2500円で売れた。メルカリが手数料10％をとる。つまり250円となり、あとは送料175円が差し引かれる。それでも2000円少々残る計算である。スマホを立ち上げるとQRコードが出てくるのだが、それを郵便局員に見せればいいという。

早速私は無地のA4大茶封筒に商品を入れ、郵便局に持って行った。念のため、送り主が必要になったときのために住所と名前が入ったハンコだけは持って行った。

そして自宅から徒歩3分の小型郵便局に行き、局員にQRコードを見せる。すると彼はバーコードリーダーのようなものを取り出して読み取り、何かシールらしきものが出てきた。

少しだけこのシールを見せてもらうと、受取人の住所も郵便番号の上5桁が表示されるだけで末尾まで書いていない。住所も先方の都道府県だけで、それ以降は米印になっている。私のほうは名前を名乗ることもなく、住所等を証明する書類も要求されなかった。送料を支払おうと財布を取り出すと、「要りません。後ほど差し引かれるみたいですよ」と局員に制止された。

結局のところ、成功したいと口にする人の大部分が成功できないのは、「失敗を恐れすぎる」「失敗したときの恥の感情に耐えられない」からだ。その点、メルカリであれば登録のときに最低限の住所氏名を打ち込むだけで、それが公表されることは一切ないし、上記の通り取引相手にさえ何も伝える必要がない。元手はスマホ1台で、家の中にある不要品であれば仕入れ値もゼロである。中古の男物の水着でさえ売れるのである。つまり文字通り何でも売れるということではないか。

言うまでもなく、私は生活のためにメルカリで何かを売る必要がない。今回の一連の実験も、ただ本で紹介する事例を作りたかっただけだ。仮に何も売れなかったとしても誰も知らないわけだから恥ずかしがる必要もない。

そして一度でもここで販売の実績を作れば、あとは加速度的に広げることができる。なんでもそうだが、1を2にするのは難しいことではない。10を50とか100にするのも十分に可能である。一番難しいのは0から1を作ることなのだ。結局、0を何倍しても0のままである。

家の中にあるガラクタを売りに出せば、少なくとも本書の代金くらいは売れる。要はそれだけで本書を買って元をとれた計算になる。

それよりも大事なのはとにもかくにも自らの手でモノを売ったという実績と自信である。難しいことは言わないから、まずメルカリで1000円売り上げをたててほしい。そうすれば、あなたは確実に貧困脱出への第一歩を踏み出したことになる。

貧困から抜け出す方法6

海外との価格差に目をつける

安く買って高く売る。なんといってもこれがお金を稼ぐ基本中の基本である。応用編として、海外から買う方法を紹介しよう。

冒頭にご登場いただいたデービット・ホルトンに再びお越しいただく。

高校中退して行き場をなくし、悪さをしていたホルトンを見て、母親は彼の実姉にあたる娘が仙台で英語教師をしているということで、そこに送り出すことを決めた。そして伯父のツテで工場勤務を始める。

「でもさ、カナダでは違法とはいえしっかりお金を稼いでいたわけじゃない。日本でこれだけ働いていているのにもらえるのがわずかなお金というのは許せなかった。だから英語教師としてまあまあ稼いでいた姉貴に〝英語学校で教師の仕事を紹介してくれないか〟と頼んだわけだよ」

こうしてまんまと正社員として英語学校にもぐりこんだホルトンだが、とにかくお金が欲しくて夜や週末も別口で英語教師をしていた。

「あるとき、社長に呼び出されてね。〝デービット、君は週末や夜はほかで働いているらしいね〟と言われた。〝ええ、働いてますけど〟〝ダメだよ、君はうちの正社員なんだから外で働くのは契約でダメなんだよ〟〝でも僕はお金が欲しいんです〟〝シゴト、スキダネエ〟。今でも社長の口調を覚えているよ。〝しょうがないな。そんなに働きたいならうちでもっと働け〟。一応英語教師としてもまあまあ生徒からの人気はあったからシフトを増やしてくれた」

そんなとき、オフの時間にジムへ通っていたホルトンに転機が訪れる。

「ジムに通ってトレーニングしていたから、サプリメントを摂《と》るよね。だけど、当時の僕が愛用していたサプリメントは日本になかったから、いつもハワイの会社に注文していたんだ。すると、周りのジム仲間から〝今度注文するときにそのサプリを一緒に買ってくれないか〟と頼んでくる人が何人も現れた。これは事業になるかな、と思ったよ」

さらにこの考えを強くしたのが当時交際していた現夫人だという。

「まだ彼女だったころの妻が、雑誌を持ってきたんだ。〝こんなにサプリがあるんだから、わざわざ輸入しなくてもいいのに〟。だけどね、当時の日本に僕のニーズを満たしてくれるサプリはなかった。だから米国の大手企業にメールを出したんだ。〝僕を日本の販売店にして流通させないか〟。それからというもの、週末はボディビルコンテストに行ってブースを出したり、ジムへ行ったりして売り込みをしていたね。正式に法人化したのが23歳のときだったかな」

商売の鉄則は、「安く仕入れて（買って）、高く売る」である。この点については古今東西どこでも決して変わらない。あの北朝鮮でさえ同じである。ヤミ市場でたくましくそうやって商売している人たちがいる。

そして価格差が一番生まれるのが国内と国外である。海外で安いものを日本で高く売る、反対に日本で安いものを海外で高く売る、極端な例を出せばそうやって資本をためてトロイの遺跡を発掘したのがシュリーマンだった。

ホルトンには12歳の息子がいる。私は、この息子に今後何を学んでほしいか聞いてみた。

「対人能力だね」。彼は即答した。

「もし息子が学者になりたいなら、学業だけに専念していけるところまでいけばいい。だけど実社会、特にビジネス界に進むというのであればあらゆる人種と付き合わなければならないんだ。会計士、弁護士、顧客はもちろんのこと、ときには政治家とかヤクザだって出てくるかもしれない。どんな人たちも顧客になりうるわけだし、あらゆる人がビジネスパートナーになるかもしれないわけだからね。結局のところ、人と関係を作れる能力がビジネスにおいては一番大切なのだと思うよ」

「国内外の価格差」という点についてはのちほどあらためて考察するが、いまどき海外に行くのは決して大ごとではない。日帰りなら、台湾や韓国に1万円程度で行けるパッケージもあるではないか。ひょっとしたら、その1日で何か発見できるかもしれない。

貧困から抜け出す方法 7

清潔にして外見を磨く

若いころの私は、モテなかった。絶望的にモテなかった。どれくらいモテなかったか。端的に言って、素人童貞を卒業したのが20代半ばになってから、と言えば少しはおわかりいただけるだろうか。10代の男にとって、モテるかモテないかが死活的に重要なことは誰しもわかるだろう。

そんな私にとって、10代のころ支えになったのは同じく容姿の悩みを抱えている10代の少年に対して、今東光《こんとうこう》和尚が新渡戸稲造の演説を引用して語った言葉だった。

自分は非常に醜男だった。とにかく中学時代の新渡戸なんていったら見られたもんじゃなかった。それが苦学して大学で勉強し、渡米して、それからまた皿洗いをしながら苦学した。そしてだんだん学問を修め教養が深くなって、そうして見分が広くなってくるに従って、鏡に映る自分の顔がよくなってくるのに気づいた。それも素晴らしくいい顔になっている。顔でさえ、自分の頭脳と精神と努力によって変えることができた。お前たちの中にも醜男がだいぶいるが、ちっとも卑下することはない。教養があると、目の光、顔の輝きというもので相手も尊敬してくれる。何か得意なものを見つけ、自分の才能に合ったものを引きだして、絶えず努力せよ！（『極道辻説法』84頁）

こうして少し救われた私だが、だから急にモテるようになったわけでもなかった。相変わらずニキビだらけで前歯には隙間が残る、つまりすきっ歯だった。それでもいろいろと読書や勉強はしていたつもりだったので、いつかそんな私の内面の魅力に気付いてくれる女の子が現れるに違いないと信じていた。いや、信じていたかった。

だが、間違いだった。そんな天使のような女の子は、ハタチを過ぎてもまだ現れなかった。20代半ばのころだったか、私はある講演会で「水戸のヘンな美容師」の話を聞いた。なんでも平日午前中でも常に満員で、従業員はみなベンツを乗り回していて、1店舗だけで年商1億4000万円を超えるという。商売もそうだが、私はそれだけの女性から支持を受ける秘訣は何なのか知りたかった。そこで私はこの美容院に行ってみることにした。

予約して行ってみると、吉成光男社長ご自身が私のシャンプーをしてくれた。そしてシャンプーをしながら、独り言のようにつぶやいた。

「大丸さんね、男って勘違いする生き物なのですよ」

「はあ、どう勘違いするのですか？」

「男というものは、中身さえ磨いていればいつかオンナがその魅力に気付いてくれると勘違いしています。しかしね、オンナという生き物は、男の外見が悪かったら中身を見る前に去っていきます。だから、これからの時代は男、それも経営者こそ外見を磨かなければなりません」

天啓、とはまさにこういうのを言うのだろう。私の頭上に雷が光った、ような気がした。

私が長年モテなかった理由は、すべてここに帰結する。外見に一切気を配らない、投資していなかったからだ。

昔、とあるモテない男のための講座に参加したとき、講師は参加者の男たちに対して手の指を3本出せと言ってきた。その次に、この指を口の中に突っ込んでみろと指示を出した。

考えてもみてほしい。自分の口に突っ込めないような不潔な指を、他人の体内に入れようとするなどこんな不埒《ふらち》な話がどこにあるのか。女性は、男の手の指を必ず見ている。万一のことがあるからだ。AV男優が深爪にするのも同じ理由である。

中身を磨くことが大事ではないというつもりは毛頭ないが、どんなに中身を充実させても爪が汚かったらすべて台無しだ。

私は高級爪切りで週に4回は爪を切ることにしている。

男女の話に限らず、仕事でも見かけは大切だ。こいつは信頼できる、お金を払ってもいい、と思ってもらえる外見を整えることである。
少しお金が貯まってきたら、外見への投資を検討してほしい。

小金が貯まったら、まず歯に投資しよう

私はここ数年、年に2回はバンコクに来るようにしている。

理由は、「歯科検診」である。私が、たったひとつだけお金に糸目をつけず投資を続けているのが歯のケアなのだ。

幼いころの家庭環境では、歯にまで気を配ることは不可能だった。その結果というべきか、私の前歯はすきっ歯になっており、半分以上銀歯だらけになっていた。ちなみに、前歯に隙間があると、英語を話すときに著しく不便である。FとかTHの音を出そうとすると、上の歯で下唇を噛《か》んでも空気が抜けて正確に発音できないのだ。米国人が歯並びにこだわるのは単なる美容の理由だけではない。そういう言語面での必要性を抱えているからだ。

ちなみに、20代半ばのころ一度都内の審美歯科で見積もりをとったことがある。結論だけ言うと、上の前歯を6本削った上に差し歯をかぶせるわけだが、しめて40万円だという。40万も痛いが、何より健康な歯を6本削るというのが納得いかなかった。

私がタイの歯科に注目するようになったのはもう7、8年も前のことだった。出張でタイのサムイ島に行ったのがきっかけだった。

前歯の隙間を、なんと9000円以下で埋めることができたのである。

何より大きいのは、いつでも何のためらいもなく口を開けて笑えることだ。それまでは、隙間を見られるのがいやで、どうしても写真撮影のときに口を閉じることが多かった。この変化だけで、性格までも変わったように思う。笑う門には福来るといういい言葉があるが、歯を変えると仕事への影響も大きい。誰だって、能力が同じなら陰気なヤツより明るいヤツと一緒にいて、仕事をしたいに決まっている。

前歯の一件でタイの歯科のレベルの高さを知った私は、もう一度お金を貯めてバンコクですべての歯を治そうと決意した。そして何年かお金を貯め、満を持してタイに戻ってきたわけだ。タイの歯科に通ううちに、誰でもできる簡単な歯医者の見分け方を発見した。

- 個室で治療しているかどうか
- 毎回ハンドピース（歯を削るドリルのこと）の刃や道具を消毒して替えているか
- 銀歯を入れているかどうか
- 根管治療（つまり歯の神経をとること）のときに、顕微鏡を使っているかどうか

そもそもから言って、ヒトの口は非常に不潔である。細菌の数は大便よりも多い。にもかかわらず、個室で治療していないとすれば、感染症の危険が大きすぎる。いまだに手袋を替えないまま3人の患者を同時に治療している歯科医がごろごろいる。肝炎やHIVにいつ感染して

もおかしくない。個室でないだけでも論外なのに、ハンドピースを消毒しないでそのまま使うなど、もはや正気の沙汰《さた》とも思えない。

今や、スペインやドイツなど欧州の数多くの国において、銀歯は禁止されている。素材が硬すぎるため、対面する歯を削ってしまうし、必ず数年後に二次虫歯が発生し、金属アレルギーの原因にもなるからだ。

神経を抜いたことがある人なら誰でも記憶があると思うが、必ず恐ろしい痛みを経験したはずだ。理由は簡単で、患部をやたらめったらつついているからだ。日本人は手先が器用だとか何とかいうが、あんな小さい穴の中を正確につつけるはずがないではないか。まともな文明国であれば、根管治療は顕微鏡で見ながら痛みが発生する部分を触らないようにして行うのが常識である。私は日本で根管治療を行い、半年にわたり毎週通わされ、痛い目にあった。しかも数年後に検査すると化膿を引き起こしていた。バンコクで診てもらうと、たったの1週間、2回の通院で治療が完了した。痛みは皆無で、施術中私はずっと寝ていた。つまり、以上の簡単な見分け方を使うだけで大部分の日本の歯科は完全に失格である。日本の歯科の一番悪いところは、不潔なことである。

歯を治せば何が変わるか。まず第一印象が変わるというのは先ほど触れた通りである。残念ながら人間は相手の中身など見ない。まず外見で足切りにあう場合がほとんどだ。だからこそ、ほかの何を差し置いても歯にだけは投資したほうがよい。

次にQOL（人生の質）が劇的に上がる。今や歯が悪かったら心臓をはじめとして内臓全体に悪影響を及ぼすのは完全に常識となっている。私はかつて、チリ落盤事故の際に東京にあるすべてのキー局で字幕を書いたことがある。その際に放映されていないものを含め膨大な量の映像を見たが、あのとき救出された33人は全員虫歯にやられていた。中には全身麻酔が必要な人もいたくらいだ。それくらい、歯は全身の健康にとって重要なのだ。

それから、ケガの防止になる。アスリートが歯を治してパフォーマンスが劇的に向上した実例は枚挙にいとまがない。実際、私の友人の元プロ野球選手で歯を治したら腰痛と片頭痛がなくなり、二日酔いもしなくなって42歳まで現役選手生活をまっとうした人物もいる。この話を友人の社長に話したことがある。彼は深夜に叫びながら目が覚めてしまうほどの激烈な肩こりに悩まされ続けていたらしいのだが、半信半疑で歯科に行き、ほんの数ミリかみ合わせを調整しただけできれいさっぱり肩こりが消えたという。

「若いころの苦労は買ってでもしろ」と言った人がいる。たぶん、そんなことを口にする人は虫歯や歯並びの悪さによる苦しみを味わったことがないのではないか。歯の苦労など、何の役にも立たない。一刻も早く治したほうがよい。お金が貯まるのを待てないなら、歯に関してはローンを使ってもいいと思う。実際、スルガ銀行の「デンタルローン」もある。

もし本気でバンコクの歯科に行きたい方がおられれば、SDBのほかにも私の友人の歯科医もいるので、以下にお問い合わせいただきたい。私の名前を出していただいてかまわないので、見積もりをとって、比べてみてはどうか。

http://www.silomdental.com/
http://www.dentalistaclinic.com/

これだけ言えば、タイの歯科がいかに日本とは別世界で、私がわざわざ飛行機に乗ってでも通う理由がおわかりいただけたのではないか。今時、航空券なんてエコノミーなら往復2万円台、スクート航空の早期割引を活用すればビジネスでさえ4万円である。

ついでに言うと、歯科治療が終わったら、毎日2時間フットマッサージかタイマッサージを受けに行く。安いところであれば、1時間100バーツ（300円ちょっと）という店もある。こういうところで2時間フットマッサージを受けながら読書をしていると、非常にはかどり、大きな発想の転換が得られる。こういうときにこそ、普段の生活では絶対読めなそうな分厚い哲学書とか歴史書、外国語の本を読むと間違いなくその後豊かな生活が手に入るはずだ。

毎日同じ生活をしていてもひらめきなど浮かぶはずがない。年に一度でいいから、バンコクで歯科検診とフットマッサージ付きの読書をすれば間違いなく全く新しい人生が開けるだろう。

番外編

異国の地で生きるとは

その日、サヘル・ローズは所属事務所社長とともに待ち合わせのレストランに現れた。本年9月公開の映画「西北西」に出演している彼女は母ひとり、子ひとりの、決して裕福ではない家庭で育った。自身が孤児院から引き取られた養子ということもあり、芸能活動のかたわら養護施設の子供たちの支援を続けている。

「今の日本では、家庭ではなく施設で生活せざるをえない子供は（2018年現在）4万7000人近くいます。入所する理由の多くは、親からの虐待や、就労・経済的理由などが挙げられています。養護施設では幼稚園くらいから高校生の年代までが共同で生活をしているのですが、小さいときはまだいいものの大きくなるにつれて、大人に対する不信感が膨らんできたり、傷付いてしまった結果、反抗的になってしまう子供たちもいます。私は日本に育てられたという意識が強いので、少しでもこの子たちの力になりたいと考えています」

養護施設で育つ場合、高校を卒業して18歳になると施設を出ることになる。施設を出たあと彼らはどうすれば生き延びていけるのか、サヘル・ローズの見解を聞いてみた。

「手に職を持たせてあげることだと思います。進学できたらもちろんいいのですが、学費の面で苦労する子供たちもいます。ですので、必ずしも学校に行かなくてもいいと思ってしまいます。どんな子でもひとつくらいは得意なことがあるはず。それを見つけてあげるのが、私たち大人の役割だと思います」

動機より大切なのは気持ちの強さだけ

私は昔、ニューヨークに行き「ハリウッド映画のシナリオ講座」を受けたことがある。ロバート・マッキーという先生が教えているが、教え子からアカデミー脚本賞受賞者が60人出ているらしい。そんな彼の話で印象的だったのが「シナリオに真実味を持たせるには、登場人物の収入源を明らかにすること」という言葉だった。

たとえば登場人物のひとりがフェラーリに乗っているとする。彼が前年のスーパーボウルで勝ったクォーターバックとか中南米の麻薬シンジケートの親玉なら問題ない。だが、一教師とか警官が乗っているとおかしなことになる。一体どんな汚職をしたのかということだ。

だから私は、この取材を始めて以来、必ず全員に聞く質問を彼女にもぶつけてみた。あなたが生まれて初めてお金を稼いだのはいつで、どんな仕事でしたか。

「小6のときから始めた、絨毯《じゅうたん》織りの実演のアルバイトです。あの当時私たち親子にとって唯一の収入源は母がしていたペルシャ絨毯織り実演。来日してすぐにお母さんと私が住む家を失ってしまったときでも、今なら役所に駆け込めばなんとかなったとは思いますが、当時はまだ言葉がわからず、私も状況が理解できる年齢ではなかったので、どうしようもありませんでした。ペルシャ絨毯の織り実演は、毎日ある仕事ではありません。お母さんは可能な限りすべて引き受けていたわけですが、ある日、手違いでダブルブッキングになってしまいました。でも、どうしてもこの機会を逃したくない。そこで、止むを得ず、12歳の私は母に厚化粧をしてもらい、もうひとつのデモンストレーションに行ったのです」

ところが12歳のサヘルは仕事の何たるかがわかっていなかった。目の前のおもちゃ売り場に目と心を奪われてしまい、民族衣装と厚化粧のまま遊びに行ってしまった。当然といえば当然の結末だった。派遣会社から怒られた母親は平謝りにあやまり、そしてそのときに諄々《じゅんじゅん》と諭されたことにより仕事の大切さと責任がわかるようになったという。

貧しい母子家庭の異邦人だったサヘル・ローズは、中学時代にいじめを経験する。そして人生の目標を見失う。私も貧しい母子家庭は同じだが、少なくとも「異邦人」ではなかった。だから、辛《つら》さはたぶんあちらのほうが上だったのではないかと思う。それから少しでも家にお金を入れようと絨毯織りの実演に加え、エキストラの仕事も可能な限り受けるようになった。自他共に認める仕事人間のサヘル・ローズだが、なぜ彼女は抜け出せたのか、一体彼女を突き動かし続ける原動力は何か、私はまだ納得がいっていなかった。そのとき彼女が口にしたのは「負の感情」だった。

「私はエキストラをやるようになって6年間くらいはほとんど死体役をしていました。毎回血のりをかけられて、そのシーンが終わるとスタッフさんは次の現場に行かないといけないので、タオルを受け取り、夜中の公園で洗い流す日々でした。その一方で、活躍をしている方々は車の送迎がついていて、個室の控室が用意され、弁当もちゃんとついていました。もちろんご本人が努力された結果があるから、彼らは光に当たっていた。しかし、私だって表現したいことはたくさんあるのにその機会すら与えられない。いつか全員を見返せるようになりたいと強く思いました」

よく「負の感情を抱いてはいけない」などというが、とんだ戯言《たわごと》である。見返してやろうというのも自分を動かす力になるのならそれでよい。歴史を振り返っても、源義経をはじめとしてそういった情念をもって偉業を成し遂げた人物は枚挙にいとまがない。

明日を生きる安心感

サヘル・ローズは、中学生のころ数々の習い事に行った。母親が必死で働いた収入で、娘の将来を思い、フィギュアスケート、水泳、バレエ、アーチェリー、そろばんなどに通わせたという。そんな習い事のおかげか、彼女は今でも足を縦に180度開くことができ、その姿をグラビアで披露したこともある。私は、そんな習い事の中でどれが貧困脱出に一番つながったのか、どのように役立ったのか聞いてみた。するとサヘル・ローズはかなり長時間考え込んだ後にこう答えた。

「貧困脱出というのには直接、役に立ってはいないかもしれないです」

そして続けた。

「このことはのちにお母さんにも伝えましたが、心が満たされていなかったときに、何を学んでもちゃんと入ってこない。私のためにここまでやってくれているというのはわかるのですが、あのとき、私が求めていたのは母親の存在でした。お母さんといる時間や家族が私は欲しかった。心の貧困が一番辛かったのです。でも今では水泳でバタフライも含めて一通り泳げることのありがたさ、ダンスを習っていたことで舞台で踊れと言われれば、今ではある程度の動きはできます。一周まわって、すべてが役に立っています。

貧困脱出とはすぐには結果は出ませんが、苦しかった時代があったおかげで、裕福でなくてもいいから明日を生きられる安心感さえあれば、それこそが、大きな脱出です。大切なことは、貧困脱出をするためには、まずは心を救ってあげること。生きる意味と対象を見つけることだと、私は自分の人生から学びました。乗り越えられない壁はないし、乗り越えられるから神様は試練を与えてくるのだと思います」

2章
DV家庭脱出　編

そもそも、なぜ私がこんな本を書き始めたのか

1章ではまず、貧困を脱出するための基本スキルを紹介した。もっと具体的な話（職選びや実践的なお金の稼ぎ方）に進む前に、家庭に問題を抱えている場合の対処について触れておきたい（関係のない人は、本章は読み飛ばしてほしい）。

まずは、私自身の話をさせてほしい。

小学生のころ、私はすでに父親が亡くなった同級生が羨《うらや》ましくてならなかった。死んだ父親は、絶対酒を飲まないし、暴力も振るわないから――。

端的に言って、これが私の幼少時代だった。私の元父親は、真正のクズだった。生物学的に血はつながっていると聞いているが、今となってはそれが本当かどうかも疑わしい。今の私に

そういう血族としての親愛の情は全くない。

あれの悪行を書き始めたら、映画でビートたけしが演じ、原作で2段組の500ページ以上にわたり延々と在日朝鮮人の父親の乱暴狼藉《ろうぜき》ぶりを書き連ねた梁石日《ヤンソギル》著『血と骨』よりも長くなってしまう。残念ながら、今の私にそんなものを長々と書く筆力も気力もない。しかも『血と骨』の主人公と違い、カネもなく女にはもてなかったから鬱屈はさらに激しくなる。いっそ、外に愛人のひとりかふたりでも作って発散してくれていたほうがどれほどよかったかと思うくらいだ。愛人とよろしくやっているということは、少なくとも家にはいないわけだから安全だ。

『血と骨』を知らない外国の友人に説明するときには、「家の中は『グッド・ウィル・ハンティング』、家の外は『8マイル』だよ」と言う。そう言えば、だいたい通じる。

元父親のことを思い出すと――全然思い出したくないのだが――まず浮かんでくるのは四六時中いつもタバコを咥《くわ》えている姿だ。車のような密室内だとさらに煙たくなる。文句を言うとキレてさらに煙草に火をつける。時には殴る。

だから私は、長年にわたりアメリカ人の愛唱歌「ゴッド・ブレス・アメリカ」の歌詞がどうしても理解できなかった。God bless America（アメリカに神のご加護を）これはわかる。キリスト教徒のアメリカ人がそう言うのは当然だ。だがMy home sweet homeとはどういうことか。祖国のことをHomeと表現しているのだろうが、私にとって実家「ホーム」が心安らぐ「スウィート」な場所であることは一度たりともなかった。

私がこいつは何かおかしいと気付いたのは4歳のときだった。毎週日曜日に近所の少し古びたスーパーに行く。そのとき、冷蔵庫から缶コーヒーなりコーラなりを手に取る。すると、そのまま飲み始め、飲みながらレジに行ってお金を払うのだ。

お金は払っているから万引きではない。しかし、順番がおかしい。当時の私は、まだお金が何かとかモラルがどうかとかは知らなかったが、それでも何かおかしいということだけはわかった。

その後の行状をほんの少しだけ箇条書きにするだけでも、

- 幼稚園のころに、すき焼きの肉を生卵につけて食べられなかったといって叩かれ、家から放り出された
- 広島にある祖父母宅からの帰りに、高速道路で運転中に喚《わめ》き始め、母を殴り続けた（余談だが、2107年に発生した東名高速における煽《あお》り運転による夫婦死亡事故の一報を聞いたとき、私はかつての悪夢が蘇《よみがえ》り、血が逆流するのを覚えた。犯人は絶対に厳罰に処していただきたい）
- ステーキ店に行き、注文でレアにするか、ミディアムにするか、ウェルダンにするかと聞かれた際に、レアを注文したらなぜかキレ始め、公衆の面前で私を罵倒《ばとう》し、平手打ちした
- 夜中に母が働きに出ている間に、ファミコンで「4人打ち麻雀」ばかりやっていて、私の寝室についていた冷房を全開にしていたのだが、寒すぎると訴えると私を袋叩きにした
- 小学校の夏休みの宿題で絵を描いて提出というのがあったが、色使いが気に食わないといって勝手に別の色に塗り替えた

■近所の総合スーパー「ジャスコ」で、私がソフトクリームを食べなかったら「オレが買ってやったものを食べられないのか」と来店客全員が見ている前で喚き始め、殴った

■中学に入る前くらいから、まともに仕事をしなくなったので私が新聞配達を始めたが、二度にわたり家に置いておいた私の給料を「借り」、そのままパチンコにぶち込んだ。もちろん、その後の返済はない

……もう十分だろう。

のちほど詳しく紹介するJ・D・ヴァンス著『ヒルビリー・エレジー アメリカの繁栄から取り残された白人たち』という本にACEという単語が出てくる。逆境的児童期体験という言葉を略したもののことだが、要は幼少期にトラウマとなるような経験のことである。ACEの引き金になるような出来事がいくつか事例として挙げられており、数えてみると著者と実姉は6回、親戚のおばさんが7回、このおばさんの夫と著者の夫人は0だったという。この数え方だと、私など∞（無限大）になってしまう。ほかにも母を罵り、殴ったのはあまりにも日常になりすぎていて、書ききれないからだ。

だから私は『成りあがり』の矢沢永吉が羨ましくてならなかった。親戚をたらい回しにされて大変だったと思うが、少なくとも実父が小学生のうちに亡くなり、暴力の恐怖にさらされることはなかった。父親の借金も亡くなった時点で棒引きにしてもらえた。そこが私の家とは決定的に違う。

あのとき学んだことがひとつだけある。

稼いだお金は絶対に家に置いてはいけない。必ず銀行の口座に入れておくことだ。家に置いておくと、親もどきの顔をした人でなしがくすねて勝手に使うことがあるからだ。いくら稼いでも、きちんと守らなければ意味がない。「衣食足りて礼節を知る」「貧すれば鈍する」は世界共通の真理である。仮に元々悪くなかった親でも、貧しさゆえに見境がなくなってしまうこともままある。貧困家庭においては、親も信用してはならない。

……お金には困っていました。あるとき、兄貴が修学旅行のバッグを買うために貯めていたお金を、母ちゃんが黙って生活費に充てて、ふたりは大喧嘩です。けど、たった1万円ですよ。愛があればお金なんていらない、と言う人もいますけど、それは本当の貧乏を知らない人が言うことですよ。（小宮良之著『導かれし者―流浪のストライカー、福田健二の闘い―』）

「こういう大人になりたくない」と思った二度の瞬間

私は1979年に福岡県で生まれ、2歳半のころに佐賀へ引っ越し、4歳のときに母の実家がある岡山に引っ越している。表向きの説明では「転勤続きで引っ越しばかりだとあなたたち子供がかわいそうだから、パパはずっと転勤しなくていい岡山に移ったのよ」と聞かされていたのだが、絶対に違うと私は確信している。

あれの行状や思考回路を知っている身からすると、元父親が子供のためとかいった殊勝な理由で何かをするはずがない。

そもそもから言って、元父親は生涯で一度も円満退職をしたことがないに違いない。佐賀から岡山に引っ越したのも、元の職場で喧嘩をしたかカネを横領したかまではわからないが、とにかくもう居場所がなくなったから、やむなく母の縁戚を少し頼れそうな岡山にいついたとしか考えられない。それが証拠に、あれは一貫して岡山を嫌い、酒を飲みながら悪口を言い、最後まで岡山に馴染《なじ》むことはなかった。友人ができたのも見たことがない。まあ、最後まで馴染まなかったのは私も同じだが、私は外に出た。元父親には、出る器量すらなかった。にもかかわらず、自分には出る能力があると勘違いしているから手に負えなかった。

象徴的な場面をふたつだけ挙げる。何かのテレビドラマで殺人のシーンがあった。被害者は全裸で、肥満体の役者だった。そんな死体を引きずる場面を見ながら、元父親は「ふん、だらしない体だな」と吐き捨てた。まあ、この俳優がだらしない体型だったのはその通りだが、そういう自分だってだらしなくお腹が出ていた。どの口が言っているのかと幼い私は嫌悪感で一杯になり、こういう大人にはなりたくないと心底思った。

もうひとつは、同じくテレビで石原慎太郎氏を観たときだった。当時衆議院議員で、何かの大臣だったと思う。そのとき元父親は、「大したことのない小説家のくせに、偉そうにしゃがって」と毒づいた。本当に大したことがないと思うなら、貴様が机にかじりついて300ページ分の原稿を書いてみればよい。30ページもまともに書くことはできまい。なんなら、選挙に出馬してはどうか。まあ鎧袖一触《がいしゅういっしょく》で瞬殺は確実だ。というより、供託金を出すこともできまい。おそらく、世が世なら自分も石原慎太郎のようにベストセラー小説のひとつも書き、政治家に転身して天下国家を論じられる器だと勘違いしていたのではないか。こうして私は、外野というか球場外から御託《ごたく》を並べるだけの輩が徹底的に嫌いになった。勘違いと嫉妬だけは一人前だった。

「家の恥」が理由でブレーキをかけないで

私が未だに後悔し続けていることがある。小学3年のころに、例によって暴れ、母親が泣きながら「家を出る」と言ったことがあった。そのとき私は「ママ、行かないで」と泣きながらすがりついた。母親がいなくなってあいつだけがいる状態の家にいることが怖かったし、何より親戚や周囲にDVの実態がバレるのが怖かった。おそらく、この時点では母親の兄弟もDVのことは知らなかったと思う。だからこそ、一旦家を出て何か母が住み込みか何かの仕事をすると言えば、その時点で母方の親戚に実態を伝えることができ、あれ以上の被害を食い止められたかもしれないのだ。

だが子供の私には「家の恥」という観念があり、そういう選択肢はありえなかった。なぜあそこで1か月でも2か月でも母を行かせてあげられなかったのだろう。もう30年も前のことだが悔やんでも悔やみきれない失敗である。

本格的な破綻が始まったのは小学4年生の冬だった。勤めていた会社を辞めて、不動産業を始めると言い出した。例によって会社での居場所を失ったが、時はバブル経済の真っただ中で、一攫千金《いっかく》・一発逆転を目論んだのではないか。会社を辞めるということは、無収入になるということだ。母の兄が持っていた物件のひとつをタダ同然で貸してくれたわけだが、そこに「出勤」する様子もなく、代わりに私が「電話番」という名目で「出勤」していた。そのときの労働分は母親から小遣いの追加という形でもらったと記憶している。当たり前の話だが、事務所の電話が鳴ったことはただの一度もなかった。

無職になってからは家にいる時間がさらに長くなった。というか私のお金をガメてパチンコに行くとき以外ほぼ四六時中家にいるわけだ。乱暴狼藉は悪化の一途をたどるばかりだった。

実家に借金取りが押し寄せてきたのもこのころだった。朝5時過ぎに新聞配達に行こうとすると、自宅マンションの集合ポストに「早く200万円+利子を返せ」と殴り書きされた紙が貼ってあった。その後も同じ貼り紙を三度は目撃した。以来、元父親はこの紙が貼ってあるかどうか確かめ、剥《は》がすためだけに私より早起きするようになった。よって、何度あの貼り紙がされていたのか正確な回数はわからない。だからと言って、働きに出て借金を返そうとすることはなかった。

一度、私はそんな時期の様子をインタビューで話したことがある。川崎貴子氏の「婚活道場」なるオンライン記事である。

タカ　一番ひどかったときは、当時マンションに住んでてね。また例によって暴れ始めて。アイツが妹をブン殴ったのかな。それで僕が殴り返したんですよ。当たり所が良かったのか悪かったのか、あっちが完全に我を忘れて、僕と母親で裸足で逃げたこともあります。

（中略）

タカ　僕と母親が裸足で逃げたとき身を寄せたのが、母親の姉の家だったんです。お袋もバカだから、クルマを近くに置いていたんです。そこ、ちゃんと遠いところに隠さないと（笑）。そしたら夜の11時半すぎとかにドンドンドンドン！　って、おばちゃんの家を叩くわけですよ。

川崎　ホラーですね……。

タカ　それであんまりうるさいからおばちゃんも玄関のドアを開けちゃったんですよね。お袋も一緒に出ていったら、その瞬間にバチーン！　って……。いつだったかな、妹が結婚したときに、アイツ以外の親族が結婚式で全員集まったわけですよ。おばちゃんに10年ぶりとかで会うわけですよね。で、普通お祝いの席ってカンパイするじゃないですか。そのときでも、僕はアルコールを一滴も飲まないわけですよ。怪訝《けげん》そうな顔でおばちゃんが見るから、「俺お酒一切飲まないんだよ」って言ったら、目が真っ赤になって、「そうだよね、あんた小さいときお父さんが酒乱でひどい思いしたもんね……」って。

いまどき、両親が離婚しているなど珍しくもなんともない。だが、普通なら結婚式のときは多少席を離して父親と母親を座らせるとかするものだろう。妹は自分の結婚式にあれを呼ぼうとはつゆほども思わなかった。それがすべての答えだ。

少し補足しておくと、当時の日本にはＤＶ防止法がなかった。つまり、警察に電話しても民事不介入の鉄則により絶対に動かない。どうしようもなかった私は金属バットを持ち出し、「このヒモ野郎、さっさと離婚して消えろ」と言いながら高く振りかぶった。だが中学生の私は日本の法律でこういう場合に「正当防衛」が成立しないことを知っていた。だからバットを振り下ろすことはできなかった。

選択の余地がなかった私は元父親の鼻下を殴りつけると、鼻血が出た。血を見てさらに激高したあのクズは、今度は私を標的にして襲い掛かってきた。まだ体格的にも子供のままでまともな形では身を守れない私は、下腹部に頭突きを食らわし、そのまま睾丸《こうがん》に爪を立てて握りつぶした。１６０cmあるかないかの少年が１８０cm近いケダモノから身を守るには、それしかなかった。伯母宅に追いかけてきたときは、もちろん飲酒運転だった。

あの記事が出た当時、多くの友人知人から「いくらなんでも盛りすぎではないか」という声があった。私でも自分が当事者でなければそう思う。実態は今ここに書いている通りで、あれでも思い切り控えめに話しているのである。それでも信じられないなら、岡山市南区当新田、国道30号線沿いにある「エメラルドマンション」の住人に聞いてみるがよい。

この伯母も現在86歳だが健在で、一部始終を目撃し、今も鮮明に記憶している。

私に、小中高ずっと一緒だった悪友がいる。今も付き合いが続いており、年に一、二度は食事することもある。そんな彼が何度となく私に説教しようとした。

「お前のところ、離婚したのいつだっけ？」

「16だよ」

「ということは、少なくとも16まではお前の父さんが育ててくれたということやろ。悪口ばかり言わんとちったあ感謝せえや」

「……いや、育ててないんだよ」

「え？」

「あいつ、オレが小4のとき仕事を辞めてから家にカネ入れてないんだ。あとは家でずっとゴロゴロしながら飲んだくれて暴力をふるい、オレが新聞配達で稼いだカネを盗んでパチンコにぶち込んでる。離婚後も養育費はびた一文払ってない。それ、育てているというのかね？」

以来、彼は何も言わなくなった。

ずっと後に私はイスラエルのテル・アヴィヴ大学に交換留学し、1年間暮らした。何より驚いたのは、ちょうど私が滞在した時期は自爆テロがしょっちゅう発生し、戦争が勃発したのにイスラエルは実家よりはるかに安全なことだった。自爆テロにせよ、戦争の相手にせよ、敵は必ず「外」からやってくる。同じ屋根の下に暴れる輩はひとりもいなかったし、法律と警察が機能して国内の治安が守られており、軍隊が国全体を守っていた。

「許せない」は人間としての欠陥なのか

　結局、私が高校1年で16歳のときにやっと離婚が成立した。当然、慰謝料も養育費もとれなかった。母がローンを払っていたに違いない分譲マンションを出て、市営住宅に引っ越した。近所に挨拶回りすることもなく、実質夜逃げだった。弟と妹は転校を強いられた。

　その後あそこには一度も足を踏み入れていないが、もし新築の27、8年前から今も残っている人がいるなら、5階の我が家に何があったかご記憶されているに違いない。

　なぜ、同級生の中で自分だけが貧乏なのか。こんなに苦しまなければならないのか。この辛い思い出しかない岡山から一刻も早く抜け出して、二度と帰りたくないと思った。そして、絶対に金持ちにならないと気が済まないと思った。

　ただ、問題は岡山のような田舎には見本となる実例、参考にしたい大人がいないということだった。いつだったか、関東出身の友人に「でもテレビを観ればいるじゃないですか」と言われたことがある。だが、田舎者にとってテレビの向こうは全くの別世界なのだ。テレビに出ている人と本を出している人は天上人・雲の上の人でつながりが全くないのだ。だから私は暗闇の中で闇雲にあがくしかなかった。

　最近の日本を見ると、どうも私のような幼少時代を送る子供、貧困母子家庭に育つ子供、中にはDVにさらされる子供たちが決して少数派ではなくなっているという現実がある。だからその子たちのために少しでも参考になればという思いでこの本を書き始めた。

日本語に「坊主憎けりゃ袈裟《けさ》まで憎い」という言葉がある。まさにその通りで、岡山だけではなく、元父親の出身地である広島までも深く憎んだ。私にできることは、元父親につながるものすべてを生活から排除することだけだった。だから今の私は一切煙草を吸わないし、酒も10年以上前にやめた。麻雀は一度もやったことがない。やろうとも思わない。時給が高いパチンコ店で働いたことはあるが、遊んだことは一度もない。年に一、二度は葉巻や水タバコを吸うこともあるが、それもひとえにあいつがやっていなかったからだ。だからそこまで悪いものではないに違いない。ああいう腹が出た見苦しい大人にだけはなりたくないと未だに意地になって肉体を鍛え続けている。自分は何もしていないくせにテレビの向こうに悪態だけつくのは嫌で、テレビも観ない。

もし本書の内容が虚偽なら、完全に名誉棄損である。あちらは絶対に私を告訴しなければならない。しかし私は本書にも登場する何人もの友人弁護士にも相談して書いている。万一私を告訴するなら、即座に逆告訴する。これだけ証人も揃《そろ》っており、絶対に負けるはずがない。もし刊行後3年間誰も告訴しなければ、本書の内容はすべて本当ということだ。

最も苦しかったのは、本来父親であるはずの男をここまで憎む自分はどこかおかしいのではないかという思いだった。いつか許さなければならないのか、許せない自分は人間として未熟なのか、欠陥があるのか。どうすれば許せるくらいまで成長できるのか。

この思いは、離婚成立後15年近く続くことになる。

お金を稼ぐ前に知っておくべきこと――DVとは何か

3、4年前だったか、私はとある芸能界のどす黒いDV案件に深く首を突っ込んだことがある。

守秘義務があるのでぼかした書き方しかできないが、構図はそれほど難しくない。要は、芸能界の超大物のドラ息子が芸能界デビューをちらつかせて芸能界志望の女の子を手籠《てご》めにして、同棲しながら暴力をふるっているという話だ。ありがちといえばありがちではある。なぜこんな話が私のところに舞い込んできたかというと、この女の子の家族とは長年家族ぐるみの付き合いで、私が東京で何となく顔が広くて弁護士の友人がいそうだったからだ。緊急事態ということで彼女の母親が上京し、私のところにＳＯＳの電話をよこしてきたのだ。

母親が上京した翌日に、私は本人も連れて友人の弁護士事務所に同行した。端的に言って、日本におけるDV事情は20年前よりは格段に向上している。とにもかくにもDV防止法ができて、警察にもホットラインが出来上がっているからだ。そんなもの、20年前にはどこにもなかった。そして、現在の警察はどこの家でDVが発生しているのか、だいたい把握している。ほとんどの場合近所から通報がある。家庭内で暴力をふるうのは異常者に決まっている。そして異常者の数は限られている。

しかも、このドラ息子には「前科」があった。離婚歴があり、その中にDVが原因となったものもあったのだ。

「〝危険な男〟とつきあう女性は被害者ではなく志願者だ」

サンドラ・ブラウン著『その男とつきあってはいけない！』に出てくる言葉である。残念ながら、この言葉は彼女にも当てはまる。だから、私は次のように言い聞かせた。

「ハタチ過ぎた大人の女が誰と付き合ってセックスしようとオレの知ったことじゃない。別れろと言っても聞かないだろ。ただし、ひとつだけ言っておくよ。**絶対に子供は作るなよ**」

芸能界デビューだのカネの魔力だのが働いてということになろうが、彼女はこのドラ息子を選び、自発的にセックスしている。逃げ出す自由はいつでもあるし、警察に通報もできる。にもかかわらず関係を続けているということは、論理的につきつめるとそうなる。そして、おそらくこのセックスは気持ちいい。好きにしろ、としか私には言いようがない。
ただし、子供は違う。子は親を選べない。そして、性的虐待を除き親が子供とセックスすることはない。生まれてくる子供を不幸にする権利は誰にもないのである。子供は断じて志願者ではない。

その「善意」が傷を深くする

私も幼少時代にＤＶ・虐待を経験したが、残念ながらこれは私だけの特殊な事例ではない。全世界に一定数存在するよくある話である。ちなみに、女優のシャーリーズ・セロン、ハル・ベリー、そしてヤンキースやドジャースなどで監督を歴任したジョー・トーリも幼少時代にＤＶを経験している。

シャーリーズ・セロンは南アフリカの経営者の親の元に生まれた。だが父親にアルコール依存症があり、幼少時から母子は暴言と暴力に悩まされていた。最終的に、彼女が15歳のときに身の危険を感じた母親がこの父親を射殺することになる。私は、ある筋からこの事件に関する南アフリカ警察の取り調べ調書を取り寄せ、じっくり読みこんだことがある。

端的に言って、そこにいたのはのちのスーパースター女優シャーリーズ・セロンではなかった。調書の中に出てくるのは、母親が父親を目の前で射殺する、という異常事態にどう対処すればいいのかわからず、泣きながら怯《おび》える15歳の小娘だけだった。もちろん、それを責める権利は誰にもない。おそらく、このときの彼女が一番恐れた事態は、母親に有罪判決が下されて収監され、独りぼっちになってしまうことだったに違いない。

同じDV経験者として、私から見ればシャーリーズ・セロンに対しては羨ましさ半分と同情半分の部分がある。羨ましさとは、この母親に対して正当防衛が認められ、のちに再婚したことだ。同情とは、本人はこの事件を封印し、「父親は交通事故で亡くなりました」と表向きには言っていたにもかかわらず、本人が望まない形で真相が全世界に暴露されてしまい、毎回インタビューを受けるたびにジャーナリストがこの件について質問するようになってしまったことだ。私もジャーナリスト活動をしているからよくわかるのだが、ジャーナリストという生き物はこういうネタがあれば必ず聞く。私はこうして自ら公表しているから平気だが、20代のころはまだ外には言えなかった。だから私に取材が来るのは全然問題ないが、一般人である私の家族はそっとしてあげてほしい。そのころに面白おかしく取り上げられたら、私は正常な精神状態を保てたかどうか自信がない。

ハル・ベリーの場合はどうか。

ハル・マリア・ベリーは1966年にオハイオ州クリーヴランドにてアフリカ系の父親と白人の母親の間に次女として生まれた。彼女が生まれる前から母親と姉は酒乱の父親による暴力に直面していた。そしてこの暴力はハルが4歳のときに母親が父親を家庭から放り出すまで続いた。

本人の証言によると、生まれてから最初の記憶のひとつが、4歳のときに家で飼っていた小型のマルチーズ・テリア犬を父親が壁に投げつけて犬が舌を噛み切りそうになった事件だという。ほかにも夕食の席で父親が母親を殴りつけるのは数知れず、そのたびに止めに入った姉は巻き添えを食らい、それを妹のハルはじっと見ていたが、父親は決して次女に手を出すことはなかったと本人がインタビューで語っている。

だからといってハル・ベリーが全く傷ついていなかったということにはならない。最新の心理学で、幼少時に親の虐待を受けた子供が受ける心の傷と親の暴力を目撃していた、つまり実際に殴ったり蹴られたりはされていない子供の心の傷は同じように深刻というのが常識である。

ただ、本来であれば4歳で父親を家から追放した時点で少なくともそれ以上の悲劇は食い止められたはずだった。しかし、彼女の母親は決定的なあやまちを犯してしまう。ハルが10歳のときに、父親と復縁してもう一度家庭に招き入れてしまったのだ。

これが「子供たちには父親がいたほうがいい」という母親の善意に基づく行為だったことはよくわかる。「もう一度だけチャンスを与えてあげたい」ということだったのだろう。しかし、1年もしないうちにこの父親は再び暴れ始め、再び母親はこの父親を家から追い出すことになる。結局のところ、DV加害者に対して善意は通用しない。肝に銘じるべきは「**地獄への道は善意の石で敷き詰められている**」という冷徹な真実である。

結局、ハル・ベリーは父親が死ぬまで和解することはなかった。その後この父親は再婚して新たに子供をもうけており、父親の死に際にこの腹違いの妹から「一度でいいから父親と電話で話してやってほしい」と懇願されていたとのことだが、彼女は断固として拒否した。私に言わせれば、当然の報いである。もっと言えば、再婚したこと自体が許せないことだったに違いなく、そこに子供がいるなど到底受け入れがたいことだったに違いない。

残念なことに、この幼少時の体験はその後の彼女の人生にも暗い影を落とし続けたようだ。交際相手に暴力男がやたら多く、殴られた片方の耳の鼓膜が破れて聴力の大部分を失った。おそらく、彼女がまともな家族のところで育っていたらそもそもそんな男たちと付き合うことがなかっただろうと思う。今DVを受けている母親に私から伝えたいのは、一刻も早く手を打ってクズ男と手を切らなければ、子供の成人後の人生にも悪影響をもたらしてしまうということだ。

あのメジャーリーグの名将も

今度はジョー・トーリのケースを見てみたい。MLBの名選手でもあったが、それ以上にニューヨーク・ヤンキースをワールドシリーズ3連覇に導いた名監督として知られる人物だ。

2009年11月6日付ロサンゼルス・タイムズで本人が詳細を語っているが、父親はニューヨークの警察官で、自宅に戻るとよく暴れていたという。特に激怒したのが、「また妻が妊娠したとき」で、この夫は妻を階段の下に突き落としたという。このときお腹にいたのが後のジョー・トーリである。

自身が暴力を振るわれたことはないとのことだが、母親に対する暴力と暴言はその後もやむことがなく、ときにはピストルを構えた父親に対して姉たちが包丁を手にして母親の前に立ちはだかり、身を守ろうとしたこともあったという。なお、この姉たちはその後一生独身を貫いたという。おそらく、結婚とか男に対して夢や信頼感をもてなかったのだろう。結局、この地獄の日々はジョーが11歳のとき、プロ野球選手となった兄フランクが父親を家から追放するまで続いた。

こういう話をすると、必ず一部の下世話な人が言うことがある。「そういう辛い経験をしているから、トーリ監督はワールドシリーズのような大舞台でも平常心を保っていられるのですね」「だから強くなれたのですね」

一言で言って、完全に間違いである。

動かぬ証拠がある。ジョー・トーリはヤンキースでワールドシリーズ制覇を果たすまでに、2回離婚して3回監督をクビになっているのだ。本当に被虐待経験が監督業に役立つなら、1回目の監督就任1年目に優勝しなければおかしいし、何より2回も離婚などはしないだろう。

何も監督業に限らない。幼少時のDV体験など、その後の人生において一切何の役にも立たない。人間性が強くなることもない。私が言うのだから間違いない。

一度でもマラソンをしてみればわかる。結局のところ、大会で42・195㎞を完走したいなら、その数か月前から準備してコツコツ長距離を走る練習をするしかない。ピアノがうまくなりたいならピアノを弾くしかないのと同じである。海でいくらサーフィンをしてもピアノはうまくならない。

被虐待経験があるからといって持久力が備わるわけではないし、DVがあったからといって膝《ひざ》の痛みが軽くなることもない。だいいち、「虐待で強くなれた」という言い方だと、まるで虐待者が何かいいことをしたように聞こえてしまう。到底受け入れがたい話である。世の中の九分九厘の人間は一切虐待されずにまっとうな社会人、人の親になっているではないか。

話をわかりやすくするために著名人の事例をいくつか挙げているが、忘れてはならないのはそのほかに虐待によって辛い思いをして、その後の人生が台無しにされている無名の人たちが全世界にあふれているということだ。マイケル・ギルモア著・村上春樹訳『心臓を貫かれて』を読むと被虐待経験が人生でいかに有害で一切役に立たず、その後の人生を台無しにしてしまうかいやというほどよくわかる。

DV被害女性がよく口にする言葉

こういう事例の研究を重ねていくと、もうひとつの事実が浮き彫りとなってくる。それは「被害の大きさと心の傷の大きさは同じではない」ということだ。

客観的に見て、ジョー・トーリは自分自身が殴られたことはないし、新聞配達で必死に稼いだお金を父親から盗まれたこともない。ある意味で被害は私よりも小さかったといえる。

しかし、心の傷は確実に私より大きかった。私は30歳を過ぎたころからこういう話をできるようになったが、ジョー・トーリが過去を公表したのは55歳になってからだった。だから、幼少時代に何かひどい体験があったとして、タカ大丸ほどではなかったといって隠す必要もないし、恥じる必要もない。

よくＤＶ被害者の女性が言う言葉がある。

「あの人は本当は優しい人だから」

こういうことを言う人は、本当に優しい人はそもそも暴力を振るわないということを完全に忘れてしまっている。そして、のちほど説明するＤＶ男の本質を全くわかっていない。

「いつも仕事がうまくいくわけじゃないから」

仕事がうまくいかないことは誰にでもある。私にもたくさんあった。だが仕事がうまくいかなくても世の中の大部分は暴れないのである。日本が第二次世界大戦で敗れ、つまり究極の形で「仕事がうまくいかなくて」国を滅ぼして無数の国民に犠牲が出たときに、昭和天皇や東条英機が妻子に暴力を振るったとは寡聞《かぶん》にして聞いたことがない。仕事の結果は全然家庭内暴力を正当化する理由にはなっていない。

「（子供に向かって）どちらが悪いと言いたいわけじゃない」

全世界どこの基準に照らしても、虐待する大人と虐待される子供がいるなら、虐待する大人のほうが悪いに決まっている。議論の余地は全くない。つまり、こういうことを言う人は、善悪を判断する基準が完全に壊れているということだ。

DV男につかまらないために

誰もが知る聖書の名文句、「右の頬をぶたれたら、左の頬を差し出しなさい」、あれは大工のヨセフがまともだったから通用する理屈である。DV男に対してこんなことをやったら、事態がさらに悪化するだけだ。

前述のサンドラ・ブラウンの著書にはこういうクズ男の特徴がすべて書き出されており、すべての女性必読の一冊である。ほんの少し抜き書きするだけでも、

- どんな虐待行為もほぼ例外なくエスカレートする
- はじめてのデートで平手打ちする男はいない。つぎのデートがなくなってしまうからだ
- 残念ながら、多くの女性が彼らの言葉を信じ、殴られ蹴られても、うその約束が守られるのを待ちつづける。はっきり言おう。彼らは変わらない
- 彼らが成功するのは、あなたが自分で決めた我慢の境界線を自分で破るからだ

■彼らが成功するべつの理由は、女性がそのような男とつきあったことを恥ずかしく思い、事実を隠したがるからだ。自分の失敗が世間に知られることを恐れて、女性はなかなか別れられない

私は成人してから、あのDVは何だったのだろうかと真剣に考え、研究するようになった。その中で一番参考になるのがランディ・バンクロフト著『DV・虐待加害者の実体を知る』である。この本を読むと、DVには世界共通のパターンがあることがわかる。

忘れてはならないのは、DV加害者は実は理性的ということである。これは決して褒《ほ》めていっているわけではない。

アルコールは人間のからだの中で鎮静剤としての役目をもち、攻撃性の原因となることはまれな物質なのです。（中略）

1、お酒の効果は、その人がお酒についてどう考えているかにかかっています。お酒を飲めば攻撃的になると信じていれば、そうなるという調査結果があります。（以下略）

2、お酒は自分の思い通りに気ままに振る舞っていいという口実をDV加害者に与えます。加害者はお酒を少し口にすると豹変《ひょうへん》して、思う存分人を侮辱したり怖がらせたりするような態度をとったりします。次の日「昨夜はごめん。本当にどうかしてたよ」と言うか、「何があったか全然覚えていない」と言えば、事は収まると知っています。

（『ＤＶ・虐待加害者の実体を知る―あなた自身の人生を取り戻すためのガイド』２４４頁）

この著者はまるで私の実家を見てきたかのように書いている。ほぼその通りである。ただ、母は「昨夜はごめん」と聞かされて許していたのかもしれないが、少なくとも私はあの男から「ごめんなさい」という言葉を一度たりとも聞いたことがない。

全世界のＤＶ加害者には共通点がある。

■反撃してくるヤツには絶対攻撃しない
■高級ステレオなり、ゴルフクラブなり、自分が大切にしているものは絶対に壊さない
■万一手をあげたら離婚して出ていき、高額な慰謝料を請求する妻には絶対手を出さない
■子供の腕力が自分より強くなったらもう殴らない

ここで、もう一度私の回想場面に戻ってほしい。元父親は、裸足で逃げ出した母親と私を夜11時半過ぎに伯母の家まで追いかけてきた。そして、伯母が扉を開けた瞬間に母を殴っている。しかし、皮肉っぽく言えばもしあいつが本当に我を失った興奮状態なら伯母も突き倒さなければおかしい。ところが伯母には手を出していないのである。

おそらく、あのクズの中で母や私は家庭内の一員だから好きにしてもいいが、さすがに伯母を殴ったら本当に警察沙汰になってお縄になるという計算が働いたのだろう。このケースは少

し特殊で、伯母という家庭外の人間を目撃証人として残してしまったという意味でおそらく世界的にも珍しい事例だとは思う。しかし、実はあの瞬間でさえ元父親はクズなりの冷静さを発揮してリスクとリターンを判断し、注意深く標的を選んでいたのである。一体、これのどこが「本当は優しい人」なのだろうか。

今にして思えばだが、私がバットを振りかざした瞬間、元父親は私が絶対にバットを振り下ろして殴り殺せないと見切っていた。私が何もできないと知っていた。警察も民事不介入で手を出さないから好き放題にふるまっていたのだ。卑劣にもほどがある。

DVを未然に防ぐ唯一の方法

では、ここで問題となるのは「どうすればDVを未然に防ぐことができるのか」であろう。しかし、残念ながら私にも名案はない。元々の異常者なので矯正はできない。もし一度でも手をあげたらその瞬間に弁護士事務所に駆け込んで離縁、とにかく警察に通報、それくらいの対策しか現時点では考えられない。

ただ、法律のこの部分を改正すれば劇的に事態が改善するという案ならある。それは、「正当防衛殺人を公認する」ことである。

一度、どういう条件なら正当防衛が成立するのか友人の中野秀俊弁護士に聞いた。

「基本概念としては、拳で襲われたときに拳で返すなら正当防衛なんですよね」

「でもさ、うちの場合大人側が拳で子供側が拳しか使えなかったら不公平でしょ。子供側に包丁くらい持たせてほしいですよ」

「ごめんなさい。それ、日本の司法制度では過剰防衛になってしまうんですよ」

正当防衛殺人を認めても、大部分の家庭には関係ない話である。だから何も怖がることはない。怖がる人は、何か後ろめたいことがある証拠だ。だがDV家庭を救うにはこれしかない。「十戒《じっかい》」の中には「汝殺《なんじ》すなかれ」が入っている。しかし、そういう戒律がある文明圏にも必ず正当防衛殺人は認められている。つまり社会秩序を維持していくうえで正当防衛殺人が絶対に必要という何よりの証明である。だから関係ない大多数が少数の必要な人を助けてほしい。

DV加害者は非常に理性的で計算高い。だからこそ、これ以上暴れたら正当防衛で殺されると知れば間違いなく手加減してくる。というより手を出さなくなる可能性が高い。

この話をすると、「そういうときは110番通報すればいいんじゃないですか？」という人がいる。だが、警察に電話したとすればどんなに迅速に動いても10分から15分はかかってしまう。その間に殺された命はもう取り戻せない。刑法36条1項によると「急迫不正の侵害に対して」正当防衛を認めると書いてある。私が直面した状況は「急迫」ではないのか。裸足で家を逃げ出さなければ、間違いなく私は殺されていた。あのときの私の反撃に対して批判したい人はすればいいが、そのときは必ず14、5歳の田舎者の無知で体が小さい少年が身を守ることができる具体的な代案を出していただきたい。

そしてこの話は決して私だけの特別な事例ではない。現に2018年に入ってからも1月20

日に横浜で18歳の少年が自宅リビングで暴れる父親を包丁で刺殺している。この2日前、1月18日にも都内で慶大生がやはり酒に酔って弟に対して暴言を吐いていた父親を殺害している。どう考えても、その日ネチネチと言っていただけなら包丁は取り出さないだろう。経験者として、何年も澱《おり》のようにたまっていた義憤があったことが容易に想像できる。

私は友人の宇田川高史弁護士にこの事件をどう思うか、法的観点からこのふたりは今後どうなるのかを聞いてみた。

宇田川弁護士も「弱者を救済できないのは本当に残念です」とふたりへの同情は大きいのだが、端的に言って、現在の日本においてこのふたりが正当防衛を認められて無罪になる可能性は非常に低いという。

「無罪の主張をするには、正当防衛を主張する必要があります」とのことだが、その際の要件になるのが、

1. 不正の侵害であるかどうか
2. 急迫性があるかどうか
3. 防衛行為の必要性があるかどうか
4. 防衛行為の相当性があるかどうか
5. 防衛の意思があったかどうか

だという。

彼がこの事件を担当するとすれば上記の点を客観的証拠に基づき主張することになるだろう

とのことだが、現行法において無罪は難しい、過剰防衛として減刑が認められる可能性はあっても、無罪までもっていくのはかなり困難だという。私からすると、法律のほうが間違っているとしか思えない。

だから残念なことだが、現行法において暴力夫・父親を正当防衛で殺すことはできない。とにかく、現時点では一刻も早く警察や法律の力を借りるしかない。

10代のころ、私は家庭の問題を誰に相談すればよいのか全くわからず、ひとりで抱え込むしかなかった。『ジョコビッチの生まれ変わる食事』が売れた後、約25人の同級生が現れた。私は会える限り会ってみて私の実家の実態を知っていたのか聞いてみた。その中には中学時代の恩師も含まれるが、誰ひとり知らなかった。

10代のころに何ひとつ救いがなかった私だが、20代になりシャーリーズ・セロンが似たような境遇を経ていたことを知ったとき、初めて少しだけ救われた気がした。今回このような過去を公表することにより、少しでもDV被害で苦しんでいる人たちがカミングアウトできるようになり、救いになることを心から願っている。

シャーリーズ・セロンの母親は、娘を守るために酒乱暴力夫を射殺した。そして正当防衛が認められ無罪になり、その後再婚した。不謹慎を承知で言うが、当時の南アフリカはアパルトヘイトがあってすらも日本以上の文明国だったという証明である。そもそも家庭内暴力などないのが一番だが、せめていつか日本もそうなってほしい、と強く思う。

3章 職選び編

貧困から抜け出す方法 8

競輪は狙い目だ。女子ならなおさらだ

ここからは、実際にどんな職業が貧困脱出に適しているのかを考察していく。

中村浩士は、私の十年来の友人である。年齢で私より1歳上だが、知り合って以来ずっと毎年賞金3000万円以上稼ぎ続けている。それだけでも十分に羨ましいのだが、さらに彼が羨ましいのは、自身の子供に対して「オレの職業はいいぞ」と薦められることである。残念ながら、私は子供ができても絶対に翻訳者はやらせない。あまりにも儲からない、社会的評価も低く、夢も希望もない職業だからだ。

そんな彼の職業は「競輪選手」である。

「うちの息子がね、野球選手になりたいとか言い出しているんだけど、競争がきついでしょ。

そもそも、プロ入りする、そこへ行くまでが大変なわけで。競輪は、野球ほどは厳しくないし、にもかかわらずオレみたいな普通の人がこれだけ稼げるんですよ。こんな素晴らしい職業はほかにありませんよ」

少しでも競輪を知っていれば、中村が「普通の人」というのは疑問符なのだが、プロ野球やJリーグと比べて参入障壁が低いのは確かだ。

ということで、競輪の世界に入るにはどうすればいいか、同じく友人の競輪選手・和田健太郎に解説してもらった。

「僕たちの世界って、モノを使うスポーツですから、どこまで自分の体をそのモノに合わせられるかで勝負ができる、そして最近は年齢制限もなくなりましたから30を過ぎて入ってくることもできる、というところがいいところかなと思います」

和田が語り始めた。ちなみに彼は現在37歳で、S級1班に属する選手である。高校卒業後に一浪してから競輪学校に合格して2002年にプロデビュー、プロ2年目には賞金1000万円を超えていたという。

「僕自身は小学校4年から中学にかけて野球をやっていました。ただ団体競技に自分は向いていないな、と限界を感じて元々自転車が好きだったこともあり高校から自転車競技部に入りました。するとタイムが出始めたのでプロの選手になれましたけど、小学校のころなんて、体力テストなんかでは最下位とは言わないですが、かなり下のほうでしたよ」

「参入障壁」が低く収入が高いスポーツを探せ

私が知る限り、だいたいプロ野球選手になるような子供は小学校のころから同級生の中で体格的にも頭ひとつ飛び出ていて、運動能力も抜群な面々ばかりである。まして現代において高校から野球を始めてプロにたどり着くことはまずない。遅すぎる。その意味で、競輪がプロ野球やJリーグより参入障壁が低いことは間違いない。

「たしかに、競輪はモノを使うからか、努力がそれほど裏切られないし対処のしようがあるという側面は大きいと思うんですよ。野球もたしかに道具は使いますが、バットとボールの関係ですからホームランを打てる人は元々決まっていて、元々の肉体的なものに左右される部分が大きすぎるんですよね。野球をやっていた僕はそれを感じてしまったんですよ」

私も昔野球をやっていたのでその感覚は痛いほどわかる。同じ意味で、バスケットボールやバレーボールが身長によって左右されることは言うまでもない。

「体格という点で言うと、競輪って身長体重制限はないんですよ。いま現役で活躍している選手で言うと、西のほうには身長150センチ半ばでS1に入っている選手がいますね。何回か競輪学校に挑戦して、つまり不合格も経て今に至るという選手もいますよ」

言い忘れていたが、競輪を全く知らない方のために少し書き添えておくと、競輪選手のランキングは上からS級S班、S級1班、S級2班、A級1班、A級2班、A級3班に分かれている。これを略してSS、A2などと呼ぶ。年末に開かれるKEIRINグランプリの出場資格を得た18人が「S級S班」という最高峰に当たる。お金の話をするとSSに入ると年間賞金が1億円を超え、S1で平均が3000万円くらいである。和田はプロデビュー2年目から賞金が1000万円を超えるようになったという。

「競輪には役割分担がありますから、さっき言ったような小柄な体格で前を走れ、と言われたら風圧がすごいですから辛いと思います。でも後ろを担当してもいいよ、ということであれば体格に恵まれなくても道具を使うという特性から勝負できる、というのが職業としての競輪の魅力と言えるのかなと思います」

体格に恵まれていなければ競艇も選択肢

ここで競艇についても少し競輪との比較対象として触れておきたい。競艇について話してもらったのは佐賀支部所属の競艇選手・三井所尊春《みいしょたかはる》である。

三井所は1979年佐賀県生まれ、つまり私と同学年である。高校卒業後に二度の不合格を経て三度目の正直で競艇学校に合格、2001年にプロデビュー、2017年9月には初のG1となる多摩川63周年で優勝を果たしている実力者である。ちなみに彼と知り合ったきっかけは、私が壱岐島《いきのしま》で行われたハーフマラソン大会に出場した際に、泊まっていた宿の大浴場で福岡県在住の彼の実弟・尊臣《たかおみ》と出会ったことである。私が本書について話すと、「兄貴が競艇選手をやっておりまして」という話になり、機会をあらためて紹介してくれた次第である。

私にとって一番羨ましく、かつ腹立たしいのは三井所が佐賀商業高校で甲子園出場を果たしている事実である――まあ私の感情はさておき読者にとって大事なのは、三井所が高校まで野球をやっていたということは、それまで競艇に興味関心もなく、経験もなかったということだ。実際、三井所が競艇を目指したのは、亡くなった父親から「競艇は儲かるぞ」と吹き込まれたからだという。

競艇の場合は学科試験にさえ受かれば中卒から入門も可能である。高校中退で飛び込んでくる者も少なくないという。もろもろの身体検査を受けて少しでも問題があればはじかれるとのことだが、特に念入りに検査されるのが「動体視力」だそうだ。

体格についていうと、現在の規定は「175cm、57kg」**以下**である。強調するが、「以上」ではなく、「以下」である。つまり、体が大きくなれない、あるいはいくら食べても太れない体質の人には考慮の余地がある競技だということだ。三井所に言わせると、競艇選手として一番理想的な体型は「身長165cm、体重51kg少々」だそうだ。下限が51kgである。

実際、彼も本当はプロ野球選手になりたかったのだが身長・体重ともにプロに行くには足りなかった。だが競艇になると今度は逆に体重を落とさなければならない。高校卒業当時64kgだった体重だが、当時は55kg以下が規定で、10kg落とさなければならなかった。

「減量のために、カロリーメイト1個で40kmとか走ってましたね」

私もマラソンをしている関係で年齢的にはかなり細身の部類に入るが、それでも体重が62〜

63kgである。三井所はそれより10kg前後細いわけで、差は歴然としている。実弟の尊臣は推定体重80kg超の「単なるおっさん」である。ふたりが並んで立つと、本当に兄弟なのか怪しくなるレベルである。

私や三井所の弟の体重などどうでもいい話だが、競艇選手のランキングはA1、A2、B1、B2の4段階に分かれている。全体の平均年収は約1600万円で、競輪よりさらに長く現役生活を続けることができる。かつてのボートレーサー養成所は月謝がかかったとのことだが、現在は無償で学ぶことができるようになっている。その代わり足切りは多い。決して誰にでもおすすめできる道ではないが、体が大きくなれない人にとっては可能性がある道だと思う。

陸上やるぐらいなら自転車を買え

話を競輪に戻すと、私のイメージだと、昔の競輪選手は貧しい家庭の出身者が足2本だけでなりあがってくる、という印象が強かった。今はどうなのか。

「昔はそうだったと思いますけど、今はある程度のものがないと入れないのが実情です。高校に入るときに、競技用の自転車を買わなければならないという障壁があるんですよ。金額で言えば完成した乗れる状態のもので30万以上40万未満くらいなのですが、そこをどうするかという難題があるんですよね。僕の実家だって裕福とは到底言えないレベルでしたけど、ギリギリ三十数万円の自転車を買えるくらいではあったんですよね。それでも、ひとり千葉県の選手にも本当の貧困家庭出身といえる選手がいるので紹介しますよ」

それでも、競輪界には若手を助ける慣習は残っているのだという。

「自衛隊とか、それこそ相撲界ほど衣食住、三食完璧に保証するというところまでは至っていませんけど、うちの業界でもアマチュアの間は師匠が練習のときは昼飯くらいはおごって、最初のうちは道具についてもツテをたどってお古でも用意してやる、という流れはあるんですよ。そこにそれこそ貧困家庭出身の子とかが入ってくれれば、確かにのし上がれるチャンスはあると思います。あとは、陸上をやっていて、中距離の400mとか800mを走っている子は魅力を感じますね。中距離を走るよりは自転車に乗るほうが稼げて食える可能性が圧倒的に高いことだけは約束しますよ」

貧乏なやつほど財布のひもがゆるい

「父親の世代なら珍しくなかったかもしれませんが、少なくとも僕の同級生で風呂がない家というのは聞いたことがないですね」

競輪選手の山中秀将《ひでたけ》は1986年生まれの32歳である。S級1班所属、つまり上位10%へ確実に入る稼げる選手である。先ほどご登場いただいた和田健太郎の紹介で会った山中だが、のっけからかましてくれた。かつて私が夜逃げした先の市営住宅にも、さすがに風呂くらいはあった。もちろん、私の同級生でも風呂がない家というのは聞いたことがない。

「住所を言うので、グーグルマップで見てください。松戸市常盤平5‐15‐9です。トイレですか？　さすがに水洗にはなっていましたよ。和式だったけど」

和式便所の家なんて、私でさえ5歳のときに住んだきりで、その後は一応洋式トイレの家に住んでいた。

「一度、40過ぎの同業者で結構苦労人だった人が〝お前の苦労なんか大したことない。オレのほうが……〟って言おうとしてきたことがあったのですが、〝いや、お前のほうが全然苦労してるわ〟ということがありましたよ」

山中の実家だが、実際に見ると最寄り駅から徒歩5分程度で、立地は全然悪くない。周辺にもつくりがしっかりした新しめの一軒家やアパートが並んでいるのだが、山中一家が暮らしていたというボロアパートだけ、時が止まったかのように古くてボロく、明らかに近所の景観を損ね、下手すると地価を下げている。「うちは103号室でした」。

山中家が貧しくなった原因を聞いてみた。

「代々貧しかったんじゃないですかね？　父方の祖母は女手ひとつで子供5人育て上げたんですけど、その子供の父親が3人いるんですよ。どこからどこまでが誰の子か、僕自身未だによくわかってないですけど。父親はとび職でしたけど、気が向いたときだけ働きに行くような人でしたから、収入が不安定になるのは当然ですよね。母親が台湾人で、幼いときに2年間台湾で暮らしたのですが、僕が小学校に上がる前くらいに父親が日本に連れ戻して、今年フェイスブックで連絡がとれるまでずっと音信不通でした。父親の妹にあたるおばさんが事実上の母親で、彼女自身の息子と僕と妹の3人を優しく厳しく育ててくれましたよ」

小学校時代貧しさのあまりいじめられたり卑屈になったりすることはなかったのか。

「僕が少しだけ恵まれていたのは、まあまあ足が速くて、勉強もできないわけではなかったので、そこまで惨めと感じることはありませんでした。小学校当時からの幼馴染が何人かいますけど、貧しいからと僕を見下すことはなかったし、未だに付き合っていると思うんですよね。〝お前んち、風呂がないのか？　いいな、いつも銭湯に行けて〟。いや、そういう問題じゃねえんだよ、みたいな。毎日銭湯に行けるお金があるはずがないんで、そういうときは台所で頭を洗って、湯沸かし器で少しだけお湯をつくってそれで体を拭いていましたよ」

山中にとって、父親は反面教師そのものだった。

「やっぱり、貧乏人のメンタリティってあると思うんですよね。貧乏なヤツほど財布のひもがゆるい、みたいな。僕も人のことは言えないんですよ。競輪で一応独り立ちしてからも、友達と飲み食いしてパーッと遣うことが多かったですからね。なかなか抜けないですよ。最近、妹がよく言います、〝死んだ父さんにホント似てきたね〟って」

「見栄っ張り」という病

そんな父親の悪癖がもうひとつあった。「見栄っ張り」である。

「小学校のときから友達に誘われて野球をやっていました。中学時代はシニアリーグにも入っていたんですけど、グラブはミズノプロという5万円くらいする高級品を買ってくれましたからね。子供に貧しさや惨めさを悟らせたくなかったんでしょうね」

だからと言って、ないものはない。繕おうとすれば、必ず綻びが出るのが貧しさである。

「給食費って、僕のときは封筒に入れて手渡しではなかったんですよ。だから詳しいことはわかりませんけど、何度か先生に呼び出されて〝お父さんに言っといて〟みたいなことは言われた覚えがあります。自動引き落とし分のお金が口座に残っていなかったんでしょうね」

だが、そんな見栄っ張りな父親の性格ゆえに、山中が競輪でプロデビューできたというのもまた事実である。

「親父はヘビースモーカーでした。タバコって1箱何本入っているんですか？ 20本？ 1本喫うのに5分として、20本なら100分、つまり2時間近くですよね。1日1箱のタバコをやめれば1か月で1万円前後は貯められるし、競輪選手が毎日2時間弱余計に練習したら相当強くなれますよ。その時間を英語の勉強につぎ込めば、絶対英語くらいしゃべれるようになりますよ。それをしていないから僕は未だに英語が苦手なんでしょうね……」

そして山中にも確実に「貧乏人のメンタリティ」は染みついていて、選択肢を自ら狭めていた。

「中学卒業のときに、3校から野球の推薦はもらったんですよ。でも全部私立でした。特待生扱いなら僕もぜひ行きたかったのですが、そうではなかったし、野球とかサッカーってとにかくお金がかかるんですよね。推薦だと学費は普通にかかりますから、最初から選択肢になく、そこで野球は諦めました。普通、高校受験ってまず公立を受けて滑り止めで私立を受けるじゃないですか。でも僕は15歳なりにもう家の状況はわかっていましたから、誰に言われるでもなく公立一本に絞って、それも確実に入れる高校を受けました」

実をいうと、私も全く同じである。シニアリーグに所属したが推薦などどこにもなかったというのが山中と違うところだが、「滑り止めの私立を受けずに公立一本に絞った」のは全く同じである。違うとすれば、私が受けたのは岡山県では一応優秀で、合格の確率は五分五分程度だった高校を受験したという結構危ない橋を渡っていたということだ。

「当然、学校選びの条件として電車通学にならなくて自転車通学ができるところになりますよね。部活は陸上部でした」

将来の進路として競輪選手を意識し始めたのはいつだったのか?

「競輪選手という職業自体は、昔から知っていましたよ。でも自分の進路として真剣に考えるようになったのは、高3のときに親父が〝競輪選手にでもなってみれば?〟っておそらくは冗談半分で、どうせなれるわけないと思いながら言ってきたことです。なんでも、親戚のおじさんが元競輪選手だったらしく、それで多少馴染みがあったみたいですね」

山中は、この言葉を真に受けた。

「大学という頭はハナからありませんでした。私立高校でさえためらうのに、大学なんか滅相もない、という貧乏人のメンタリティですよね」

では、競輪選手になろうとした山中が真っ先にしたのは何だったのか。

「まず、なり方がわからないですよね。普通なら、ツテをたどって競輪選手と知り合い、弟子にしてもらって……みたいな流れがありますが、知り合いに競輪選手はいませんでしたから。情報を得るには本しかないなと思い、中野浩一さんの『競輪選手になるには』という本を買って読みました。一通り読むと、最後の付録に〝愛好会一覧〟みたいなのがあったんですよ。選手になりたい人が集まって練習したりタイム計測したりする集まりが月に2、3回あって、連絡先の中に松戸があればいいなと思ったのですけどなくて、千葉市にあったんですね。それで電話をかけて、通い始めました。松戸からは結構遠回りになりますけどね」

貧乏人のメンタリティを破るチャップリンの言葉

山中は高校卒業後バイトでジムのインストラクターをしながら、この千葉の愛好会へ通うこととなり、そこで指導員として来ていた選手のひとりと師弟関係を結ぶことになる。

そして師匠は山中に踏み絵を突き付けた。

「本気で競輪選手になりたいなら、時間とエネルギーのすべてを注がなければならない。だからバイトはやめなさい」

山中はこの言葉に従い、アルバイトをやめてその後半年間にわたり無収入の中で競輪のトレーニングに励み、競輪学校合格を果たした。「そのころの住まいですか？　もちろん、例の5－15－9ですよ」。そういえば、和田が指摘していた「先立つもの」はどうしたのか。

「それは父親が買ってくれました。自転車屋さんにお願いして、15万円程度で組んでもらいました。足りない部品とかフレームなんかは、先輩のお古・おさがりですね」

なぜ、山中は貧困を抜け出すことができたのか。おそらく、この問いに答えてくれるのはチャールズ・チャップリンの名言だろう。

Life can be wonderful if you're not afraid of it. All it takes is courage, imagination, and a little dough.（人生は恐れさえしなければ素晴らしいものだ。必要なのは勇気、想像力、そしてほんの少しのゼニだけだ）

端的に言って、山中は高3で競輪選手という道を考え始め、15万円の先行投資で今のような稼げる選手になることができた。そして山中には競輪選手になれるかもという「想像力」が働いたからこそ中野浩一の本を買い、同好会に電話をかける「勇気」があった。私が「競輪は貧困脱出の観点から日本で二番目にいいスポーツである」という持論を山中に話すと、こう答えてくれた。

「確かにそういう側面はあると思います。しょっちゅう電気も水道も止まり、タバコ・酒もすごく、案の定というべきか肺ガンで死んでいった親父ですけど、でも見栄っ張りの親父が自転車を1台買ってくれれば、目指すことはできるんですよ。ただね、タカさんがおっしゃる〝細く長く稼げる〟については一言モノ申してもいいですか？　最初から細く長く、という意識でやっている選手は長くできません。だって、40過ぎの実力者が全然どいてくれないんですよ。50前の羽生善治《はぶよしはる》さんがずっと王者に君臨して若手がタイトルをとれない将棋みたいなものです。というか、競輪には羽生善治みたいなのが何人もいるわけです。この大物を抜いてやる、という気概がある人が長くやっていける業界だと思います」

そう言ったあと、山中は付け加えた。

「松本人志さん作詞の〝チキンライス〟って歌があるでしょ。あの中に〝でもあれだけ貧乏だったんだ。自慢くらいさせてくれ〟っていう歌詞がありますけど、まさにそんな心境ですよ。今後もぜひ、5-15-9で皆さんに笑っていただきたいなというのが僕の願いですね」

同じくチャップリンの言葉にこういうのもある。

A day without laughter is a day wasted.（笑いがない一日は無駄な一日である）

ちなみに、最初に紹介した中村浩士が私につぶやいたことがある。

「競輪の専門チャンネルはあるんだけど、そこでレポーターをやってくれる女の子が来てくれないんですよ」

世の中には、まだ売れていない美形のアイドルはいくらでもいるだろう。こういう隙間を狙うという思考は非常に大切である。そこに食い込んでいけば、競輪界の次のスターを捕まえられるかもしれないではないか。誰もいないところに目をつけて、いち早く第一人者になれば十分可能な話である。

そして、競輪は今や男だけのものではない。伊勢華子著『健脚商売—競輪学校女子一期生24時—』という本がある。現在、競輪は女子選手も迎え入れ、「ガールズ競輪」も行われている。その一期生を特集した一冊である。

ガールズ競輪が始まったのが2012年7月で、本書の刊行が2015年である。登場する各選手の通算賞金を見ると、「群馬県生まれで優勝経験なし」という野口諭実《ゆみ》可《か》選手は2015年10月までに「1870万5000円」、優勝3回の門脇真由美選手は「2406万3400円」、優勝1回の重光《しげみつ》啓代《ひろよ》選手が「1912万5600円」、優勝32回の加瀬加奈子選手は「4156万6000円」である。つまり、優勝経験がなくても毎年平均600万円前後は稼げているということだ。下手な大手企業の総合職よりいいのではないか。しかも、ルックスは一切関係ない。

最近は少しずつレベルも高くなっているが、まだ男子ほど数も多くないので、足2本にかけられるなら、狙い目の職業である。

ということで、貧困脱出において二番目にいいスポーツ、競輪の話はここまでだ。ここから、一番いいスポーツを紹介することにしよう。

貧困から抜け出す方法 9

相撲はさらに甘いぞ

本書をお読みの方で、相撲部屋の稽古《けいこ》を見学したことがある人はどれくらいいるだろうか。

実は、相撲の稽古は本場所中でなければ簡単に見学することができる。そして、一度でも稽古を見学すればなぜ稀勢《きせ》の里が出てくるまで長年日本出身の横綱が出てこなかったのか一目でわかる。

一言でいえば、「海外からはアスリートが来ているが、日本出身者はただの肥満かそれ以下しかいないから」である。

動かぬ証拠がある。式秀《しきひで》部屋の公式ツイッターアカウントにある募集要項である。

式秀部屋では新弟子を随時募集しています。中卒以上23歳未満の身長167㎝体重67kg以上（3月は中3のみ165㎝ 65kg以上）が合格基準です。相撲経験の有無は不問です。力士になりたい方、興味がある方はお電話かDMにてお気軽にご連絡ください。
（2017年5月17日）

「随時」ということは、つまり「いつでもOK」ということである。半年にふたりずつ、年に4人しかなれない将棋のプロ棋士からすると「ふざけるな」という話である。中学3年で165㎝の基準なら大部分の男子中学生がクリアできるのではないか。さらに次の一文が重要である。

「相撲経験の有無は不問です」

つまり相撲をやったことがなくても新弟子になれるというのである。サッカーをやったことがないJリーガーなど絶対にいるわけがない。私が知る限り、野球経験がないのにプロ野球選手になれたのは東京五輪100m代表の飯島秀雄氏だけだ。これだって、五輪代表選手で代走専門という特別の条件があったから実現した話である。プロになるのにここまで敷居が低い競技がほかにあるはずがない。ちなみに、式秀部屋の電話番号は0297-66-9377である。

また、友綱《ともづな》部屋のHPでもこう謳《うた》っている。

「一流企業でもリストラを繰り返しており自主再建できなくなった企業もたくさんある中、日本相撲協会は借入金のない優良法人です。力士は社員採用ではありませんが、ゼロからでもプロスポーツ選手になれるのは相撲だけです」

「高給・安定」の超優良法人に未経験者がラクラク入れる

海外から来る力士と言えば、モンゴル相撲で実績があったとか、ブルガリアでレスリング国内王者だったとか、ハワイでアメフトをしていたとか、何らかの運動経験・実績をひっさげている。日本人の入門者はそういうのがいない。事実だから書くが、入門直後で序ノ口・序二段程度の16、7歳が相手なら私のほうが強い。腕立て伏せ20回できないヤツにフルマラソン3時間20分切りでレッグプレス200kgの下半身とベンチプレス90kgが備わる私が負けるはずがない。私に言わせれば、稀勢の里がよかったのは中学まで野球をやっていてある程度のところまではいっていたこと、とはいえ野球ではプロになれないという見切りの良さ、私になかった頭の良さがあったからだ。

相撲の世界は序ノ口から始まる。そこから序二段、三段目、幕下とあがっていき、十両からお金をもらえるようになる。さて、ここで問題です。十両になったら毎月いくらもらえるでしょう？

私は、周囲のあらゆる友人・知人にこの謎かけをしてみた。

「え、せいぜい20万か30万くらいじゃないですか？」

「いっても50万かなあ」

このあたりの答えが多い。残念ながら不正解である。それくらいなら、本書の中で私が勧めるはずがない。正解は「100万円」である。舞の海秀平著『なぜ、日本人は横綱になれないのか』を引用しよう。


十両の給料は103万6000円、手取りで90万円程度です。ちなみに、横綱が282万円、大関は234万円、三役は169万3000円、平幕は139万9000円です。


私が知る限り、何のとりえもない中卒が月収100万円を目指せる可能性がある職業など、たぶん相撲取りしかない。

しかも、これはあくまでも「基本給」である。それに加えて年に2回「餅代」と称したボーナスがつく。つまり年収は100万×12ではなく、100万×16なのだ。さらに勝ち越し分の手当、もう少し上に行くと懸賞分も加算される。たとえば、ひとつの場所を10勝5敗で終えたとする。とすると勝ち越し分は5となる。これに勝ち越し分1につき50銭が加えられる。そして現代はこの50銭を4000倍して計算するので、2円50銭の4000倍、つまり1万円が引退までずっと月給に加えられ続けるのだ。8勝7敗なら50銭、9勝6敗なら1円50銭だ。

それから忘れてはならないのが「金星」である。幕内に入り、平幕力士が横綱を破ることを「金星」というが、金星をひとつあげるごとに基本給が10円加算となる。これも先ほどと同じく4000倍するので手当が4万円増え、これが現役生活中ずっと続く。友人の某都議会議員が思わず「そんなベアを勝ちとれる労働組合なんかどこにもありませんよ」とつぶやいたが、その通りである。

昔、安芸乃島《あきのしま》という力士がいた。最高位は関脇だったが、彼は生涯で金星を16個あげた。つまり、基本給に加えて毎回64万円の手当が支給されていたということである。シャバの仕事のなんとか手当で2万円とか3万円というのは聞いたことがあるが、60万円以上手当がつく職業など、相撲取り以外にはありえない。

衣食住いっさいタダ

さらに大切なことがある。十両になるまで、衣食住が一切タダになるということだ。

衣についてはまわしか浴衣ということになるが、すべて部屋から支給される。食はチャンコ鍋となるが、この食材はすべて親方の負担となる。つまり弟子はびた一文払わなくていい。もちろん料理はしなければならないが、相撲取りになるということは質量ともに食べなければならないから、必然的に料理の腕も磨かれることになる。そして住についても大部屋の雑魚寝とはなるが家賃タダで部屋に住み込むことができる。十両になれば付き人という名の召使いがつき、個室がもらえる。私も当然のように収入から家賃を払っているわけで、こんなおいしい話は出版業界には絶対にない。

別に横綱までいけなくともよい。2年間だけ十両にいて部屋暮らしを続ければ衣食住はタダだからどうやっても2000万円くらいは貯められるだろう。それくらいあれば、廃業してもチャンコ屋の一軒くらいは開くことができる。そして寿司屋は世界中にいくらでもあるが、私が知る限りチャンコ屋はまだ世界に広まっていない。

一度、昔の同級生夫妻がオーストラリアのメルボルンから訪ねてきたことがあったので、チャンコ鍋屋に連れて行ったことがある。メルボルンといえば、テニスの全豪オープンやF1レースも開催される南半球屈指の大都市である。にもかかわらず、チャンコ鍋は見たことがないという。メルボルンにチャンコがないなら、ほかは推して知るべし、まだチャンコ鍋がない大都市が世界中にいくらでもあるということだ。どこかの都市で一番手になれば、食中毒でも出さない限り生涯安泰だろう。そして、幕下以下でも全くの無給ではない。

幕下までは給料は貰えませんが、1場所あたり15万円の場所手当てがつくので、年間にして90万円は貰えます。(同掲書)

相撲部屋訪問で確かめてみた

「相撲は貧困脱出に最適の手段である」。この仮説が正しいのかどうか、実際に相撲部屋を訪問して直接親方に確かめてみることにした。

2018年2月某日、私はスカイツリー近くの「鳴戸《なると》部屋」を訪れた。

ちなみに関東在住であれば2月上旬は絶好の「部屋見学日和」である。ほとんどの部屋は、一月場所を終えたあと1週間程度休み、その後つまり2月初めくらいから稽古を再開し、中旬になると大阪へ乗り込んでいくからだ。鳴戸部屋に限らず、ほとんどの部屋はHPやツイッターで見学の問い合わせ先を公表している。先ほどの式秀部屋の電話番号も公式フェイスブックページに掲載されているものである。あとは前日か前々日に「すみません、明日稽古を見学したいのですが」と一報を入れるだけだ。

朝8時ごろから稽古開始と聞いていたので、その時間に合わせて部屋に到着する。ためらいながら呼び鈴を鳴らすと、白いまわし姿の鳴戸親方本人が開けてくれた。ちなみに、鳴戸親方は元大関琴欧洲《ことおうしゅう》である。

新興の部屋ということもあり、弟子はまだ少ない。全体で4人で、稽古に参加していたのは3人だった。

9時過ぎまでひたすら土俵内でのすり足を続ける。それから9時過ぎたあたりから弟子同士のぶつかり稽古となる。その間親方はひたすらダンベルで筋トレを続けながら少しずつ動き方に指導を加えていく。

鳴戸部屋の有望株としてテレビの特集にも取り上げられることの多いブルガリア出身で親方自らスカウトしてきたヴェンツィこと虎来欧《とらきおう》は、この日はぶつかり稽古をしなかった。足首のケガがあったらしく、きつくテーピングしている。ちなみに、親方から彼への指導はすべて日本語で、ブルガリア語は一切使っていない。

その後親方が土俵に入り、胸を貸す。懇切丁寧な指導で、胸板が赤くなるまで付き合っている。ただ、引退後数年とはいえ、圧倒的な威圧感、体格、筋肉量の違いは歴然としている。ガチで親方と弟子が対決すれば、間違いなく師匠が圧勝である。

その後四股《しこ》を踏んでから体幹トレーニングを行い、全体練習は終了となる。その後親方に話をうかがうことができた。

開口一番、「子供たちの貧困脱出という観点から言って、相撲は一番だと思うのですが」と私が切り出すと、即座に親方は「私もそう思いますよ。だって、私自身19歳のときに父親が事故で働けなくなったから日本に来たわけですし、相撲部屋に入ってしまえば住むところ、着るもの、食べるもの全部タダですからね」と断言した。そして、相撲部屋で衣食住がタダになるのは力士だけではないのだ、と親方は力説した。

裏方の仕事も狙い目

親方　皆さん、力士のほかに相撲の世界には裏方がたくさんいるのを知らないでしょ。マゲを結う〝床山《とこやま》〟さん、もちろん行司《ぎょうじ》、あと取り組みが始まるときに力士の名前を呼びあげる〝呼出《よびだし》〟もいます。15歳から給料をもらえますし、よほど問題を起こさなければ安定した給料をもらえる仕事ですよ。中卒でも月14〜15万円は確実にもらえますよ。ある意味、中卒で入門したお相撲さんより条件はいいですよ。

――そうした裏方になるにはどうすればいいのですか？

親方　まず第一に、18歳までに入らなければなりません。そして一場所でも早く入門したほうが先輩ですから、18歳で入って15歳のほうが一場所早く入ったから先輩ということが普通にありますす。それなら早く入ったほうがいいでしょう。募集要項ですが、それぞれ定員があるのですよ。呼出枠が50人いて、50人いたら入れません。ひとつ空きができればひとり入れます。中3で卒業したときに入ろうと思うなら中一くらいのころから予約しておくことです。そこが新弟子検査を受ければいつでも入れる力士との違いですね。

――力士として大事なのはなんでしょう？

親方　力士として上に行きたいなら、まずケガをしないことです。ケガをしたら、出世が遅れます。相撲をしている限り、ケガを100％防ぐことはできませんが、ケガしにくい体を作ることはできます。そこを私は重視して指導しています。

――ケガしない体、というのはどうすれば作れますか？

親方　基本ですよ、基本。まだ体もできていないのにぶつかり稽古をして、まともに相撲をとれるはずがありません。基本をしっかりやって、体がきちんと動かせるようになってから、はじめて土俵で相撲です。全員一緒なはずがないですから、それぞれの力量や成長度合いを見ながら私が判断していくことになります。日本のほかの相撲部屋は、10人が10人同じメニューでやっている。押し相撲の人と四つ相撲の人とが同じことをやっていてはダメですよ。課題も特徴も一人ひとり違うわけですから、やることが違うのも当然でしょう。ほかの世界なら当たり前のことを、相撲界はやっていない。

――相撲取りの食事を見ていると、白米が多すぎる気がするのですが、玄米とか十六穀米とかのほうが栄養価は高くありませんか？

親方　玄米もときには食べますよ。ただ、私の考えだと大切なのは肉とか魚とか野菜とか乳製品とか、ほかのものもたくさん食べることによって栄養を摂ることです。

――話は飛びますが、今横綱の稀勢の里とは入門が同時期らしいですね。そのころの印象はいかがでしたか？

親方　パワーが全く違いました。私は相撲経験がないまま19歳で入門しました。稀勢の里はそのころ同じく相撲経験がない、野球しかやっていない状態で15歳で入門してきました。にもかかわらず、すぐに三段目や幕下とまともに相撲がとれていたのですよ。考えられないことです。馬力や体格に恵まれていましたね。お互い松戸の部屋にいましたからよく行き来して一緒に稽古していましたよ。

——入門時の親方の体重はどれくらいでしたか？

親方　120kg少々でしたかね。

——新弟子としては全然小さくないですよね。

親方　でも遅かった。ほかの子は15歳で入ってきているのに、私は19歳だったから、大きな遅れがありました。だから追いつくためには誰より稽古するしかありませんでした。追い越すには毎日の稽古は全力でして、それ以上のトレーニングをするしかありませんでした。佐渡《さ ど》ケ嶽《が たけ》部屋にはウェイトトレーニングができるジムがありました。でも使っているのは私だけでした。

——ここにも入門希望者が来ていると思いますが、何を基準に入れるかどうか決めているのですか？

親方　目。目を見れば本人の覚悟がどれほどのものかわかる。そこが中途半端な奴は必ず途中で諦めて帰る。15歳でその覚悟を求めるのは大変だと思うけど、でもこの世界で私は何が何でも食べていく、という覚悟ができる子が生きていける世界ですよ。

——たしか親方は1年半で十両、3年そこそこで大関まで上がっていかれたと思いますが、今まで十両にあがるまで一番時間がかかった人はどれくらい苦労しましたか？

親方　20年とかかかった人いますよ。これは極端な例ですが、上がっていく子はだいたい15

で入門して7年くらい、つまり21とか22、23くらいで初十両という場合が多いですね。特別に体格が恵まれている子は別ですが、そうでなければ一から基礎をやって少しずつ上がっていくことを考えると、5年で上がれたら早いほうだな。

こういう言い方をすると親方は嫌がるかもしれないが、以上のやりとりからも相撲がプロの将棋より甘いのは明らかである。

まず、未経験者でも入れるという点が将棋とは全然違う。将棋は5、6歳から始めて人生のすべてをそこに捧げ、小学校高学年のころには少なくとも県代表レベルになっていなければならない。「ここで食べていくという覚悟」を15歳ではなく、9歳か10歳でしなければならないのだ。それでやっとプロ養成機関・奨励会に入れるかどうかである。

そこで「奨励会6級」となるわけだが、5級に上がるためにはいいとこどりとはいえ6連勝か9勝3敗程度の成績を上げなければならない。相撲は4勝3敗を維持すればとりあえず番付が下がることはない。ほぼ誰でも入れる世界だから、きちんと稽古していればなんとかなる。

私が「十両になるまでに一番時間がかかった人」のことを聞いたのには理由がある。将棋の場合、26歳で四段になれなければ原則退会、つまりクビだからだ。入門から20年ということは、34、35ということだろう。将棋はそこまで待ってくれない。そしてそこまでいかなくても何度も繰り返す通り衣食住は完璧に保証されている。競輪でも、さすがにA級3班くらいだと食うのがやっとだろう。そしてそこで成績が振るわなければ問答無用で引退を強いられていく。その点、相撲は戦力外通告もなければ、補欠もいない。力士を抱えていれば協会から部屋に対して力士養成費・土俵維持費といった名目で一場所につき30万円が支給されるので部屋が力士を切ることはないのだ。

加えて相撲なら40を過ぎて十両昇進経験がない力士が何人もいる。それが本当に幸せかどうかは議論が分かれるところだが、少なくとも路頭に迷って飢え死にすることはない。

柔道などの競技経験はないほうがいい

話をうかがう親方がひとりだけではウラをとったことにはならない。そこで私は日をあらためて、今度は両国にある時津風《ときつかぜ》部屋を見学することにした。親方は元時津海《ときつうみ》である。

鳴戸部屋のときは私ひとりだったが、今回は知人の大人と相撲に関心がありそうな中学生を同伴しての訪問である。

JR両国駅から徒歩3分程度の場所にあり、マンションの1階が稽古場となっている。稽古場に通されると、15人くらい座れる畳のスペースが用意されており、その一角には昨年亡くなった間垣《まがき》親方（元時天空《ときてんくう》）の遺影が飾られている。

こちらも約1時間かけて準備体操を行い、その後ぶつかり稽古に入る。

その中に、明らかに中3より幼い子供がひとり混ざっている。少年は序ノ口の力士を相手に頭と頭をぶつけ、頭蓋骨《ずがいこつ》がぶつかり合う鈍い音を発し、双方とも鼻血を流しながら何番も取り組んでいる。そして、この少年が序ノ口とほぼ対等に勝負できている。これは有望そうだ。
10時ごろに稽古が終わる。すると、おかみさん・坂本美由紀が現れ、「上に上がってください。チャンコができていますから」と声をかけてくれた。同伴した中学生を見ると、一目で「体重100kgくらい?」とズバリ当ててみせた。職業柄、人の体重を当てるのは得意なのだという。全くの余談だが、おかみさんは木佐彩子に少し似ている。相撲界において、美人妻を娶《めと》ることを「金星」というらしいが、なるほどこういうことかと合点がいく。
チャンコをいただきながら、親方夫妻から話を聞く。

おかみ 親方は、柔道とかほかの競技の経験は、むしろないほうがいいというんですよ。

親方 変な癖がついていないからね。

おかみ 柔道は引きますよね。相撲は押しますから、その意味だとまっさらなほうがいいらしいんですね。

――相撲取りは、10時に稽古が終わったあとどんな1日を過ごしていますか?

親方 稽古が終わったら風呂に入って、11時くらいから関取から順番にごはんを食べていきます。若い衆が食べ終わってから片づけをして2時くらいから昼寝をして、4時から起きて掃除をしたあと晩飯の支度をしていきます。夕食は6時からで、それを片づけてからは自由時間です。消灯は11時ですね。

おかみ 先々代の時代はお弟子さんが50人とかいましたから朝2時から稽古していましたけ

どね。

親方　そうしないと全員稽古できないんですよ。人が多いから。今はそこまで多くありませんから、朝も早くないんですよ。

――親方ご自身は、相撲に入る前はどんなスポーツを経験されましたか？

親方　柔道は少しやっていましたね。

――そう言われると、親方は確かに山下泰裕さんと少し雰囲気が似ていますね。相撲の本場所は奇数月ですが、偶数月はどのような日々を送っているものですか？

親方　（十両以上の）関取なら巡業に出たり、あとは次の場所に向けて準備の稽古ですね。

おかみ　一月場所が終わったら1週間休みがあるんですよ。それから今みたいな日常の稽古が始まるんですけど、2月の半ばにはもう三月場所に向けて大阪に入りますね。このような感じで、だいたい2か月ごとに日常を送っているという感じです。

――今回、最初のぶつかり合いで頭蓋骨同士ぶつけてましたけど、あれ大丈夫ですか？

親方　全然大丈夫ですよ。慣れれば何も問題ありません。

――相撲界は、必ず1日2食ですね。

親方　この食事が朝昼兼用です。稽古前にこんなの食べたら、稽古できません。

――それはわかりますね。部屋のＨＰで、「引退後の就職」について触れておられましたが、実際にはどんな就職先があるのですか？

親方　後援会の方の紹介ですね。

おかみ　うちの部屋では通信教育で高卒資格をとれるようにしているのですが、高卒資格があれば就職の幅が広がるのは間違いありませんし、何より後援会のほうが「うちに来ないか」と声をかけてくださる場合が多いんですよ。そういうことを考えると、入門には年齢制限がありますから、少しでも気になるなら早く飛び込んできたほうがいいかな、というのが私たちの考えです。

入るなら早いうちに

――先日、鳴戸親方も言ってました。「私は入るのが遅かった」と。

親方　入るんなら、早いほうがいい。僕は大学出てから幕下付け出しで入ったんですよ。そしたら1年かかりました。大卒で1年は遅いほうですよ。最短二場所で行けますから。

おかみ　新弟子になると、協会から手当が出るんですよ。それで衣食住は無料ですから、勝ち越したり、付き人をやっている手当をもらったりして、若くても結構お金をもらっています。15、6歳で就職して、月に10万円貯金できる仕事って、なかなかないと思うんですよ。社会に出たら、大変ですよね。相撲を辞めた子たちは必ず言いますからね。「相撲部屋にいたときが一番よかった」と。ですからうちの息子ふたりは最初から相撲取りになるって決めていますよ。先ほど稽古に参加していたのは次男です。

――子供につかせたいということは、いい仕事だという証明ですね。

おかみ　私もそう思います。親方は昔から息子は相撲取りになれという考えですから。

親方　相撲にいけば勉強しなくていいし。僕なんか、生まれてこのかた1回も勉強したことないですもん。大学まで行かせてもらいましたけど、全部相撲の推薦ですから。

おかみ　相撲は親方もそうですが子供に継がせたいという人結構いますよ。

――ちょうど目の前におられますが、豊ノ島《とよのしま》関は身長169cmと小柄なのに、なぜあそこまで行けたのですか？

親方　それは本人の努力でしょう。でもね、背が低いなら低さという武器があるんですよ。相手はやりづらいんですよ。重心が低すぎてやりづらいということですね。

おかみ　白鵬《はくほう》さんだって、入門当時は体重が60kg台だったそうですからね。中学生の時点だとまだ体が出来上がっていませんから、今大きいか小さいか、太いか細いかというのはあまり関係がないんですよ。

相撲部屋だからといって、無理やり大量に食わされることはない

このとき同伴した中学生は、初めての場所・体験で緊張していたのか箸《はし》がすすんでいなかった。おかみが「もう少し食べなよ」と声をかけた。

親方　そんなに無理やり食わせせんでいいよ。

――よく高校の強豪野球部・サッカー部とかで「ノルマでどんぶり7杯」とかあるじゃないですか。ここの部屋にはそういうのはないんですか？

親方　それはないですね。うちはその辺完全に自由ですよ。

――昔ほかの部屋を見学したときに、腕立て伏せ20回できないヤツがいて驚いたことがあるんですよ。こいつオレより弱い、って。

親方　そんなのたくさんいますよ。腕立て10回できなかったヤツがゴロゴロいます。

おかみ　（弟子のひとりを呼び）この子は、中学校の先生に連れてこられたんですよ。「お前はこのままだとワルになるしかないから相撲でもやれ」って。相撲経験は皆無でしたけど、今幕下まで上がっていて、たぶん次に関取になるのはこの子ですよ。

――野球とかサッカーだと、そもそも特待生になるのが難しく、そこで生き残るのはもっと難しく、ドラフト指名は東大に入るよりはるかに難しいという現実がありますからね。

おかみ　その点相撲は競技人口が少ないし、競争もそういうスポーツほどではなく、月給に加えて給金や懸賞金もつきますからね。

――たしか、懸賞1本で3万円と聞いたことがあります。

親方　いや違うんですよ。あれ1本5万5000円です。

――え？

親方　懸賞は1本6万円でかけられるんですよ。それで力士が土俵の上でもらうのは3万円です。2万5000円は協会が力士のお金として積み立てしてくれるんですよ。各力士の口座みたいなのがあって、別におろしたければいつおろしてもいいんですよ。残りの5000円は協会の取り分になります。

おかみ　そうやってきちんとお金が貯められたうえに、後援会の皆さんが全国に散らばっていて、お相撲さんってものすごく顔が広くなるんですよ。出会いって本当に大事で、相撲で全力を尽くしていれば必ず第二の人生で生きてくるんですよ。

おいしい仕事かどうかは「二世」が多いかでわかる

事前にある程度把握していたつもりだったが、相撲の良さは想像以上だった。

十両になったらまとまったお金がもらえるのは知っていたが、幕下以下でも手厚く保護されていた。腕立て10回できなくても入門でき、将棋と違って年齢制限もなく、人材難・人数不足が続いており、協会からの手当もあるので戦力外通告もゼロ円提示も引退勧告もない。にもかかわらず、7月の名古屋場所で、新弟子検査の受検者はゼロだった。

しかも、中卒で入門・就職して高卒資格をとりながら1年で100万円の貯金ができるというのである。私が知る限り、そんな職業は見たことも聞いたこともない。もし相撲取り以外に16歳で100万円の貯金ができる職業をご存知の方がおられるなら教えていただきたいくらいである。

これは私の持論だが、おいしい仕事かどうかは「二世」が多いかどうかでわかる。まともな親であれば誰だって自分の子供が一番かわいいわけで、いい人生を送らせたいに決まっている。私はつゆ知らぬ世界だが、国会議員と高級官僚、特に外交官に二世が多いということは、決して私のような下々の庶民にはわからないおいしい何かがあるからに違いない。芸能界もまた同じである。反対に翻訳者の二世がいない理由は簡単である。そもそも「一世」がまともに食えていないため二世が生物学的誕生に至らないからだ。

その点今回のやりとりにも出てくるが時津風親方は息子ふたりを相撲取りにすると決めていて、息子たちもその気満々である。これこそ相撲界がおいしい世界である何よりの証明である。鳴戸親方とは子供のことは話さなかったが、著書にこういう記述がある。

いずれ、息子が相撲の世界を目指そうとするならば、協力したい。もしもこの先も縁があって、大相撲の世界に長く残っていくことができたとしたなら、自分の手で育てていきたいと思います。（『今、ここで勝つために　琴欧洲自伝』より）

つまり、時津風親方は決して特殊な事例ではないということだ。そして、パイはまだまだ十分に残っている。

公正を期して言うと、時津風部屋は大横綱・双葉山の系図を継ぐ相撲界屈指の名門だが、かつて先代の不祥事があり、現親方が急遽現役引退して部屋を引き継いだという経緯がある。実際、同伴した大人のひとりから「ネットで調べると何やら物騒な事件があったようですが大丈夫でしょうか」と聞かれた。しかし、現在の親方は言葉遣いこそ多少乱暴だが文字通り火中の栗を拾った人物である。伝統ある部屋、もっといえば業界全体が存続の危機に立たされたときに、現役を引退してでも部屋を継いでくれと周囲から声がかかるということは、それだけ長年の間に培《つちか》った人望がある証拠である。現体制になってから雰囲気も一新されており、かつてのような問題が起きることはないだろう。

時津風部屋のＨＰはこちらである。http://www.tokitsukazebeya.jp/

ここのお問合せフォームを開き、「タカ大丸の『貧困脱出マニュアル』で読みました。一度体験入門させてください」とでも言えば、まわしもチャンコもすべて用意してくれる。もちろん、入門は義務ではない。何か月かお試しで入ってみて適性を見ることも可能だ。

貧困から抜け出す方法 10

遅刻するときは電話1本、だけで食いっぱぐれはない

これまで貧しい家庭に生まれ育った男子を念頭において書いてきたが、ここで少し女の子ならどうなのかということを考察していきたい。

赤木里香（仮名）は都内でメンズエステ店を開いている。

「女の子の取り分は売上の50％で、指名料とオプションは全額女の子に渡します。仮に店側の集客がうまくいかなくてお客さんがつかなかったとしても最低時給として1000円は保証します。出勤さえしてくれれば無給の日はないということです」

といっても私はメンズエステの業界については全く知らない。なので赤木は業界の仕組みについて解説してくれた。

「現在メンズエステ業界は大きく分けて三つの種類に分かれているんですよ。まずは風俗エステですね。これはその名の通りヌキとかもついてきます。その次が外人エステ、つまり中国人をはじめとした外国人女性がサービスを提供するという業態ですね。これも表に出てはいませんが中身はほぼ風俗店と同じだと思います。それからうちみたいな日本人の女の子に限定した風俗サービスのないメンズエステです」

では、具体的に赤木の店舗ではどんなサービスを提供しているのか。

「まずは全身にオイルマッサージですね。この場合の〝全身〟には鼠蹊部《そけいぶ》まで含みます。ただし風俗ではありませんので局部には触りません。そこでドキドキまでしてもらって終わり、という感じです」

私が想像するに、男を個室で「ドキドキ」させたらその次を求めてくる連中が絶対出てくるのではないか。そういう事態に際して、女の子の安全はどうやって守っているのか。

「日本には法律がありますし、もし男の人が悪いことをしてしまったらいろいろな意味で困ってしまうわけですよ。もしよからぬことというかスケベなことが目的であれば最初からそういう店に行けばいいわけです。ですから私の店でそういう問題行動を起こした男性は今のところひとりもいませんね。渋谷で店をやっている同業者の男性もいますけど、同じことを言っていましたね」

そんなメンズエステに就職するにはどんな学歴・職歴が必要なのだろう。

「学歴・職歴は不問です。スキルは練習すれば何とかなりますから、唯一最大の条件は容姿がいいことですね」

実際のところ、どんな人が働きに来ているのか。

「レースクィーンだったような子もいますし、子供を抱えたシングルマザーもいれば、借金返済のためにやってくる子もいますし、その辺りはバラバラですよ」

親から社会常識を教わらなかった人がすべきこと

そんな彼女はマイナスから出発する女の子たちを見て第一歩となるスキルが何か確信を深めたという。

「うちの店は徹底的に容姿だけで選んでますけど、私よく沖縄に行くのでキレイな子もキレイとは言えない女の子もそれぞれ抜け出して最低限の生活をしている姿を見ています。そんな中でひとつわかったのは、社会常識の大切さですよね。なんで借金を抱えて働いているのに、給料をもらう前に飛んで（失踪すること）しまうんだろう、っていつも考えていたんですよ。難しい話じゃないんですよ。遅れそうなら電話1本入れるとか、無断欠勤はしない、とか。約束を守るとか、ごくごく当たり前のことを親に教えられていなかったんだな、ということが少しずつわかってきたんですよ。そこがしっかりしていて、明るくふるまっていれば、容姿に多少難があったとしても社会のどこかには必ず受け入れられるはずなんですよ」

赤木にとってそんな人生の師となったのがかつて経営コンサルタントになるきっかけを作っ

たある男性との出会いだった。

「まだ私が10代のころに出会い、あちらは20代でまだ全然お金がなかったのですが、それでも絶対に年下にはおごらせないとか、わからないことがあったら必ず調べるとか、気になった本があればもう出会えないかもしれないからその場ですべて買うとか、そういう小さなこと、ごくごく当たり前のことを教えてくれましたね。先ほど言ったように、もし親がそういうことを教えてくれなかったとしたら、誰かこの人みたいになりたいという人を見つけて四六時中ついて行って怒られる、というのが一番いい気がします」

正しい職業の選び方

なぜタカ大丸を見習って翻訳者になってはいけないのか

貧困脱出のためには、お金を稼ぐしかない。お金を稼ぐには、働くしかない。小金が貯まれば、株でも不動産でもなんでも投資すればよいが、何もないときには働くしかない。

となると、職業をいかにして選ぶかが肝心なところになる。たとえば、あなたが何かの分野で一番になれるのであれば、それをつきつめるのがいい。レオ・メッシとか、大谷翔平とか、藤井聡太がそれにあたる。この場合は、何も考えずに続ければいいだけだ。実を言うと、私も少しこれに近い。出版業界の翻訳者の顔ぶれを見て——というか、誰ひとり顔を知らなかったのだが——これなら一番になれるだろうと思ったのだ。

だが、大部分の人はそうではない。だから思案のしどころになる。その際に、一番やってはいけないのは「タカ大丸を見て翻訳者になる」である。理由は以下の通りだ。

- 出版業界自体が斜陽産業である
- そんな業界の中でも翻訳者の地位とギャラは非常に低い
- 印税の支払いが遅く、ある程度の蓄えがなければ到底やっていけない
- タカ大丸を絶対に抜けないから

本書の冒頭で、私は「翻訳業は貧困脱出において最悪の職業である」と書いた。にもかかわらず、今まで何人もの人が「どうすれば翻訳者になれますか」と私に聞いてきた。なること自体は難しくないが、それで食えることなど滅多にない。だからいつも「やめなさい」と答えてきた。

まず業界自体の縮小が続いている。20年間きれいな右肩下がりが続き、改善の余地は全くない。「でも電子書籍が」という人がいるが、私のところに最近届いた最新の販売報告書を見ると、印税額は884円だった。88万4千円でも、8万8400円でもない。はっぴゃく・はちじゅう・よんえん、である。電車に乗っても本を読む人はおらず、大部分がLINEかスマホのゲームをする人ばかりだ。

最近の出版業界においては、2万部出れば「ベストセラー」とされる。だが考えてみてほしい。2万部で書き手は食えるのだろうか。

著者の印税はだいたい10％だが、新人だと８％ということも珍しくない。単行本１冊が１５００円として、８％は１２０円ということになる。１冊１２０円で２万部出たとすれば……２４０万円である。２４０万円で大人ひとりが東京で暮らせるかどうかはここで繰り返すまでもない。つまり、「ベストセラー」を１冊出しても到底食えないのが日本出版業界の現実である。この方程式で行くと、最低４万部出てやっとまっとうな収入が得られるという計算になる。そして、日本において毎年刊行される書籍はだいたい７万冊だが、その中でこの基準を満たす本は50冊あるかないかだろう。

著者の「最低ライン」が４万部とすれば、翻訳者ならどうか。さらに見込みは暗いと言わざるをえない。

私は一応実績があるから多少ほかの翻訳者よりはもらっているが、ひどい場合は印税３％、もっとひどい場合は買い切りということも珍しくない。買い切りとは、１冊訳して30万円、それではい終わりということである。売れ行きは関係ない。実際私も「買い切り」を提示され、蹴ったことがある。お金がない時期で苦しかったが、それでもこれを呑《の》んでしまったら正直者が馬鹿を見る前例を作ることになってしまうと考えたからだ。

さっきの方程式でいえば、少し甘めに見て翻訳者の印税率を４％としよう。１冊１５００円の本なら訳者の取り分は60円ということになる。同じく２万部なら……１２０万円である。つまり、８万部出てやっと人並みの暮らしができて一応婚活市場で結婚相手の候補に入れてもらえるくらいになるということだ。それも、本が出た年だけの一時的なものであり、次の年に同額をもらえる保証など一切ない。そして、翻訳書で8万部出る本など、年に5冊あるかないかである。日本では1年間に約7万点の書籍が刊行されるわけだから、7万分の5……つまり確率論で言えばサッカー日本代表の先発メンバーに入るより難しいのである。こんなバカなバクチを他人に薦めるほど私は無責任ではない。

問題は、ここまで確率が悪い勝負に勝ったとしても、報酬があまりにも少ないということだ。日本代表に入って決勝ゴールを決めれば、一躍国の英雄になり、取材申請が殺到する。インタビューを有償にすればそこでお金が入ってくる。出版の話や海外移籍の話が舞い込んでくる。CM契約の話も出てくる。何より、日本代表に入るくらいだから元々所属クラブからそれなりの年俸を受け取っている。グッズが売れればそのロイヤリティも期待できる。引退後も指導者として食いっぱぐれることはなかろうし、解説の仕事もある。加えて講演依頼やら顧問の話やらが来るだろう。だから子供を5人作ることもできる。こういうのを「夢がある職業」と呼ぶ。

それに対して翻訳者はどうか。まず、あなた自身が何人の翻訳者を知っているか問いかけてみてほしい。これが作家なら、普段本を読まなくても村上春樹とか、百田尚樹とか、少し古くは司馬遼太郎とか、とにかく誰でも知っている存在がいる。英語圏ならJ・K・ローリングやジョン・グリシャム、スティーヴン・キングなどがそうだ。

だが翻訳者でこれに当たる人はひとりもいない。ぎりぎり、映画の字幕を作る戸田奈津子氏の名前が出てくるくらいだ。これも、「あの映画の字幕の人誰だっけ」レベルだ。たぶん、戸田さんが街を歩いていてもサインを求めて人だかりという状況にはならないだろう。正直、この点は私も誤算だった。自分が第一人者になれる自信はあったし、実際にベストセラーを出したが、ここまで職業自体の社会的評価が低いとは思わなかった。10万部で入ってくるお金も1000万に及ばない。とてもではないが、こんな夢も希望もない仕事を若者に薦めるわけにはいかない。

そして本が出たらその月末にでも印税が振り込まれると勘違いしている人が多いが、大間違いである。書籍流通の関係上、書店から版元に売り上げが戻ってくるのは約半年後である。よって、印税の支払いは早くて2か月後、4か月後というのがざらにあり、中には半年待たせるところもあるのだ。つまり、書籍の執筆は最低1年間生き延びられる蓄えがあるかほかの収入源を確保していないと到底できない職業なのだ。

外国語が好きでも、翻訳以外の仕事を探せ

これを裏付けるのが村上龍著『13歳のハローワーク』である。同書には好きな分野ごとにさまざまな職種があることを紹介している。ちなみに「文章が好き」なら作家や俳人、ジャーナリストやコピーライター、校正者などの職業が紹介されているが、その中に「翻訳者」は入っていない。つまりまともな職業とみなされていないということである。

なお、翻訳業は「外国語が好き」セクションに入ってはいる。重要なところだけ抜き出しておこう。

「……外国語の能力はもちろんのこと、日本語の文章力が必要。また、実務翻訳の場合は専門知識もあるとよい。外国文学の場合、出版社から直接仕事がくることが多く、専門学校の講師に紹介してもらったり、名のある翻訳家の元で仕事をし、まずは人脈を築くことになる」

「日本語の文章力が必要」「専門知識もあるとよい」は確かにその通りである。しかし、私自身についていえば、出版社から仕事が来たことはほとんどない。私のほうから売り込んだのだ。専門学校に行ったこともなく、「名のある翻訳家」の元で丁稚奉公《でっちぼうこう》をしたこともない。だからこそ誰にも頭を下げる必要がなく、このように好き放題書いて、話していられるわけだが、その代わり必要なのは未来予知能力と営業力である。私に言わせれば、出版社から話が来た時点ですでに時代遅れになっているのでその本は売れず、「名のある翻訳家」とやらに頼る時点で依存心が強すぎる。そんなヤツは安く買いたたかれ、搾取されて終わりである。

その後にさらに重要な一文がある。「……はじめから翻訳の仕事だけで食べていける人は少なく、専業にしようと思ったら、数年は仕事がなくても生活できるだけの蓄えが必要という」

数年間生活できる蓄えをつぶしながらするのは仕事ではない。道楽である。何度も強調する通り、私はほかに収入源を確保しながらやっているから特に問題なく現在の生活をできているが、控えめに見積もっても1年間は無収入でもやっていけるようでなければどうしようもない。

皆さん、これでも翻訳者になりたいですか？

ＡＶ女優になるのはアリか。そして、ＡＶ男優は万年人材不足だ

これまでさんざん繰り返してきた通り、一旦貧困の負のスパイラルに入ってしまうと、抜け出すのは生半可のことではない。この負のスパイラルを抜け出すために、本当に手段がない女の子は、ＡＶ女優になるのもひとつの道だというのが私の考えだ。

たとえばだが……実の父親は3歳のときに蒸発した。もちろん養育費など望むべくもない。6歳のときに母親は再婚したが、この義父はいつの間にか仕事をしなくなり、真夜中に私の太ももを触りながら、歯槽膿漏《しそうのうろう》が悪化してきつい口臭を放つ口を自分の唇に押し付けようとしてきた。精神疾患を患う母親は隣で見ていたのに何も言わない。あるいは夜の仕事でそのとき家にいなかった。高校もすでに中退した。母親もすでに親戚から見放されていて、おじちゃんと

ももう17年間会っていない。祖父母はとっくの昔に他界している。だから家出したが頼れる大人なんかどこにもいない。こういう状況から抜け出すためなら、AV女優になるのも選択肢のひとつだと言っているのである。

日本に限らず、こういう女の子の将来は暗い。大卒が最低限の大企業に就職する道は閉ざされている。ひっつく男も、似たり寄ったりの低学歴低収入だ。付き合い始めて半年もしないうちに避妊していなかったのでできちゃった結婚するが、2年もしないうちに男はまともに働かなくなり、DVが始まる。もちろん離婚しても慰謝料はとれない。まさに貧困の再生産である。

飢え死にか、貧困の再生産をするくらいなら、2年間限定で目をつぶってAV女優になり、お金を貯めて負のスパイラルから脱出し、過去を受け入れてくれるもう少しまともな男と結婚する。あるいは中国の大富豪に愛人として爆買いされる。そのほうが生産的だと私は思う。そこで、私はAV業界の中の人に話を聞いてみることにした。

マヌエル・エルナンデスはアルゼンチン人で、間もなく来日10年となる。奨学金を受け取り来日して専門学校で学び、テレビ制作会社を経てAV業界に入り、現在はフリーで制作ディレクターを務めている。もちろん日本語は何の問題もない。

AV女優が貧困脱出に向かない理由

私は単刀直入に「貧困脱出の方法として、AV出演はどうなのか?」とマヌエルに聞いた。

彼の表情が少し曇ったように見えた。

「難しいんじゃないかな」

私としては、ある意味予定や期待とは違う答えである。マヌエルは続けた。

「なぜかというと、言ってみれば簡単にお金が入ってきてしまうんですよ。18かそこらで人前でちょっとパコパコしたら、次の日かその次の日には取っ払いでお金をもらえるんですよ。誰でもそうですけど、簡単に入ったお金って簡単に遣ってしまうから残らないんですよね。結局、マインドセットの問題だと思う。入ってきたお金をどう残すのか、貯めるのか、活用するのか、貧しい人はそれを知らないことが多いんですよ。それを知っている人ならば、AVであれなんであれ貧しさを抜けられると思いますが、僕が見ている限りだと、抜けられない女の子のほうが多いです。ホストにつぎ込んでしまうからね」

しかも、と彼はさらにAV女優のマイナスの札を開けてみせた。

「賞味期限が短いんですよ。まあ2年かな。5年やっている人がいれば大ベテランですよ。それで彼氏のためにシャンパンタワーとか言って——あの子たちって、必ずホストのことを〝彼氏〟と呼ぶけど、本当の彼氏なんかひとりもいませんよ——大金を遣うことだけ覚えて、賞味期限が過ぎても無駄遣いだけは一流だから、むしろ借金が残っていたりします」

それでも、賢くやっている元AV女優は確かにいるのだという。

「現在のAV業界は、必ず月に1回性病検査を受けなければならないのですよ。費用にして1万円少々ですが、これは出演者の自腹です。で、その一番大手の病院が新宿にあるのですが、そこにはものすごい数のＡＶ男優・女優が来るので非常に強い固定収入なんですよ。それに目をつけたある元ＡＶ女優がとある医師と組んでこの性病検査を少し安い価格で受けられる病院を立ち上げようとしているという事例はありますね」

ＡＶ男優は人手不足

むしろ、ＡＶ業界にはもっと人材不足で貧困脱出に向いているかもしれない業種があるのだという。

「ＡＶ男優ですよ。絶対数が少ないもん。はっきり言って、ＡＶ女優は可愛かったら誰でもなれるんですよ。ＣＧでも整形手術でも駆使すればどうにでもなります。でも、男優は監督の指示を理解して、実践して、絵を作らなければいけないのでものすごく難しい専門職なんですよ」

実を言うと、私はＡＶ男優の難しさを痛感したことがある。

恥を忍んで告白するが、昔あまりに仕事も金もなくてＡＶ男優に応募したことがあった。たまたま某大手ＡＶプロダクションで募集をかけていて、履歴書を送ったことがあった。書類審査は通ったらしく、次の段階へ進んだのだが、そのとき突きつけられた課題が「勃起したペニスを写メで撮って送ってください」だった。

結論だけ言うと、その写真を送ることはなかった。いや、送れなかった。理由は簡単で、携帯の前で勃起させることができなかったからだ。

自分自身の携帯の前で勃《た》たせられないのに、多くのスタッフやビデオカメラがある前で勃起するはずがないではないか。当時人気絶頂だったAV女優と絡んでみたかったのだが、全然ダメだった。

「そりゃあね、家で明かりを暗くして好きなAV女優のビデオを見てというなら誰でもできるよ。でもね、知らない人がたくさんいる前で照明でガンガン照らされて、女の子は全然タイプじゃないしアソコが臭かったりするんですよ。AV男優って頭よくないとできない、ものすごく難しい仕事ですよ」

そこで、マヌエルにAV男優・女優それぞれのピラミッドについて解説してもらった。まずは女優から。

「AV女優は3段階に分かれていますね。一番下が企画女優で、大人数で出演する無名の人たちですね。カバーに名前も載らない人です。1日で数千円から4万円くらいですね。その上が企画単体、通称キカタン。女性ひとりで出演するクラスで、ギャラは10万～30万円くらいかな。一番上が単体女優。これは1本30万円を超えます。ただ、みんなが企画女優から少しずつ上がっていくという感じではなく、大切なのは素材です。可愛くてスタイルがいい娘は最初から単体なんですよ。ある意味生まれつきで決まっている感じで、努力したから単体になれるというものでは全然ありません」

では男優のピラミッドはどうなっているのか。

「こちらは女優より数段複雑になっています。一番下がエキストラ。服も脱がないし、何もし

AV女優のピラミッド（ギャラの相場）

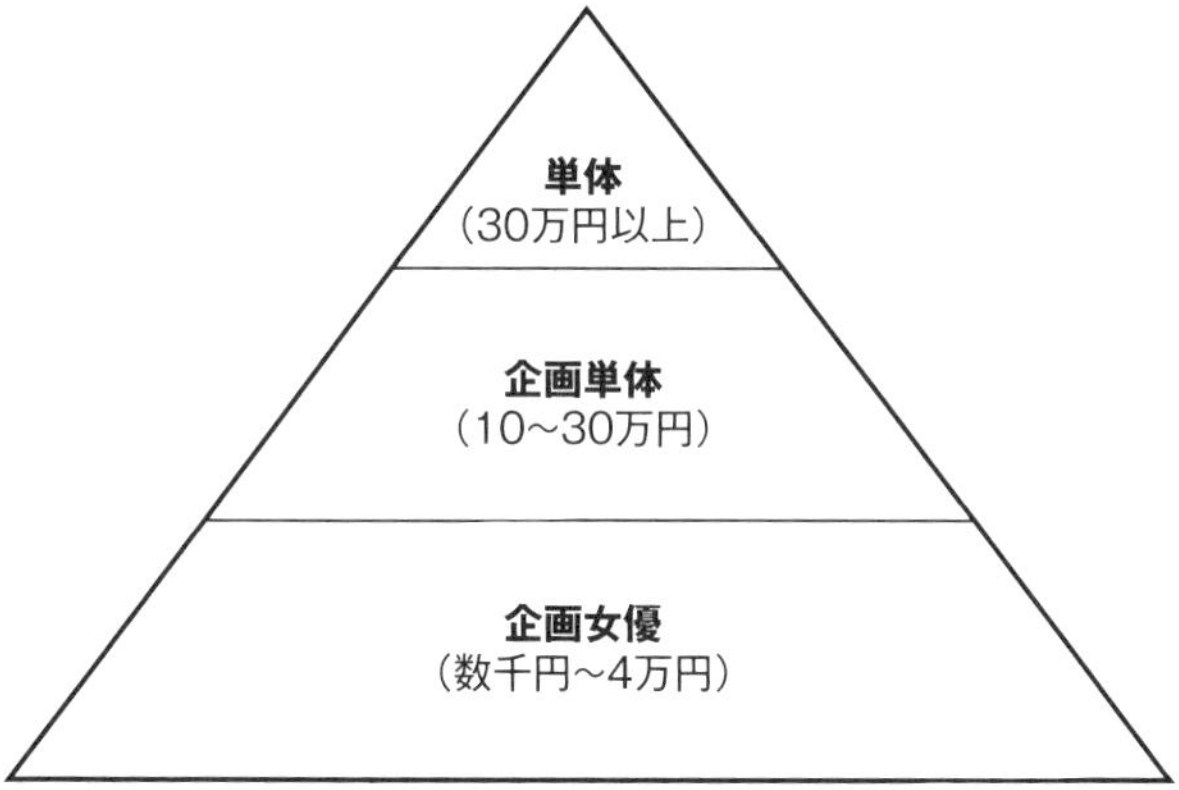

AV男優のピラミッド（ギャラの相場）

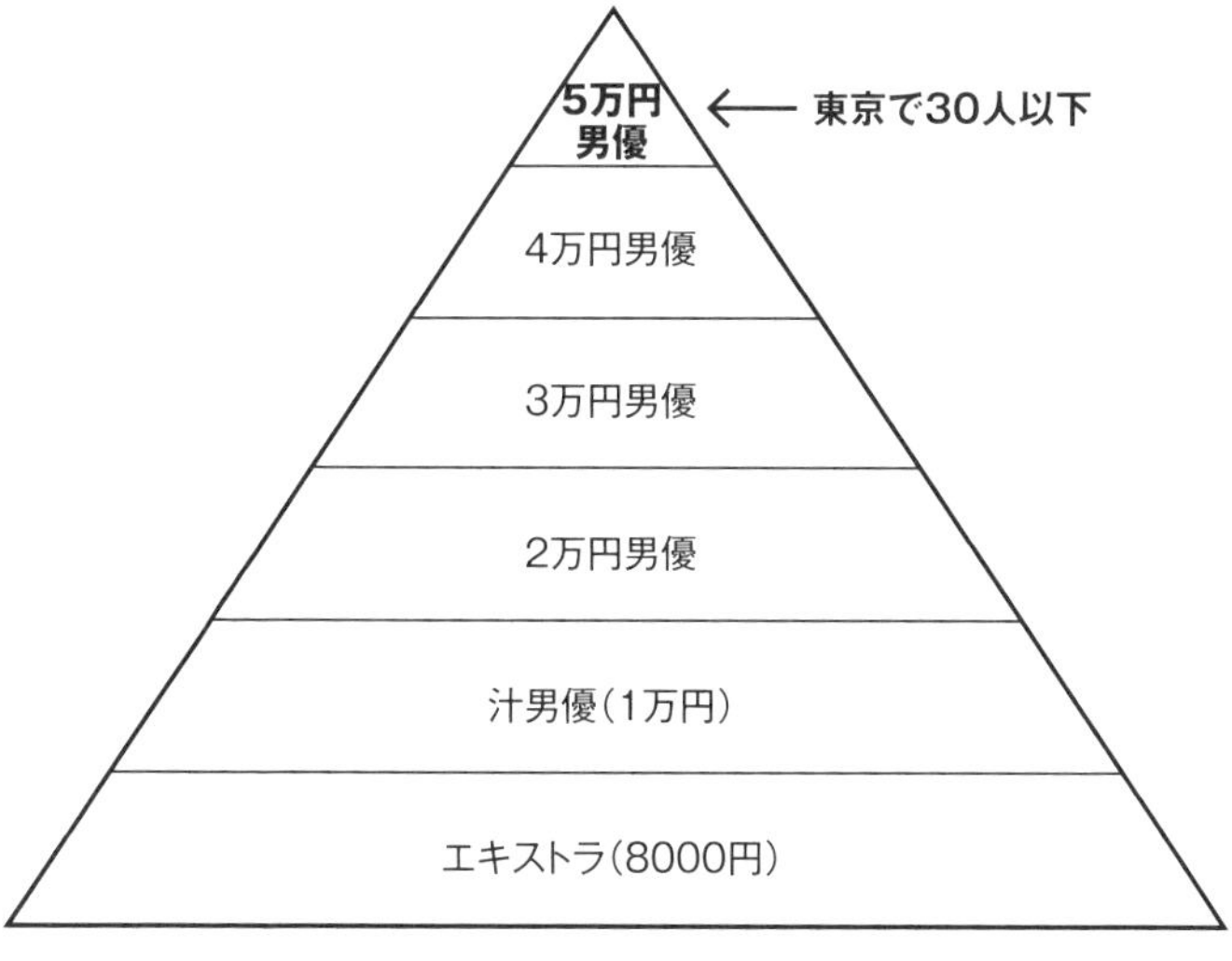

ない。お父さん役で説教したり、飲み屋で座っていたりで1日8000円とか。その上が汁男優だけど、大きく分けて三つに分かれるんですよ。フェラ男、ぶっかけ、手コキです。一現場1万円かな。その上は2万男優、3万男優、4万男優、5万男優と上がっていきます。それぞれ、一現場あたりの手取り金額ですね。加藤鷹さんレベルの大ベテランで最高7万円とか聞いたことがありますね」

人気男優になると、1日で三つの現場をハシゴすることもあるという。

「AV業界でも東京と大阪があって、大阪はよく知らないですけど、東京のAV男優で5万円もらえる人は30人いないですよ。3万男優でも20〜30人とか。1万人いるとも言われるAV女優より圧倒的に少ないですよ」

もし本気でAV男優の実態について知りたい方にはしみけん著『光り輝くクズでありたい』をおすすめしたい。

今回貧困脱出のルートとしてAV業界について調査したが、結論として言えばあまりおすすめではない。何よりも、ブツが残ってしまうのが痛い。その後の人生を考えたときに、結婚のとき相手の親にどう説明するかや子供が生まれた際にPTAへ行くときのことを考えると、間違いなくマイナスのほうが大きいのは確かだ。だが、本当に追い詰められてどうしようもなくなり、単体女優になれる容姿が揃っていて、多少のお金が入ってきても無駄遣いしない場合のみ、考慮の余地はあるといえるだろう。あと、AV男優に関しては絶対数が少ないので、むしろこちらのほうが可能性があるとはいえよう。

貧困から抜け出す方法11

民泊は、いいことしかない

私はある程度本が売れてタネ銭ができたとき、真っ先にＡｉｒｂｎｂ（エアビーアンドビー、略してエアビー）を始めた。

エアビーは、いわゆる民泊用のウェブサイトだ。

きっかけは、かつて住んでいたシェアハウスである。諸事情で空室ができ、家主がそこをエアビーで運用し始めたのだ。すると、以前より２・３倍か２・４倍の売り上げが毎月立った。言っては悪いが、この家主の英語力は全然大したことない。何か特別なサービスやホスピタリティを発揮しているわけでもない。ただ、部屋を用意してたまに宿泊客と話しているだけだ。これなら、どう考えても私ができないはずがない。

私はそこを出て、新しく3DKの部屋を借りた。自分用の寝室をひとつ、客室をふたつにした。

一番助かったのは「写真撮影」である。最初に部屋を新規登録したとき、同社は部屋の写真撮影をしてくれるのだ（以前は無料だったが現在は有料）。

素人の私が撮った写真と、プロのカメラマンが撮った写真は全くの別物で、それだけで予約が数倍になる。したがって、エアビーの売り上げだけで家賃をまかなえるようになる。

民泊は、国益にもかなう。空き家が増えると治安が悪化し、固定資産税の支払いに問題が出てくる。現在私が自宅兼の宿泊所とする一軒家は築六十数年だが、私が入居するまで2年間空き家だった。シロアリやネズミ、クモの巣がはり放題だったに違いない。家主にとってはやっと固定資産税を払ってくれる人が現れてくれてよかったということだろう。快くエアビーの運営を認めてくれた。

2020年には東京五輪がやってくる。そのとき宿泊施設が不足するのは誰の目にも明らかである。というより、今でも足りていない。ということは、宿泊施設の需要があるのは明白だ。

ここでひとつ問題がある。2020年東京五輪は誰もが認識しているが、皆さん、もうひとつ大切なイベントを忘れていませんか？　2019年のラグビーワールドカップである。

こう言うと、「そのころまで日本のラグビー人気は持っていますかね？」という人がいる。しかし、この際ラグビー人気が日本で続いているかどうかは一切関係ない。オーストラリアやニュージーランドのラグビー人気が衰えるはずがなく、ほかにもイングランドやフランスからも観客が訪れることが確実だ。2020年では、遅いのである。そして、ラグビーの試合は日本全国で行われる。つまり、地方都市にもチャンスがあるわけだ。

もうひとつ、我が家で民泊をやっていると必ず聞かれることがある。

「盗難はありませんか？」

結論だけ言うと、一切ない。なぜか説明しよう。

エアビーにおいては、ホストとゲストの両方が滞在終了後にレビューを書く。

ゲスト側からすると、ホストのタカが本当に約束通りの部屋を用意してくれたか、布団は綺麗になっていたか、台所に汚れた皿が残っていなかったか、書くことになっている。

同じく、家に泊めた私もゲストが室内禁煙の約束を守ったか、部屋を汚さなかったか、食後に皿はきちんと洗ったか……などを書き込むわけだ。つまり相互監視していて、エアビー社も双方のやり取りの記録をすべて閲覧でき、全世界に公表されるから、悪いことは起きようがない。

これまで何度となく女子大生ふたり組、あるいはひとりだけでうちに泊めたが、残念ながら色っぽい話は皆無だ。万一私がよからぬことをしたら、エアビーに通報され、「あの家主はドスケベで私に夜襲い掛かろうとした」などと書き込まれる。だから、たとえ下心があっても手を出すことができないのだ。もし女性のひとり暮らしで、どうしてもその点が不安なら宿泊客を女性限定に設定することもできる。

盗難に話を戻すと、結局何日から何日まで誰が泊まったかがすぐにわかるので、いつ貴重品がなくなったのか確認したらすぐ足がつき、レビューでも書かれてしまう。実際、私は共用スペースとなるダイニングテーブルの一部をオフィスとして本書の原稿を書いている。つまりPCをずっと置いているし、ときには財布も置いたままだが、盗まれるなど考えたことすらない。時には私が家を何日か空けることもある。そのときも、ポストにカギを入れ、出発の際カギをポストに戻すよう伝言しておけばよい。掃除業者を予約すれば私がいなくてもまわっていく。

もっと言うと、滞在客もホテルよりよほど信用できる。最初に登録するときにパスポートや顔写真を求められ、場合によってはフェイスブックのアカウントや学歴、話せる言語、職業なども登録する。今までホテルに泊まるときに、出身大学を聞かれた人など皆無だろう。そして今までその人を泊めたホストのレビューもあるから、人となりはだいたいわかる。

あと、これも本当によく聞かれる。

「中国人はお行儀悪くありませんか？」

とんでもない偏見である。我が家の中国人旅行客が何か問題を起こしたことは一度もない。私は部屋の説明文などすべて英語で記述し、必然的に英語がわかる中国人がやってくる。つまり、一定の教養があり、国際的マナーも心得ている。経済的にもひとりあたりGDPで今や20位以下に成り下がった下手な日本人より恵まれている。だから問題を起こすはずがないのだ。

先ほど、「かつて住んでいたシェアハウスの諸事情」と書いた。実は、家賃踏み倒しの夜逃げである。この文無しの日本人より、うちに泊まる中国人のほうがよほど信用できる。

さらにエアビーで素晴らしいのはキャッシュフローである。

先述の通り、出版業界は最悪である。本を出そうと思うなら、最低1年間は持ちこたえられる貯金か収入源を確保しなければやっていけない。

反対に、エアビーは最高だ。予約成立の時点でエアビーがカードに課金する。そこから3%か4%の手数料だけ差し引き、チェックイン翌日にはもう振り込まれるのだ。とりっぱぐれは皆無である。しかも、1泊何ドルという料金とは別に、清掃料金を設定できる。だから、別途30ドルなり40ドルなりを課金して、このお金で清掃代行サービスを雇うことができる。エアビーは雇用も生み出しているのだ。

現に、私が知る人の中には「ワンルームでエアビーを始めた人」もいる。今回は、そんな彼女にも登場してもらおう。

女性が片手間でもできる

本田朝子。20代後半でただいま婚約中である。新宿のワンルームに住んでいたときにゲストと部屋をシェアする形でエアビーを始めた。

——エアビーは、いつどこで始めましたか?

本田　2015年9月に、西新宿徒歩4分の自宅ワンルームで始めました。

——部屋には何を用意しましたか?

本田　元々友達がよく泊まりに来ていたので、一式は揃っていました。最低限のタオル、マットレス、掛布団ですね。ドライヤーは一緒に使えばいいし、6・5畳くらいの狭い部屋で仲良くやっていましたよ。

――家賃はいくらでしたか？

本田　管理費を含めて月8万円で、エアビーでは1泊20〜30ドルくらいで出していました。

――なら、30ドルで25日くらい入ればトントンという感じですね。

本田　でも、私自身そこで稼ごうという意識はありませんでしたから、自分のスケジュールに合わせて部屋を開けたり閉めたりしてました。

――ゲストは女の子ひとり限定ですか？

本田　もちろんです。それは部屋の紹介に明記していたんですが、それでも男性から問い合わせは来ましたよ。もちろん断りましたけどね。

――その中で、一番印象に残っているゲストはどんな人ですか？

本田　全員覚えてますよ。でもひとりだけというなら、2週間滞在した女の子が、しばらく東京を離れて、また1か月くらいうちで暮らしたということがあったんですよ。2回目のときはお金ももらわず、お友達として過ごしましたけど。彼女は韓国人で、今は台湾の大学に行きながら自分でゲストハウスの管理人をやっている子なのですが、韓国語と中国語と日本語と英語が自由自在に話せるんですよ。羨ましいし、すごいなと思いましたよ。私なんて、英語もままならないのに……。

――では、英語がままならない人がエアビーをやるには、どうすればいいですか？

本田　でもGoogle翻訳でなんとかなりますよ。それで部屋の紹介はできるし、足りない部分はほかで部屋を出している人の紹介文を参照していけばいいんですよ。

私の部屋でやっていた分に関しては、全く儲け度外視でした。こちらの持ち出しでレンタカーを用意して遠出したり、たこ焼きパーティとかやったりしましたけど、それだけではダメだなと思って、その後きちんと利益を出せる物件も展開するようになりました。私のところが多少うまくいっているとすれば、新宿・歌舞伎町・大久保という東京に来る人が必ず知っている、まず調べる場所にあるというのが一番大きいかなと思います。そして今、一番私が嬉しいのは、エアビーを通じて自由な働き方ができる雇用を生み出せたことです。妊婦さんとか、生まれたばかりの赤ちゃんがいるママでも、11時から3時の間なら好きなように時間を調節して子供をあやしながら仕事ができ、かつある程度高い時給を払うことができる、それが何よりも嬉しいんです。

英語力はなくてもOKだし、やっているうちに「加速学習」で伸びる

お金もそうだが、もうひとつ忘れてはならないのが英語学習の観点である。

言っては悪いが、彼女の英語力はお話にならないレベルである。たまたまその日私が持参した米国製のボードゲームについてきた紙ペラ1枚のルール（対象は8歳以上、つまり小学生にわか

る英語で書いてある）さえよく読めない程度だ。それでも民泊は十分に運営できる。

私に言わせれば、今どき英会話学校に通うなど、愚の骨頂である。時代錯誤も甚《はなは》だしい。

現代の正しい英語習得法のひとつは、自宅で民泊を行い、お金をもらいながら学ぶことだ。

それでも言葉の問題が……というならひとつ、いいことを教えて差し上げよう。実は、宿泊客との会話のパターンは極めて限られているのだ。

「お客様のご質問は、整理してみると大体百種類くらいしかありません。旅館や観光に関係すること以外は質問しません」

国際情勢や経済問題のことは聞かないのである。よしんば聞かれた場合でも、これに答えられなくてかまわない。（早坂茂三著『男たちの履歴書―いかにして道を拓くか―』90頁）

そもそも、家族と暮らしていて、毎日社会情勢から始まりノーベル化学賞の最新研究について語り合う人はいるのだろうか？　少なくとも、私はまだ会ったことがない。

「加速学習」という概念がある。端的に言うと、本当に必要なことだけに絞って学習し、短期間で習得して効果を出す方法論だ。私が加速学習について理解を深めたのは *Accelerated Learning for the 21st Century* という本である。約５００ページあるが、人生を変えるだけのインパクトがある一冊である。

先にお断りしておく。私がタイトルを原語で書いている場合は、私が原語で読んだという意味だ。そうすると、必ず「その本は日本語で出ていますか?」と聞かれる。出ている本もあれば出ていない本もある。ただ、仮に日本語訳が出ていたとしても私はその本の日本語版を訳していないし、読んでもいないので正確性は保証できない。

意識しているかいないかは別に、日本で加速学習を実践している集団がある。「相撲協会」だ。よく、「なぜ外国出身の相撲取りはあんなに日本語がうまいのだろう?」と不思議がる人がいる。答えは簡単で、「各部屋に外国人はひとりで、かつ通訳もいないので否が応でも日本語を話すしかない」、そして「相撲のことだけ話していればいい」からだ。

早い話が朝青龍《あさしょうりゅう》に欧州の移民問題を聞く人はいないし、白鵬が準結晶を語ることもない。

私は、仕事柄聞かれれば出版業界の裏話でも北朝鮮の実態でも世界各国のサッカーについてでも10kgやせるための食事とトレーニング法についてでも話すが、そうでなければ、

- ここから一番近いコンビニはどこか
- 築地市場には何時にどうやって行けばいいのか
- チェックアウト時間後もここに荷物を置いておいてもよいか
- 成田空港までJRで行くにはどうすればいいか
- このあたりで一番おいしくかつ安い寿司屋はどこか

など、決まったものばかりだ。だからカンペを作ればほとんどは対応可能だ。そこでまず英

語に対する恐怖を取り除き、慣れればお互いの身の上話をしていき、深い話ができるようになればよい。焼肉にでも連れ出して、アルコールも入れれば文法の間違いなど気にならなくなる。そのときの会計は割り勘でよい。経験上、食事の誘いをするとレビューもよくなる。

そもそも論からいって、エアビーを利用して泊まりに来る人は完璧なサービスや英語など求めていない。そういうものを求めている人は、最初からホテルに泊まっている。

私の友人に一児のママである都議会議員がいる。彼女から「うちの娘がタカさんみたいに外国語を操れるようになるには、どんな教育をすればいいですか?」と聞かれたことがある。

「僕の場合は10代後半から外国語学習を始めたので、幼児にどうすればいいのかはわかりません。でもヒントはあります」

そう言って、昔、物の本で読んだ実験の話をした。

「ニューヨークで、アメリカ人の子供に中国語を教える実験がありました。最初に中国人のお姉さんが話しているテレビ番組を見せたのですが、子供たちは誰ひとり中国語を覚えませんでした。でもね、このお姉さん本人が直接子供たちに話しかけると中国語を話せるようになったそうですよ。だから、民泊をやっていろいろな国の人が家の中にいて、英語なり中国語なり日本語以外を話す人がいるのが普通、という環境をつくってあげればいいと思いますよ」

私が子持ちの人にエアビーを勧める理由がこれだ。お金云々《うんぬん》もそうだが、何より子供に外国語に触れる機会を与えられるからだ。

結局、エアビーを利用する人は、大部分が今までさんざん海外旅行して、今度は何かローカルな体験をしたい人たちだ。だから、最低限の清潔な布団一式とタオルがあれば、それでいい。つまり、ホテルの顧客を奪っているわけではない。

そして、エアビーを地方出身の大学生が行えば、親の仕送り負担を減らし、今までワンルームにしか入れなかった子が2DKに、実質家賃負担なしで住めて、もちろん英語習得にもつながり就職で有利となり、同じ卒業旅行でも先方に元ゲストの友人がいれば単なる上っ面の観光旅行以上の何かが体験でき、経営の基礎も学べる。それだけで起業家の誕生である。

一方で、子供が進学して家を出れば、部屋がひとつ空くわけだ。つまり、親は親で民泊を始めることができるということだ。仕送りや住宅ローンの支払いも楽になる。なかなか正社員になれないシングルマザーも始めることができる。これが資源の有効活用というものである。つまり、民泊を親子ともに活用するだけで、国公立の大学くらいは卒業できる可能性が高くなるのだ。20年前にこんなものがあったなら、たぶん私は大学を卒業できていただろう。

老人にもおすすめだ。体力を使うことがなく、自宅の空き部屋ですぐ始められ、世界中からいろいろな人が訪れて刺激になる。認知症を促進するのは刺激のない生活、社会との接点喪失であることは定説である。自殺者に多いのは孤独である。誰かが泊まりに来るということは世の中から求められているわけで、自宅に誰かがいる時点で孤独にはなりようがない。

今まで私自身が自宅で3年半以上エアビーをやってその体験も踏まえてここに書いているが、**自分のためにも、ゲストのためにも、コミュニティのためにも、国のためにも民泊はいいことしかない**。近江商人は「売り手によし、買い手によし、世間によし」の「三方よし」を旨としていたらしいが、エアビーは三方どころか、ほかにも「世界によし、平和によし、相互理解によし、税収増加によし、子供の情操教育によし、英語学習によし、貧困救済によし、税収によし、空き家対策によし、治安維持によし、進学率向上によし、認知症予防によし、自殺防止によし……」。少なくとも十五方によいではないか。

今後の課題

そう書いている真っ最中に、エアビーで2件の死亡事故が発生した。1件が大阪の殺人事件、もう1件が東京において男性の変死体が発見されたことである。

ただ、この2件には共通点がある。「ホストが住んでいない場所で起きた」ということだ。本来、エアビーとはシェアエコノミーの極致であり、住人が浮いたスペースを使って交流を図り、多少収入を得るのが元々の形である。私自身、これで大儲けしようという考えは全くない。面白そうな人たちと知り合えて、家賃と光熱費程度が出ればそれで十分と割り切っているから、2軒目・3軒目と手を広げることもない。しかし、日本では単なる投資案件になっている場合が多い。そのために今回のような悲劇が起きてしまった。

規制するなら、こういう「単なる投資案件」だろう。常識で考えればすぐわかることだが、ホストが同じ場所に住んでいればホストもゲストも近所迷惑になるようなことをするはずがない。私の家で誰かが倒れたらすぐに救急車を呼ぶ。それだけのことだ。殺人事件というなら、ホテルや旅館でも今までいくらでもあったではないか。大昔に、ホテルニュージャパンが火災を起こしたが、だからホテルはすべて潰《つぶ》せという議論にはならない。

結局、私の周囲で投資案件としてやっていた人は撤退しているが、自宅を開放して本気でやっている人は続いている。何より、危険云々をいうなら私が一番危険ではないか。ゲストにカギを渡し、24時間出入り自由で寝室のドアはアコーディオンカーテンだから、寝首を掻《か》いて金目の物を強奪するなど簡単だ。それでも何も起きていない。「自宅を開放して、実際に顔を合わせるなら民泊はやはりいいことしかない」という私の実感は全く変わらない。

これは暴挙である

周知の通り、2018年6月から民泊を取り巻く状況が激変した。その点について触れなければ公平とは言えないだろう。

かつて、ロナルド・レーガンは大統領就任演説でこう言った。

「政府は我々の問題の解決策ではない。政府こそが問題なのだ」

今回のエアビー騒動にこれほど当てはまる言葉はない。

2018年6月15日から民泊新法が施行され、登録が必要になることは私も当然認識していた。なので5月後半くらいから保健所などを回り、必要書類をいろいろと集めていた。

そこで悪夢の6月2日が訪れる。突如エアビー内にある私の家の紹介ページが閲覧・予約受付不能になったのだ。私のところだけでなく、全国の8割以上の部屋が潰された。

端的に言って、これは完全に**観光庁の法律違反**である。仮に私の部屋の登録が6月15日に間に合わなかったとして、それでページを削除するならまだわかる。だが、6月15日からの法律を6月2日という施行日より前に遡及《そきゅう》するというのは法学部の1年生でもわかる絶対に許されない話である。もしこの点をついて観光庁を告訴すれば、100%勝てるだろう。

もしエアビーホストで私に同意してくださる方がいれば、takadaimaru.com の問い合わせフォームまでご一報いただきたい。一定数が集まれば、ぜひ集団訴訟をやりたいと思っている。

何よりも申し訳なかったのが、6月半ばから7月にかけて予約してくださった訪日客の皆さんだ。すでに航空券も予約している人たちに突如宿泊キャンセルをつきつけ、これで観光立国などできるはずがない。法理論的に考えれば、6月15日以前に成立した15日以降の予約はそのままで、15日以降は新しい予約を受け付けないようにする、というのがあるべき姿である。国際信義にもとる、とはこのことだ。

世界的に見れば、２０１６年のリオ五輪も、２０１８年の平昌五輪も、民泊があったから開催できたのは疑いようのない事実である。今回の一連の動きを見ると、日本政府は東京五輪開催を諦めた、仮に開催しても海外からの訪問客を路上に寝かせようとしているとしか思えない。

民泊新法の内容を細かく見ていくと、憲法違反だらけのひどい内容である。官僚が机上の空論でホテル業界の圧力に屈してでっちあげたデタラメ作文である。なぜ、ホスト側の意見を聞かなかったのか。それこそ私を呼んでくれればいくらでも証言・提言した。

私がバンコクにいたときだ。スカイプでこれからチェックインする人から電話がかかってきた。

「どうしましたか？」

「今タカさんの家の真ん前にいるのですが、入り方がわかりません」

「わかりました。扉のすぐ左側に郵便ポストがありますよね」

「はい、タカさんの名前が書いたポストがあります」

「それを開けると、キーボックスが入っているはずです。暗証番号はXXXですから、それで開けてみてください」

「あ、開きました。鍵あります」

「それで中に入ってください。私は明日東京に帰りますので、待っていてください」

つまり四六時中家にいる必要などどこにもないのである。法律に何か入れたいなら、「民泊ホストは滞在客と常時連絡が可能な通信機器を携帯すること」とでも書き加えればよい。要はスマホがあれば十分なのだ。そうやって私は皇居ランニング中やデート中にも案内したことがある。民泊新法をおつくりになったお偉方の皆様は、そういう現場の実態をご存じか。

大田区のガイドラインを見ると、「日常生活を営む上で通常行われる行為に要する時間の範囲（買い物などを目的とする原則1時間）」を超えて家を空ける場合には管理人が必要だという。ある意味で私はそれでもいい。自宅で原稿を書いて、編集者との打ち合わせは自宅に来てもらえばいいからだ。しかし、会社員はどうするのか。あるいは、買い物以外にもジョギング、スポーツ観戦、コンサート、デート、飲み会など日常生活で外に出る用事はいくらでもある。親が入院したらお見舞いに行ってもいけないのか。完全に基本的人権の侵害である。

結局のところ、民泊問題のキモは「ホストが同居しているかどうか」この一点である。同居していれば問題が発生してもすぐに対処して解決できるし、お互いに気を遣うので騒音やごみ問題も発生しない。消防や水道の問題も、普段人が住む家なら最低限は備わっているわけだ。どうしても規制したいなら「ホスト同居型のみ認める」とすればどうか。

そして私自身も大きな裏切りに直面した。

先述の通り、私は大家が民泊を認めるから現在の家を借りたのである。実は、私の家の目の前には長年空き家になっている同じ大家所有の物件があった。そして、私の部屋の運営が順調そのものであるのを見た大家が管理会社を通じて「もうひと部屋借りてもらえませんか」と申し出てきたくらいなのである。ただ、部屋を見るとトイレが和式だったこともあり、「リフォームしたら考えますよ」と答えた。

今回正式登録するには、賃貸物件の場合家主が承諾したことを示すハンコ入りの一筆が必要とのことだった。そこで私は家主に事情を話した。すると、こう言ったのだ。

「今までは黙認でしたからよかったですが、私がハンコを押すと公認したことになってしまいます。そうなったら何か問題が起きたときに私に責任をかぶせられるから嫌です」

この瞬間、3年間続いた家主と私の信頼関係は完全に崩壊した。

内外からの問題が一気に押し寄せてきて、正直私も相当に落ち込んだ。そんなとき、救いになったのはやはりエアビーと人のつながりだった。

7月初頭に元々ある予約が入っていた。ジョヴァンニとセシリアという、ドイツ在住のイタリア人である。実は、このふたりは、2年前にも我が家に滞在した人だった。つまりリピーターということである。

私は直接先方に説明した。

「たぶん知っていると思うけど、日本で民泊が大変なことになっている。もしかしたら、君たちを泊めてあげられないかもしれない。申し訳ない」

そのとき、セシリアはこう言ったのだ。

「それなら、個人的にでもいいから泊めてくれない？　私たちは、あなたのいる場所に泊まって、あなたと会いたいのだから」

友遠方より来る。そこまで言われたら、何が何でも泊めてあげるしかないではないか。

結論を言おう。

このままではラグビーワールドカップおよび東京五輪で日本はとんでもない失態を犯すことになる。宿泊施設が足りず、グルテン不耐症の外国人観光客に小麦のコンタミ（汚染）があるものを食べさせて救急車を発動させ、ユダヤ教徒・イスラム教徒に豚入りのものを食わせて国際問題となり、万一マラソンを日中に行うのであれば確実に死者が出る。政府はそういう方向に日本を誘導している。それを許すわけにはいかない。

だから私は家を一軒購入して、民泊事業を継続する決意をした。自腹を切ってローンを組み、土地所有権付きの家なら誰にも文句は言わせない。かくして正式に届出を済ませ、新たに許可をとった次第である。

最後に、20代前半から今も私を支え続ける座右の銘で、本章を締めくくることとする。

「愛国者たるもの常に自国の政府から祖国を守り抜く覚悟をしなければならない」

貧困から抜け出す方法12

特技がなくても、治験ならまとまったお金がもらえる

本章では貧困脱出の最適解を見つけるべく、さまざまな職業を眺めてきた。締めくくりに、本当に何も特技がないがそれでもまとまった金が必要という場合はどうすればいいかを考えてみたい。それを知るために私は仙台へ向かった。

増戸聡司はこれまで二度にわたり「ピースボート」で世界一周している。そしてGWの時期には再びショートクルーズで10日間ほど乗りに行くという。

彼が初めてピースボートに乗ったのは2010年の秋だったという。当然、まとまった費用が必要になるし、数か月単位の時間も必要になる。そして2012年にはすでに二度目の乗船を果たしていた。費用としては1回目が約140万円、2回目が170万円前後だったという。

増戸が費用稼ぎに何度か使った方法のひとつが「治験ボランティア」である。

製薬会社がさまざまな新薬を開発するわけだが、当然それまでには膨大なプロセスを経て、効果を証明しなければならない。そのためにある程度動物実験などの立証を終えてから人体に投与するのが「治験」で、そのために服薬するのが「治験ボランティア」である。一定期間拘束されることもあり、「ボランティア」といってもきちんとお金は支払われる。

治験ボランティアに参加するのに、特殊な能力や技能は一切必要ない（厳密に言えば、特定の病気の人に対する治験も多々あるが）。やることはほぼ毎日の採血と一定回数の服薬だけだ。「あとはヒマな時間ですから、自由に過ごせばいいということです」と増戸は語る。

これまで数回治験に参加している彼だが、最短のものだと「国内で3泊4日を2セット」というのがあり、最長のもので言うと「去年アメリカでやった日本人向けの治験で、1か月拘束された後に1週間おきの検査を2、3回」、つまり約2か月にわたるものもあったという。そのときの報酬は「税引き前で約1万2000ドル」だった。下手な書籍の初版印税より断然高い金額である。

ちなみにこの情報は「ほかの治験に行ったときに同じボランティア仲間から聞いた」という。そう考えると、「アイディアは移動距離に比例する」というのは一面の真理をついているといえよう。このときの治験には、30〜40人が来ていたというから、製薬会社の出費も大変なものである。

本当に何もできなくてもお金がもらえる

増戸は元々Ｍｉｘｉを通じて知人からそういった情報を得たとのことだったが、最近は「治験ボランティア　ＸＸ（地名）」などで検索すれば必ずネットでも情報が出てくる。

私が「とりあえず今、何もスキルや技能も職もない人が手っ取り早くお金を手に入れるには、治験が一番いいと思う」と話すと、増戸も「僕もそう思いますね。」と同意してくれた。しかも治験の間は衣食住すべて保証されて、自由時間にはＷｉ‐ｆｉが使えるのでネットは使い放題、英国や米国の施設でも日本人向けの施設には読める本や漫画が大量に用意されており、食事についても現地で日本人向けに作られた弁当が用意されているので不自由は何もなかったという。

米国で治験を受ける場合、航空券代はどうなるのか聞いてみた。

「まず日本で検査を受けて、そこで合格だったら向こうに渡ってもう一度検査を受けるんですよ。もしそこでダメだったら、航空券代として500ドル分までは補助が出るという形になっていました。受かったら、航空券代は一切出ないということですね」

そんなもの出なくても、1万ドル以上もらえるなら文句はあるまい。ただしこれも案件次第ということだ。増戸はそんな治験もあわせてフル活用し、世界2周を謳歌《おうか》、これまで73か国訪れているという。

ピースボートに関して言うと、割引を得ることも可能な仕組みになっている、と増戸は説明してくれた。

「僕が乗ったときだとポスターを3枚貼ると1000円の割引になっていました。だから3000枚ポスターを貼りまくると100万円近くの割引ということになりますね。実際、最近1か月でそれくらい貼ってしまったという新記録ができたらしいですからね。時間があってお金がない人にはいいのではないでしょうか」

昔のピースボートは若者専用という感じだったが、最近は「日本の人口構成に近づいてきていて」定年後の人たちも多く乗っているという。男女比はほぼ半々だそうだ。とはいえ、1000人単位の一団がいて、3ケタの男女が乗り組んでいれば、何もないほうがおかしい。

「8年前に初めて乗って、2回目は5、6年前でしたけど、僕が知っているだけでもこの2回で10組以上のカップルが結婚しています。自分がまだなのにこんなことを言っていいかどうかわかりませんが、下手な婚活よりよっぽど有効だと思います」

今すぐにお金が必要という人であれば、頭の片隅くらいにはおいておくといいかもしれない話である。

4章
語学力アップ編

貧困から抜け出す方法13

やっぱり、英語はできたほうが貧困脱出につながる

「今時、英語くらいできて当たり前」という人が世の中にはごまんといる。だが心配しなくともよい。本当に当たり前ならば、街中にこれほど英会話学校が乱立するはずもなく、私が食えているはずがない。皆さん原書でそのまま読めないから翻訳が必要なのだ。

幾多の雑誌から外国人の取材依頼が私のところに来るということは、つまり編集者が直接インタビューできないからだ。言わずもがなだが、インタビュー技術は英会話とは全く別次元である。英語が少し話せるからといって英語でインタビューできるわけではない。そして、当たり前だが、外部に発注すれば余計な費用がかかる。余計な費用をかけてでも私を呼ぶということは、つまり、日本においてまだ英語はまだまだ使い道の多い特技だということだ。

翻訳者になるなとは言ったが、英語はできて損はない。

本章では英語を身につける方法と、それを生かす稼ぎ方について書く。英語に限らず何かのスキルを習得する参考にもなるかもしれない。

出版業界・ジャーナリズムに限らず、ある程度でも外国語が使いこなせれば、情報格差を利用してまだ日本に広まっていない商品やサービスにいち早く手を付けることができ、先行者利益を手にすることができる。付き合う人の幅も格段に広がる。助けてくれる人も増える。忌《い》まわしい過去や故郷とも訣別することができる。

ここでの問題は「では、どうすれば英語を使えるようになるのか」だろう。私は今まで文字通り万単位の人にこの質問をされた。答えは簡単だ。「オレくらい勉強すれば?」である。

ひとつだけ確かなことがある。今まで、私以上に英語を勉強して、それでも英語が使えないという人にはまだひとりも出会ったことがない。

「いや、中学高校と6年間勉強したのに」という人がいる。そういう人は胸に手を当てて自問自答していただきたい。その6年間であなたは何時間勉強しましたか?

マルコム・グラッドウェルが名著*Outliers*（邦訳は『天才!』だが、私はそちらは読んでいない）で説いた通り、1万時間の法則というものがある。結局のところ、最後に決め手となるのはかけた時間なのだ。1000時間をつぎ込めば、特技にできる。3000時間をつぎ込めば、レッスンプロになれる。6000時間をつぎ込めば、トーナメントプロになれる。1万時間をつぎ込めば、トッププロ、天才になれる。この法則は、外国語に限らず、ゴルフでも将棋でも通用する。

私の友人に丸山護《まもる》という人物がいる。私よりちょうど40歳上だから2018年で御年79歳となる。ちなみに、彼の次男は日本中誰もが知るプロゴルファー、つまり丸山茂樹である。

余談だが、プロゴルファー丸山茂樹が出来上がったのは偶然ではない。オレはこの小僧をプロゴルファーにしてみせる、と息子が3歳のときに決めてあらゆる叡智《えいち》と戦略をつぎ込んで出来上がった最高傑作が丸山茂樹である。だから子育てはもちろん、人生経験だの克服してきた病気だの、いろいろ話し始めたらこのオヤジだけで本が3冊は書けるのだが、それはまた別の話だ。気が付いたらもう10年の付き合いになった。

トッププロゴルファーの父に聞いた才能の伸ばし方

丸山護の特徴のひとつは、あらゆる事象を数字で表すことである。いつだったか、一対一で話したときに「一体、丸山茂樹は人生で何時間ゴルフを練習してきたのか」という話になった。私がこの「1万時間の法則」の話をすると、「では、計算してみようか」といって計算機を取り出した。そのときのやりとりを再現する。

丸山護　うちのプロは、9歳から25歳まで毎日3時間、1日も休まずに練習した（註：丸山家では、父親が息子を〝プロ〟と呼び、敬語を使う）。

――わかりました。では、茂樹さんがプロテストに受かった22歳までを修業期間として数えましょう。

丸山　となると、3×365×13だな……ほう、1万4235時間か。

――だから、丸山茂樹はトッププロになれたんですよ。

日本人が英語を使えないとすれば、理由はただひとつ、**単なる勉強時間不足**である。結局のところ、天才とは1万時間にわたり正しい努力を続けられた者なのだ。その点において、私タカ大丸は正真正銘の天才である。

ただ、惜しむらくは天才にも上中下がある。「上」の天才と「中」、そして「下」の天才の差は、天才と凡人の差よりもはるかに大きい。そして残念ながら私はあまりにも生育環境が悪すぎ、遠回りがすぎて5歳から16歳までの時間を無駄にしてしまった。だから、せいぜい「下の中」程度の天才でしかなく、絶対に「上の上」の天才にはなれないのだ。

いつだったか、友人のサッカー選手、カレン・ロバートに聞いたことがある。

「もしカレンさんと僕が（サッカーの）一対一やったら、絶対抜けないですよね」

「はい、そんなの絶対無理ですよ」

カレンは自信満々に答えた。

「でもさ、レオ・メッシとカレン・ロバートの差って、カレン・ロバートとタカ大丸よりさらに大きいんじゃないの？」

彼はためらいもなく答えた。

「あ、見えないっす。どこにいるかもわからないっす」

念のために言っておくが、カレンはJリーグで新人王となりオランダ1部リーグで実績を残している選手である。なまじプロだからこそ、わかる差があるのだ。

映画「アマデウス」に象徴的な場面がある。宮廷音楽家のサリエリが、モーツァルトの書いた楽譜を目撃する。楽譜を目撃した瞬間にサリエリの頭の中に極上の音楽が流れ、自分には絶対にこれを超える曲が書けないことを悟《さと》るのだ。

よくこの映画は「天才と凡人の対比を描いた作品」と言われるが、それは間違いである。どう考えても、サリエリは凡人ではない。本当の凡人なら、宮廷音楽家に取り立てられるはずがなく、楽譜を見ただけで音楽の良しあしを判断できるはずがない。

だがプロだからこそ、わかってしまうのだ。言うまでもなくモーツァルトは史上有数の最上級の天才である。サリエリは、おそらく中の下か、下の上くらいだったのだろう。

私の日課を公開しよう

これまで、英語習得にはどうすればいいかと聞かれて答えをはぐらかしてきた。毎回同じことを繰り返して話すのは面倒臭いので、ここに私の高校時代の日課を書いておく。今後、一切私に「英語（外国語）習得の方法」を聞いてはならない。ここにすべて書いてあるからだ。

午前5時　起床

5時半～7時　新聞配達しながら平日は前日に録音したNHKラジオ「基礎英語」を2回分聞く。ここでの2回分とは、高1のときであれば遅れを取り戻す意味で中3レベルの基礎英語3と高1向けの「英会話」といったように自分の学年とマイナス1年の2年分である。土・日は当時FMで放送していたロンドンとロサンゼルスのヒットチャートを紹介する番組「ファストトラック」を聴く

7時　帰宅　衛星放送でCNNのニュースを観る

7時半～8時　短波ラジオVOA（Voice of America）の英語学習者向けの番組「Special English」を聴く。この番組は通常の3分の2のスピードで原稿を読み、使う単語は基礎的な1500語に限っている。現在は「Learning English」という名前になってネットで聴取可能

8時半　登校。物理や化学など、のちの人生で使うことがなさそうな授業中は教科書の下に英語のペーパーバックを隠して読む（たぶん、教師は知っていただろう。決していいことではないのでおすすめはしない）

午後5時半　帰宅。英字新聞とニュース雑誌『TIME』を読む

6時半　NHK教育でやっていた「フルハウス」や「カリフォルニア・ドリーム」などのコメディドラマをまず日本語で観る。ビデオ録画してその後もう一度原語で観る

7時半　夕食

8時　学校の宿題。ただし、「Xファイル」や「シカゴ・ホープ」放映の日はそちらを優先
10時　洋楽か大統領の演説を聴き、丸暗記する。最初に覚えたのはクィーンの「We are the Champions」だった
11時　映画鑑賞。ただし、その際に聞き取れたセリフや読み取れた看板の文言などはすべて大学ノートに書きなぐる。当時はDVDがなく、選択肢はVHSレンタルビデオの日本語字幕版しかなかった。高校時代のうちに私は500本の映画を観て書き取りを続けた。今でも実家の物置を探せばそのときのノートが17、8冊出てくるはずだ
午前1時　就寝

それから、使っていた辞書はペーパーバック版OED（Oxford English Dictionary）である。確か、当時洋書店で1300円くらいだったと思う。1年半くらいでボロボロになり、ガムテープで補強して使った。この方法は今でも通用する。英和辞典は早めに卒業すべきだ。最初から英英辞典はハードルが高いというなら、英語圏の小学生向け英英辞典を使えばよい。それならカラーのイラスト付きで、しかも説明文も小学生向けに書いてある。

まあ、ここで書いていることすべてを実践するのはまず不可能だろう。英英辞典活用のほかに、どうしてもこの中から勉強方法をひとつ選べと言われたら、たぶん洋楽の丸暗記だろう。それもサビだけとか1番だけ、ではダメだ。1番の頭から3番のリフレインまで一言一句違えず完璧に丸暗記することだ。

善悪は別として、それを実行しているのが北朝鮮秘密工作員である。敵国に潜入するということは、現地人になりきり、完璧な現地語を話さなければならない。つまり、「志望校に受かりたい」「TOEICで得点をあげて会社で手当2万円をもらいたい」とは切迫感が全く違うのだ。ほんの少しでも間違いを犯したら文字通りの死、処刑が待っている。

だから韓国に侵入する工作員は、韓国人なら誰でも知っているような大衆歌謡くらいは何曲か歌えなければならないと言われ、私たちは韓国歌謡を60曲も覚えさせられたのである。それも全曲まる暗記するよう命じられ、試験では歌詞を見ないでメロディに合わせてひとつの間違いもなく歌わねばならなかった。

カラオケ画面に映る歌詞を見ながら歌うことはやさしいが、その歌詞を全部暗記して一字一句間違えずに歌うことは並大抵ではない。（安明進《アン・ミョンジン》著『北朝鮮拉致工作員』56頁）

まあ日本で英語を覚えられなかったせいで殺される人はいないだろうから、そこまでやる必要はないと思うが、5曲くらいは丸暗記したほうがいい。おすすめは、というならアヴリル・ラヴィーンとクリスティーナ・ペリーの名前をあげたい。聴けば理由はわかるはずだ。

それから毎日VOAの「Learning English」を聞き、いつの日かCNNやAFN（旧FEN）の放送がわかるようになる日を目指してほしい。

それから先にお断りしておくが、映画の書き取りは非常に過酷である。米国の大学を卒業した友人が私の話を聞いて一度試したそうだが、「15分で挫折した」という。「あんなに過酷なことを500本もなんて、信じられない……」ともう一度繰り返すが、米国の4年制大学を卒業した人が言うのだ。もし試すのであれば、必ず1時間に1回は最低10分間小休止を入れてほしい。人間の集中力は2時間も続かない。

貧困から抜け出す方法 14

オーストラリア英語でよければ、留学しなくてもいい

「今どきの若者は……」と言い始めたら、それは老化の証拠だという。どこで聞いたか忘れたが、この「今どきの若者は」という愚痴は古代ギリシャだかエジプトだかのころからあったらしい。

この言葉の続きは、昔も今も変わっていない。「言葉遣いがなってない」「努力が足りない」「スケベなことしか考えていない」「弛《たる》んでる」「とにかくダメだ」という話になる。

私もときどき「今どきの若者」と言ってしまうのだが、私の見るところ今どきの若者は私よりもさらに辛いのではないかと思っている。率直に言って、今私が18歳でかつてのような貧困状態にいたら、抜け出せる自信がない。

たとえば、私の場合でいうと高校卒業後肉体労働で約200万円を貯めて、米国の大学に行った。だが、あれから20年近くがたち、日本以外の先進世界はデフレ脱却を果たしている。つまり全体的な物価・生活費・学費が高くなってしまっている。だから私が今200万円を貯めて米国の州立大学に行ったとしても、1学期生き延びられるかどうかだ。いかに私が天才でもそれでは英語習得は不可能だ。だから、「英語は役に立つ。だからアメリカに行ってこい」と言えない時代になってしまっているのだ。のちほど詳しく説明するが、アメリカン・ドリームはすでに終わっており、そんな閉塞感にとらわれている人たちがヤケクソでドナルド・トランプに投票するという構造ができあがっている。

「まえがき」で明言した通り、今やスラム街で生まれ育って裸足でボールの代わりに空き缶を蹴りながらプロになったサッカー選手などいない。かつてであれば、貧しい母子家庭から成りあがってきたプロ野球選手はたしかにいた。だが、そのころは日本全体が貧しく、貧しさがそこまでの足枷《あしかせ》にはならなかった。そして国全体が高度経済成長期に入るころだったので、真面目にコツコツと会社で勤め上げれば貧しくなりようがなかった。

だが今や日本は完全に衰退期に入っており、人口減少が確実で今後国が成長することはまずない。もしこの偉大な野球人たちが21世紀の今、貧しい家庭に生まれ育っていたら、そもそもリトルリーグに入れるのだろうか。月謝の問題もそうだし、バットやグラブ、スパイクなどの用具も買い揃えなければならない。毎週末には草むしりなどの当番が親に回ってきて、遠征があればそのたびに余計な出費がかかってくる。

私がことあるごとに繰り返す通り、「ハングリー精神が役に立つなど大嘘だ」「本当にハングリーな人間は、そもそもスタートラインに立てない」ということだ。

お金をもらいながら英語を学ぶ方法

英語ができれば人生のあらゆるチャンスが増えるというのに、こんな世の中では貧乏人が余剰資金をつくって生きた英語を学ぶことは不可能なのだろうか。実は、方法はある。

2月某日、私は長野県の白馬《はくば》に赴《おもむ》いた。インバウンド・ツーリズムの盛り上がりにより、白馬がオーストラリア人で埋め尽くされているという話を聞いたからだ。

私が泊まったのはJR白馬駅から徒歩15分ほどのところにあるビジネスホテル風の宿だったが、周囲を見回したところスノボにきた日本人大学生のグループがいて、もちろんオーストラリア人もいるが香港とか中国などの人も多く、オーストラリア人だけに占拠されているという感じではない。だがその翌日にスキー場に近づけば近づくほど、たしかに看板などの英語表記が増え、オーストラリア人らしき観光客の比率が高まっているのがわかった。

そんな白馬を訪れるオーストラリア人観光客が必ず情報源としているフリーペーパーがある。「白馬コネクト」という名前で、白馬村のホテルやカフェ、レストランなどに置いてある。

このフリーペーパーを発行しているのは、白馬に魅《み》せられて移住してきたスティーヴ（英国出身）と二季世（東京出身）のウィリアムス夫妻である。今回、このウィリアムス夫妻に話を聞いてみた。

スティーヴ　私はイングランド出身で、白馬に移り住むまでマンチェスターと東京で会社勤めをしておりました。その後日本の山岳に魅せられ、どこかに移り住もうと妻と話し合っていたときに、白馬の成長性に惹《ひ》かれ、移り住むことになりました。２００７年のことでした。ニセコや志賀高原も考えましたが、白馬はいろいろなレストランもあり、国際色豊かで、なおかつ自然が豊富なところがよかったですね。

三季世　ちょうどそのころロンドンでスキーショーがあり、ニセコや富良野はプロモーションを盛んに行っていました。白馬はそういう動きを始めたばかりでしたね。

――白馬における最初の仕事は何でしたか？

スティーヴ　ＡＬＴ、つまり英語の授業の助手でしたね。週3回くらいでしたが、当時は外国人が少なかったものですから大歓迎されました。ほぼボランティアに近い感じで、受け取ったお金は少なかったですが、やりがいはありましたね。

――最近、白馬で若手の労働者が足りないらしいですね。

スティーヴ　ほかの小さな村にもよくある高齢化の話ですね。その点スキーがあるから白馬は多少マシだと思いますが、若い人はいつでも大歓迎ですよ。特に白馬のピークは12月の終わりから2月の終わりまでの約10週間です。この時期は特に仕事が多くなると言えるでしょう。外国人でシャレーを所有している人などは、この時期に集中して稼ぎます。

——もし私が今18歳で、それほど英語が達者でないとするなら、どうやって白馬の仕事を探しましょうか？

スティーヴ　この話はフロントヤードとバックヤードに分けて考えたほうがいいと思います。運転手とか、ウェイターとか、ホテルの受付といったフロントで実際に外国人観光客に接する仕事につきたいのであれば、最低限の英語力は必要です。英語が全く話せないのであれば、清掃とかベッドメイクといった裏方・バックヤードの仕事につくことになるでしょう。しかし、私の見るところ英語がわからないまま白馬にやってきた若者も、観光客と接していれば英語の習得は明らかに速いです。

——英語が話せる場合と話せない場合で、白馬での平均時給はどれくらいでしょう？

三季世　おそらくは、1000円くらいではないかと……。

スティーヴ　しかし、ピークの時期はとにかく人数を揃えないとオペレーションできなくなりますから、清掃担当でも時給1500円くらい払う場合もあります。冬に限り、ですけどね。ただ、リフト係は全く日本語が必要なく、外国人で足りますから逆に時給は下がりますね。ですが、白馬は中国語圏やロシア語圏の人も来ますから、そういう言葉ができるなら大変な強みになります。

——白馬において、地元住民と新しく入ってきた住民の間に軋轢《あつれき》はありますか？

スティーヴ　それはありませんね。バブル経済の時代には多少揉め事があったみたいですが、最近はそういうことはありませんね。多少あるとすれば、西洋人観光客が路上で酔っぱらうとか、中国人が行列に横入りしてくるとかですが、日本人だってハワイに行けば開放的になって酔っぱらうこともあるでしょう。国によってマナーが多少違うというだけで、大きな問題にはなっていませんね。

スキーリゾート地では未来の日本の姿も学べる

順番が前後するが、私はウィリアムス夫妻との対話の前に、カフェ「3301Ｈａｋｕｂａ」を訪れた。

コロンビアの首都・ボゴタ出身のホセ・マヌエルと大阪出身の宮本涼子の夫妻が「コハルリゾートホテル＆スイート」の1階で経営しているカフェである。目の前にスキーリフトがあり、地元のそば粉を100％使ったガレットとコロンビア産コーヒーを出している。そば粉100％ということは、グルテンフリーということである。そこを強調すれば、オーストラリア人からの売り上げがもっと増えるだろう。

このカフェは、ホセ・マヌエルが後述する「白馬創業塾」を受講し、卒業して開いたものだ。ホセ・マヌエルと私は数年前に新宿で開かれたヨガ教室で知り合った。当時の彼は東京在住で日本語学校に通っている最中だった。その後雪に魅せられて2年前に白馬へ移住し、涼子と知り合い結婚した。今は一児がいる。

「もしオレが白馬で仕事を探すとすれば、どうすればいいかね？」。私が聞いた。

「当たり前だけど、直接白馬にある会社・店に問い合わせればいいんじゃないか？　あとは、フェイスブックにページがあるよ。Hakuba Buy, Sell & Jobsというページがあるから、そこに入って情報を探すのがいいと思うよ。そこで〝私はXXXと申しますが、こういう技能があって冬休みの12月X日から1月Y日までの仕事を探しています〟とでも書き込んでおけば、興味がある会社は連絡してくるはずだよ。3月までと言えば、結構仕事はあるよ。ホテルの受付とか、運転手とか、レストランとかかな」

「土着の住民と、新入りの間に軋轢とか揉め事はないか？」

「それは全くないね。外国人が多いということに誰もが慣れていて受け入れているし、学校に行けばハーフの子供がいくらでもいるから」

彼が紹介してくれたHakuba Buy, Sell & Jobsは登録制である。といっても、申請さえすれば誰でも入れてくれるようなので、ぜひ興味があればそこで仕事を探してみてほしい。

それから私は宮本涼子の紹介で白馬商工会を訪れた。そこで入り口にポスターが貼ってある「白馬創業塾」とはどういうものか、担当者に聞いてみた。

Q　この「白馬創業塾」とはどういうものですか？

A　こちらのパンフレットにあります通り、9月に第1回のオリエンテーションがあり、10月に5回、その後2回の個別相談会という形で合計8回受講していただく形になります。今回は長野県の補助金制度を活用させていただいておりますので、受講料は無料になっております。そして白馬村では受講した方に１００万円の補助金が出るようになっておりますので、そこから確実に創業につなげていただきたいという思いがあります。

Q　日程表を見ると、毎回朝10時から午後5時までと、結構時間をとってますね。

A　そうですね。講師の先生とも相談の結果、本気で創業するにはこれくらいしっかりやらなければダメではないかという考えで、きちんとした時間をとって学んでいただくようにしております。そして白馬には空き家・空きペンションがたくさんありますから、そういったところをこのプログラムを通じて埋めていき、税収もあげたいという願いがあります。

そして、創業者の悩みってみんな同じじゃないですか。だからよそから来た人でもこういった塾などを通じてすぐにつながって、お互い助け合うようになるんですよ。横のつながりはすごいですね。

Q　この辺でＡｉｒｂｎｂをやっている人はどれくらいいますか？

A　正確な統計がないので難しいですが、そういう方がおられるのは確かです。あとは、古くからのペンションで稼働率が４割以下、経営維持が難しく業態変換したい、という方も少なからずおられますから、そういった中で今後民泊が増えていくのは確かだと思います。

Q　今の白馬で足りないものといえば何ですか？

A　欲を言えば足りないものは多いです。雪がないシーズンを〝グリーンシーズン〟と呼んでおりますが、そういう時期に登山で来られる方がいて、雨になってしまった場合に楽しんでいただける屋内施設は足りないかなと思います。東京などなら必ずあるボウリングなどができる複合施設がこちらにはありませんから、スパと組み合わせてといった場所があればいいなというのは思います。

「スキーさえできればお金はいりません」は過去の話

Q　本書の本題になりますが、18、19くらいの子がこのあたりで冬だけでも仕事を探すにはどうすればいいですか？

A　昔であれば、「食べるものと寝る場所さえ提供してくれたらあとは少し働いてスキーをするのでお金はいりません」という方が多かったように思いますが、今は逆に人手が足りないんですよ。だから東京の派遣会社に頼んで冬だけ人を送ってもらうということが多いように見受けられます。かといって住み込みの仕事を探そうとするなら、個人経営のところではそこまで人を抱え込む余力がないというのが実情ですね。

Q　派遣会社が間に入るということは、中間搾取が発生してしまうということですね。それでも人手不足は続いている。この矛盾が何とかなればいいですね。

A　私が聞いた話ですが、たとえば席数が120くらいある大型レストランで、経営者夫妻がお年を召された方ですので、冬だけ若いバイトが欲しいということはあるみたいです。スキー場もバイトを欲しがりますからそこで取り合いになってしまい、人手が確保できないということです。なので繁忙期だけ来てくれる人を探すには東京の派遣会社を頼るしかないという構造が続いているようです。たとえばスキー場なら自社広告で人材を集められるのですが、個人経営の飲食店で繁忙期だけ人が欲しいという場合は、やはり自力でバイトの労働力を集めるのは難しいのかな、というのが実感ですね。

Q　そういう繁忙期だけ白馬で働く人はどこに住んでいますか?

A　スキー場なら寮を完備している場合もありますが、個人経営のペンションなら住み込みの場合もありますし、そうでない場合は近場でアパートを借りて、ということが多いと思います。

最近は、ダブルワーク、トリプルワーク大歓迎というところが多いということなのですね。昼2か所、夜に1か所働いてという形態でもいいということでそれを実践している若い人たちもいるということです。

Q　そちらの創業支援で事業を始められた方にはどんな業種の方がおられますか?

A　スポーツジムですとか、あと一番多いのは飲食店ですね。あとは、お花屋さん、ホテルを対象にしたガーデニングを供給される方もおられますし、スノーボードの調整を冬季限定でされている方もおられます。このお花屋さんはウェディングを対象に絞っておられるようですね。実際、40年前に移ってこられたペンション創業者の方々は未だに仲がいいですし、その後新しい世代の人が移り住んできましたけど、大学のときにアルバイトでここにきて、そのときの思い出があって戻ってきたという方もおられますからね。そういう流れが今後も続くといいですね。

もし私が18歳なら、まずはホセ・マヌエルの勧めにしたがいフェイスブックのページを活用するだろう。それから、ウィリアムス夫妻に白馬コネクトを1部送ってもらうといいのではないか。返信用切手を貼った封筒を送れば1部入手でき、そこに掲載されているレストランなり宿泊施設なりに当たっていけば何軒かは当たりが出てくるだろう。本書を読んで白馬商工会に問い合わせてみるのもよい。それで住み込みの宿泊施設を1軒確保してそこでベッドメイクを行い、午後から夕方にかけてはレストランかスキーリフト、夜はバーテンダーでもすればお金を稼ぎながら英会話実践の場を作れるのではないか。問い合わせ先は次の通りである。

mikiyow@hakubaconnect.com
住所は　〒399－9301　長野県北安曇《きたあづみ》郡白馬村北城1606－4
Hakuba Connect　ウィリアムス　三季世

もちろんそこで英会話に磨きをかけて海外へ雄飛するもよし、白馬が気に入ればそのまま居座って起業経営のイロハを学んで事業を立ち上げてもよい。100万円の創業補助金も待っている。幸い、今回ご登場いただいた方全員が口を揃えて言ったのが「白馬は余所《よそ》者でも馴染みやすい」だ。しかも、「白馬創業塾」は無料である。

外国人観光客に人気の地域なら何かしら仕事はある

続いて私は新潟県の妙高《みょうこう》高原を訪れた。こちらも海外スキー客で賑《にぎ》わっている。最初に私が訪れたのは「ダンシング・スノー」というショップを経営するビル・ロスである。ビルは日本滞在35年の米国人で、かつては地元ラジオのDJも務めていた。現在は山岳ガイドとしての仕事をしながら、世界各国のスキー雑誌に写真や記事を寄稿している。

――最近白馬に行きましたが、妙高にもたくさんオーストラリア人が来ているらしいですね。

ビル　今でもオーストラリア人が最大のグループであることは確かですが、最近は少し減ってきています。ほかの国からの観光客が増えてきていますね。

――具体的には、どこの国が多いですか?

ビル　北欧は多いですね。デンマーク、フィンランド、スウェーデンといったところです。あと、北米からも増えてきていますよ。昔スキーの名所だったユタとかコロラドの雪質が悪くなってきていて、それでこちらに来る人が増えていますね。一部のオーストラリア人がホテルを買収して問題を引き起こす場合もあるのですが、まあそれは別の話です。

――オーストラリア人が起こす問題とは何ですか?

ビル　オーストラリア人がホテルを買いますね。それはまあいいとしましょう。ここでの問題は一部のオーストラリア人が地元の文化や風習を尊重することなく、ときにはいがみ合うんですよ。

――それは、オージー対オージーという意味ですか？

ビル　その通り。オージー対オージーです。ですからオーストラリア人観光客が私たちに愚痴をこぼすことも多いのですよ。こんなのを楽しみに来たんじゃない、とね。レストランにおける英語のメニューは絶対に必要です。ですが、標識も看板もすべて英語というのは必要ありません。中には料理もしたことがないくせにまがい物のデタラメ寿司屋を始めたオーストラリア人までいます。それでは日本に来た甲斐《かい》がない。ニセコや白馬はまさにそういう状態になってきていて、妙高はまだ日本のローカルな面影が残っていますから、同じ間違いは犯してもらいたくないと切に思います。

――妙高に外国人観光客が増えてきたのはいつからですか？

ビル　7、8年前ですかね。

――誰が、何をした結果、そうなったのですか？

ビル　まずは、ここを訪れたオーストラリア人が写真をアップしたのが始まりでしたね。ニセコ・白馬の次の行き先を求めていた人たちですね。それから妙高がアメリカ人カメラマンを招き、プロモーションに力を入れるようになってから大きく変わってきました。そういった記事や写真が欧州でも配信されるようになり、スウェーデンなどからも来訪客が増えてきました。

——夏はどうしてますか？

ビル　ハイキングと温泉があるにはありますが、静かなものですよ。私の友人には、こちらに移住してきて結婚し——奥様はガンで20代のうちに亡くなってしまったのですが——その後再婚し、都会人向けに泊まりがけで稲作を体験できる場所を作っている人もいます。その意味で、妙高にはまだまだ伸びしろが残っているということでしょう。

——では、もし今の私が英語を話せない18歳なら、どうすれば仕事を見つけられますか？

ビル　ホテルに行けば、いつでも何がしかの仕事はありますね。英語がそれほど話せなくても、大きな問題ではありません。でもね、この辺りで外国人観光客に接しているといつの間にか中学時代に習った言葉を思い出すものですよ。

——あと、この辺りでは宿泊客が旅館で夕食をとらないためレストランが多いようですね。

ビル　そうです。先ほどのオーストラリア人による偽物日本料理店は別として、ほとんどは地元の人が工夫して飲食店を開いています。そういう店に入っていけば、これもウェイターなどの仕事は見つかるでしょう。

こうして白馬と妙高を見てきたが、ここまでくると良くも悪くも先駆者であり、良い見本でも悪い見本でもあるニセコを視察するしかあるまい。

勘のいい読者はお気づきだと思うが、働いてお金をもらいながら英語を習得するだけでなく、外国人との共存という日本が抱えるテーマにいち早く取り組んでいるのがスキーリゾート地である。時間的にも金銭的にも余裕がある人を相手にどのようなサービスが提供できるのか、稼ぐ仕事を考える観点からも、その分析は重要だ。

貧困から抜け出す方法15

国際化社会で儲けるなら、日本で唯一正常なニセコを目指せ

2018年3月某日、私は北海道に降り立った。

先にお断りしておくが、ニセコのアクセスは決してよくない。LCC（格安航空会社）で成田から新千歳空港までは1時間半を切る程度だが、新千歳からニセコまではバスでも電車でも3時間近くかかるのだ。成田・羽田から直行バスがある白馬とは大違いである。

しかし、常識で考えてみてほしい。海外からそんな場所までスキーをしに来るということは、ある程度時間もお金も余裕がなければやっていられない。元々は、時差があまりないオーストラリアからの来訪客が多かったということだが、最近は雪に憧れている東南アジア出身者はもちろん、北米の雪質が落ちてきているということでわざわざ北米、北欧、もっというと南米か

らも人が殺到しているという。いろいろな意味で、狙い目そうではないか。

元来、ニセコは一スキーリゾートだった。したがって、冬には宿泊施設が足りず、夏には人が来ないので仕事がないという状態が長く続いていた。そんなとき、元々スキーインストラクターとして来日したオーストラリア人のロス・フィンドレーという人物が「結婚式のお祝い金など約100万円を元手にして」（本人談）夏にラフティングを始め、ニセコは通年リゾート地となった。ロスは2003年に国土交通省の「観光カリスマ百選」に初めて外国人として選ばれたが、私自身数年前に雑誌のインタビューで知り合って以来の友人でもある。今回は、そんなロス本人ともニセコで再会し、そのうえで何人か地元の有力者・友人を紹介してもらった。

全くの余談だが、この前年に私は初めて北海道を訪れた。その際に道北、つまり旭川を過ぎて名寄《なよろ》から稚内《わっかない》行きの鈍行に乗り、北海道を縦断したわけだが、その際に乗客が私ひとりという事実に呆然《ぼうぜん》とした。思わず東京に帰ってきてから「こんな路線を維持しても意味がない。廃線にしろ」とネット記事で書いたら炎上してしまったが、その点新千歳《しんちとせ》発小樽《おたる》経由倶知安《くっちゃん》行きの路線はきちんと座席が埋まっており、中には立っている人もいる。つまり鉄道としての役割を果たしているということだ。

外国人観光客相手なら、少々高くても売れる

こうして現地入りして、まず話を聞かせてくれたのが一般社団法人ニセコプロモーション

ボードのマーケティング・マネージャーを務めるアクミ・ウーである。台湾出身で、米国に留学・就職の後、何度かスキーでニセコを訪れるうちに魅せられ、移住してきたという。

彼女が暮らしていたのはニューヨークだった。つまり近場という意味でいえばかつて冬季五輪も開催されたレイク・プラシッドやヴァーモント、あるいはカナダもあるわけだが、雪質がそれほどよくなく、サービスが悪いのだという。

「コロラドなんかでもそうですが、手抜きの半分凍っているようなハンバーガーでも一食20ドルとか普通にしますからね。スキーパスも異常に高いんですよ」

のちほど詳しく説明するが、ニセコの物価は明らかに日本のほかの地域より高い。もっというと、東京以上である。それでも、スキーリゾートの世界基準でみるとまだまだ格安だという。

私が『貧困脱出マニュアル』執筆のためニセコへ来た、と話すとアクミはこう切り出した。

「実を言うと、ニセコは夏に人材不足になるんですよ。ここに住む気がある方なら、多少職務経験が足りなくても夏に仕事を得ることは可能です。日本語を話せる人が足りなくて困っているんですよ」

今や、北米留学は高価すぎて貧困家庭出身者にはほぼ不可能となった。私とほぼ同世代で、同じく米国に留学していた彼女はそんな青少年に対し「ここにいらっしゃい（Come here!）」と呼びかける。

「先ほどもお話しした通り、夏なら職歴が足りなくても大丈夫ですし、ここの大部分の企業がSmile Nisekoというプログラムと提携して英語教育プログラムを提供しており、週に一度か二度はグループレッスンを行っていますから、まさに働きながら英語を学ぶことが可能になります」

ニセコといえばスキー（だけ）と考えている人は多いだろうが、そうではない、と彼女は力説した。

「私は大学時代に短期間早稲田大学にも留学したことがあるのでよく知っていますが、日本の本州は夏になると湿度も高く、梅雨には雨も多いし、過ごしにくいでしょう。その点ニセコは梅雨もなく、夏もジメジメしていないし、台風はなく……いや九月にごくたまに来ますが、過ごしやすいうえにお金までもらえるんですよ」

その日の晩、私はロス・フィンドレーと夕食を共にしたが、流暢《りゅうちょう》な日本語で彼が同じく指摘したのは地域の人材不足だった。

「冬はもちろんスキー関連の仕事がたくさんありますし、特にベッドメイクの人が全然足りていません。スキーがやりたくてここに来ている人はベッドメイクをやりたがらないんですよ。仕事が朝10時に始まるからね。今、足りていない人は小樽からバスで連れてくるしかないんですよ。時給は1500円くらいからというのが相場ですね。夏は北海道のほかの地域と同じくらいの給料になりますけどね」

だから、ロスによるとニセコ近辺の課題としては家賃が上昇していることだという。ベッドメイクでニセコに来たとして、どこか住み込みで入れるのなら問題ないが、別途アパートを借りるとすればそれは大きな問題となる。

タクシー運転手も足りない

次に来てもらったのが、ニセコで英語のフリーペーパー「パウダーライフ」を刊行しているオーストラリア人のクリス・ランドである。

元々オーストラリアの日刊紙に勤めていたが、決してよくない職場環境に別れを告げ、欧州へ行く前に一冬ニセコで過ごすつもりだったところ、そのまま居ついてしまったのだという。彼によると、「最近は、物価が高くなりすぎてオーストラリア人が少し離れてきていますが、香港やシンガポールからの来訪客が多くなっていて、タイやマレーシア、インドネシアといった国々が続いていますね」という。

「夏の求人が足りていないというのはどういう意味か？」と聞くと、「やはりニセコは冬が書き入れ時ですから、雪がない時期、つまりグリーンシーズンに同じ規模の雇用を維持することができていません。だからニセコの冬が終わると大部分の若手労働力は沖縄とかカナダのウィスラーに行ってしまうのです。人手が足りないというのは、おそらくロス・フィンドレーの会社でラフティングの仕事ができる人が足りていないということではないのかと」という。

実際、ニセコで価格が上昇しているのは家賃だけではない。物価全体が高くなっている。たとえば、ランチで魚のムニエルとライスが付け合わせのメニューが１８００円だったりする。追加のフライドポテトが９００円で合計２７００円となる。

不動産も高騰を続けている。Skijapan.comの條々克己《じょうじょうかつみ》もその点に憂慮を示した。

「最近は坪100万、200万円の土地が出てきています。スキーがなければ何があるの？というこんな辺鄙《へんぴ》な田舎でちょっとまとまった土地があると何千万とか億単位のおカネが動いているんですよ」

億単位の不動産投資の話はともかくとしても、條々はひとつ大きなヒントを示してくれた。

「タクシーの運転手ですよ。この点に関してはニセコも運転手がそれほど英語を話せるわけでもなく、中国語や韓国語を話せる人も今はいません。つまり需要に対応できているわけではないということです。僕自身昔タクシー運転手をやっていたことがありますが、まあちょっと英語を話せるだけでもかなり重宝されますよ。あ、お前英語話せるんだな、なら今日1日ついてくれ、みたいな。ここに来れば自動的に英語を話せるようになるということはありませんが、そこに意識を持っていけば十分可能な話だと思います」

タクシーを1日貸し切りにしたら結構まとまった金額になるのは言うまでもない。もし私が今、英語を話せない18歳だとするなら、まずは住み込みのベッドメイクをして時給1500〜2000円を稼ぎ、Smile Nisekoのプログラムで英語力を磨き、夜はバーテンダーか何かをして、頃合いを見計らってタクシー運転手になる、という図式が浮かんできた。

ニセコの活況はバブルなのか？

　ではそんな仕事をいかにして探すか、アクミ・ウーの同僚である東内学爾《ひがしうちがくじ》に聞いた。

「この辺りは人材確保の問題がありますから、寮完備が大前提になっていますね。人の取り合いになっていますから。求人情報ですか？　私共のサイト、www.nisekotourism.comでも扱っておりますし、あと〝クッチャンネル〟（Kutchannel）で検索していただくとページがありますので、そこで求人が出ていますね。実際、私が知る中でもここにきて英語を習得してその後海外に羽ばたいていった人は何人かいます。意識の持ち方次第ではないですかね」

　たしかに、ニセコ経由で「海外に羽ばたいていった人」がいたことが確認できた。ここで大切なことは、英米豪の大学を目指さないことだ。本書でもたびたび触れている『ヒルビリー・エレジー』の中で、「アメリカン・ドリームは欧州においてこそ可能である」という一文がある。その理由は簡単で、「米国の大学の学費が高すぎて、下層階級、あるいは中流ですら手が出なくなっている」からだ。その点欧州なら大学も安い。中東欧なら学費が年間数百ユーロで生活費も日本以下という国はいくらでもある。しかも、ほとんどの大学では交換留学で1年間英語で教えてくれる授業プログラムを持っている。私が行ったイスラエルのテル・アヴィヴ大学がまさにそうだ。

　今の私が10代後半なら、まずはニセコで金を貯めつつ英語を勉強し、中・東欧の大学を目指し、1年間英語の授業を受けながら現地語を学び、2年目からはそのまま編入して卒業を目指すだろう。たとえば、ハンガリー語がわかる日本人とか、スカイプを生み出した国・エストニアで学位を取得した日本人などそうそういるはずがない。Jリーグでもポルトガル語通訳は供給過剰になっているが、セルビア語通訳者は五本の指で数えられる。こういうのが「希少価値」である。興味がある国の大使館に問い合わせれば、必ず応対してくれる。

だから、現在ニセコの日本人有力者たちが恐れているのはこれがバブルではないか、いつか弾《はじ》けて誰かがババをひかされるのではないかということだ。

かつてロスの会社で勤め、現在は自ら株式会社ヤマトを立ち上げて代表取締役となり、ニセコ町議会議員も務める木下裕三もそんなひとりだ。

「実際、地価があまりに高くなりすぎて〝こんなのならここの土地を売って札幌のマンションに移ろうか〟という人も結構いますからね……今すぐに弾けてどうこうというのはないと思いますが、今のうちにしっかりした地域の土台を作っておかないと、リーマンショックよりすごいのが来るかもしれないという恐れはやっぱりありますね。実際、アジア人が増えて結果的にはトントンになっていますが、オーストラリア人は確実に減っていますからね」

私のニセコ滞在は2泊だが、そこでこの地域の弱点を発見した。「お土産」である。

常識で考えて、海外旅行に行けば何かしらお土産を買うのが当たり前だろう。せっかくこれだけの海外スキー客を集めているのならば、いろいろと売れるだろうと思いお土産店を見たのだが、ショボいTシャツ、ピンバッジ、お決まりのクッキーとかチョコレートみたいなものしかない。

「痛いところをつかれたなあ……ここにはこれというお土産がないんですよ。夏なら札幌とかから車でたくさん来られますから道の駅で農産物を売ったりしていますが、冬ですよね。商工会でも、誰かつくらないかな……っていつも話していますよ」

木下が嘆いた。

ということなので、ニセコで外国人に売り出せる何らかの土産物を考えてみれば、一気に売れる可能性があるということだ。

あと私の個人的見解だが、もしあなたに似顔絵を描く特技が備わっているなら、ニセコなら高く売れる可能性がある。上野公園なら2000円くらいのものが、冬のニセコなら5000円とか1万円でもいけるのではないか。

このように、現在のニセコはバブルに踊らされ、近くこれが弾けてしまうと恐れている人たちが少なからずいることは事実である。

そんな中、「今のニセコはバブルではない」と私の目の前で言い切った女傑がいる。

貧困から抜け出す方法16

日本的きめ細かいサービスに高値をつけよ

先ほどご登場いただいたクリス・ランドの話をひと通り聞いた後、私はあらためてパウダーライフに目を通していた。ひときわ目を引いたのが、あるマッサージ店の広告だった。Hermosa Angel、スペイン語で「美しい天使」の意味である。すぐにわかったのは、料金が明らかに東京より高いことだった。60分の「ドライマッサージ」で8000円、オイルマッサージなら9300円である。東京なら安いところで60分2980円とかではないか。

「ここ、東京のマッサージ店より全然高いね」。そのころにはお互いの口調も砕けてきていた。

「ああ、そこな。スペイン人のサンドラというおばちゃんがやっている店でな、毎年オレのフリーペーパーに広告を出してくれるいい人なんだけど、毎年値上げしてるんだよ」

「スペイン人？」

「たぶんスペイン人だと思うんだが、ひょっとしたら南米のどこかかもしれん。オレはスペイン語話せないし、サンドラは英語がうまくないからいつも日本語で話していて込み入ったことは聞いてないんだ」

確かなことがある。サンドラが純粋な日本人ではないということだ。普通に考えて、女手ひとつ、細腕一本だけを頼りに外国で一旗揚げるのは並大抵のことではない。そして、デフレスパイラルに抗して毎年値上げを敢行している。つまり、市場に対していいものを提供している自信があるという証拠だ。話せばいろいろ面白い話が出てくるに違いない。

私はスペイン語翻訳者でもある。サンドラはきっとスペイン語に飢えているだろうから、私が相手なら、堰《せき》を切ったようにしゃべり出すことは確実だ。

そう読んだ私は、クリスの目の前で店の番号を呼び出した。サンドラはまだ出勤していないということで、本人の携帯番号を教えてもらった。電話をかけると夜なら店に出ているという。その日4件目の取材を終え、私は夜8時にサンドラの店へ向かった。名刺を頂戴すると、フルネームは「サンドラ・マリエラ・レバサ・實森」とある。スペイン語圏においては、最初に来る姓が父親のもので、その次に母親の姓がつく。たとえば、「ガブリエル・ガルシア・マルケス」であれば、ガルシアが父親の姓で、マルケスが母親の姓である。サンドラの場合で言うと、名前から母親が日系であることがわかる。

よくよく聞いてみると、「スペイン人」というのはクリスの勘違いだった。本人の説明によると、父親がバルセロナ出身の医師で、母親が日系のペルー人だという。それなら、名前に「實森」が入っているのも説明がつく。

「父親が医師でしたから、裕福な少女時代でしたよ。父親が患者さんを治療する姿を見て、私も人の体を癒《いや》すというか治療する様子を真似ていましたね」

日本でいう「門前の小僧習わぬ経を読む」である。

「その後地元で警察署長だった人と結婚して息子も生まれました。そして息子が1歳のときに夫がコンドミニアムを買ったのです。お手伝いさんもいて、何不自由ない生活を送っていました。そして私はふたり目の子供を妊娠していました」

幸せの絶頂とはこのことだろう。しかし、幸せは一瞬にして崩れ去る。

「ある日、買ったコンドミニアムを見に行こうと思いました。ところが、お手伝いさんが止めるんですよ。自分のものだから見に行って何が悪いの、と思っていたわけですが、行ってみるとなぜか夫の車が止まっていたんですよ。おそらく、私以外のお手伝いさんとか家族は真相を知っていたのでしょうね」

要は「知らぬは亭主ばかり」の妻版である。そして、部屋の鍵をあけたときにとんでもないものを目撃してしまう。

「夫が……お愉しみの真っ最中だったのです。しかも、浮気相手は私の親友でした」

はっきり言って、私は幼少時代があれだったために内面の道徳観念が崩壊してしまっている。だから極端な話、家に酒乱暴力男がいるくらいなら、外で愛人を作るヤツのほうがいくらかマシだと思ってしまう。だから昨今の不倫騒ぎというのがよくわからない。当事者、つまり配偶者が許せるならそれでいいし、不倫が許せないなら、たんまり慰謝料をとって別れればいいだけの話ではないか。政治家の愛人が外国のスパイであったなら国家安全保障の問題で絶対に許せない話だが、それ以外なら当事者以外にはどうでもいい話である。

だがそんな私でさえ、サンドラには同情せざるをえない。妊娠中に、自宅で、しかも妻の親友と、というのはさすがにひどすぎる。しかもこのショックのせいで彼女は流産してしまう。

「夫からは〝離婚しろ〟とせっつかれ、まともな判断力を失っていた私は同意してしまいました。祖母からは、〝ちゃんと慰謝料をとりなさい〟と言われたのですが、それどころではありませんでした」

ニセコ価格を日本経済のモデルへ

ここまでスペイン語で一気に語ったあと、彼女は日本語でポツリと「私、バカだったよね」と付け加えた。「慰謝料、絶対とらなきゃダメだよ」と。

「完全に自暴自棄になり、地元で噂になることに耐えられず、元夫やこの浮気相手と顔を合わせるのも我慢できず、私は地元を逃げ出しました。そして二度と戻らないつもりで地球の裏側までやってきたということです」

その後彼女は五反田のマッサージ店で技術を習得し、その後札幌で店を開き、3年前からニセコにも手を広げたという。資本金はどうしたのか、銀行から借りたのか、と聞くと「お父さんに出資してもらった」という。銀行の融資には頼らなかったらしい。

「もちろんお父さんに何でもかんでも頼りたくはないけど、そういうときだけは、ね……」

サンドラの日本暮らしもそろそろ30年になる。女手ひとつで異国で30年生き延びて子供を育て上げるのは並大抵のことではない。人に言えないことも多々あったに違いない。ちなみに、従業員を選ぶとき何を基準にしているのか、と聞くと「経験者の日本人」だという。

「私は日本人以外のサービスは提供したくありません。日本人のきめ細かさ、サービスの質の高さを信頼していますから、基本的に外国人は雇いません。唯一の例外は、ドイツ人で本物のプロフェッショナルといえる女性セラピストだけです」

ニセコ在住の多くの日本人の懸念である「バブル」について彼女の見解を聞くと、即座に「これはバブルではありません」と断言した。

「私だって、この値付けが1年間ずっと続くならバブルだと思いますよ。しかし、夏は価格が下がります。あくまで冬に需要が高まるから供給価格も高くなっているだけなのです。したがって、ニセコ価格、私が経営するマッサージ店の値段はバブルではなく、正常な経済の原則に基づく値段ですよ。従業員の給料だって、チップはすべてスタッフに還元していますから時給にすれば1600円以上は払っていますよ」

実を言うと、私もサンドラと同じ見解である。ニセコの現状は、バブルではない。

何も難しい経済学の法則を持ち出す必要はない。リーマンショックで一度底を打った経済は、その後回復基調が続いている。国が発展するということは、少しずつモノやサービスの値段が高くなり、それに伴い従業員の給料も高くなり、それによって可処分所得が増えて豊かになっていくというのが基本である。

現実に、シンガポールも、香港も、サンフランシスコも、上海も、ランチが日本円で1000円を超えるのが当たり前で、2000円以上になることも珍しくない。私自身4月に初めて上海へ行ってきたが、ちょっとオシャレなカフェでグルテンフリーのサーモンライスボウルを注文すると80元、つまり1500円くらいである。中国もこれだけバブルバブルと日本で騒いでいて、20年たってもまだ弾けていないということは、これはまっとうな成長であるということだ。世界的にそうなっていて、日本だけ未だに牛丼が280円だったりハンバーガーが100円台だとするなら、これはニセコだけが正常で、デフレからどうしても脱却できない残りの日本全体がおかしいというのが私の見解である。

「毎年、値上げしているらしいですね。サンドラ、あなたこそ日本が目指すべきデフレ脱却の先陣を切っているわけで、大したものだ」。そう私が言うと、サンドラはこう答えた。

「値上げといっても、決行したのは1回だけで、それも500円だけですよ。それにそんな500円程度だったら水道代や電気代なども値上がりする一方ですし、雪かき代も高くなっていますから、結局そこまで利益が高くなっているわけではないのですよ」

だがもうひとつ確かなことがある。パウダーライフ最新号の広告が出る時点でHermosa Angelはサロン1とサロン2の2店舗だったが、私がサンドラと会ったときにはサロン3ができあがり、つまり事業を拡張していたのだ。事業拡張ということは、つまり儲かっている証拠である。要は、サンドラのほうが一枚上手でしたたかということだ。

私の希望がひとつある。サンドラには、もっと店のサービス価格を値上げして、チップがない状態で時給2000円を実現してほしい。それが、日本がもう20年苦しんでいるデフレからの脱却の第一歩になるものと強く信じている。

貧困から
抜け出す方法
17

もし留学できるなら、絶対第二外国語を勉強しよう

私が米国に滞在したのはわずか1年半である。決して長い時間とは言えない。だが、渡米してしばらくすると、現地滞在期間と現地語運用能力は全く比例していないことに気付いた。要は、長くいても全然話せていない人が多いのだ。

さて、前章で触れた通り高校時代英語の勉強以外何もしていないに等しい私だったが、定期購読していた雑誌があった。『ビッグトゥモロー』である。

その中に、私の人生を大きく左右する記事があった。当時ソニー社長だった出井《いでい》伸之《のぶゆき》氏のインタビューである。そのときの記事を発見したので、引用する。

「でもね、じつは語学の上達には秘策があるんだ。駐在員にはよく言っているんだが。それはフランス語を勉強したいなら、フランスに行っても英会話の学校に通うこと。そして英語を話したいなら、アメリカかイギリスに行って、フランス語の学校に入ること。語学の勉強で肝心なのは、日常的に会話することなんだ。だから、授業よりもいっしょに勉強してる仲間たちと何語でしゃべるのかが問題になる。フランスでフランス語の学校に来ているのはほとんど日本人でしょう。その点、パリの英語学校には生粋《きっすい》のフランス人が来てるから、英語もフランス語も両方できるようになる」（『ビッグトゥモロー』1996年7月号）

全くの余談だが、私にとって自分がいっぱしの者になってこの雑誌の取材を受けるのがひとつの悲願だった。その前に廃刊となってしまい、未だに悔しくてならない。この記事は、文字通り私のその後の人生の方向性をすべて変えた。この記事があったからこそ、私は米国の大学でスペイン語を学んだのだ。

英語圏に留学しても、英語がきちんと話せない人は本当に多い。私自身、そんな事例は現地でいやというほど見てきた。そういう人の共通点のひとつは「英語学校に通うこと」だ。常識で考えればすぐわかるはずなのだが、北米の英語学校に米国人やカナダ人はいない。日本語学校に日本人がいないのと同じである。

そして、ほとんどの場合、英語学校に通う人たちは能力別に振り分けられ、ほぼ例外なく日本人は最底辺のクラスに入れられる。だからクラスメイトの大部分は日本人だったりする。

日本人ばかりの、しかも下のクラスということは英語力も全然大したことがないわけだ。そんなときに、「私は絶対に英語しか話さない。日本人から話しかけられても英語で返答する」と決意できるだろうか。断言するが、そんなの無理な相談である。

お断りしておくが、私の渡米当時のＴＯＥＦＬスコアは当時の採点基準で５２０点だった。これは、４年制大学に入学できるギリギリ最低限のポイントで、まだ意思疎通および大学の授業についていくという観点からは決して十分とはいえなかった。だから留学生担当の教授に英語学校の受講を勧められた。

「もし英語の授業を受けるなら、外国語の単位としてカウントするから、受けてみれば？」

舌足らずだったが私は断固拒否した。

「僕は英語学校に来たのではないのですよ。大学教育を受けに来たのです。ですから米国人学生と同じ扱いにしてください。外国語の単位というなら、スペイン語でもフランス語でも中国語でもなんでもいいから、とにかくアメリカ人学生が受ける外国語の授業に入れてください」

「それなら、フランス語とスペイン語があるけど……」

「なら、スペイン語で」

私がスペイン語を選んだ理由は簡単である。米国において、あらゆる標識、注意書き、広告、すべてが英語とスペイン語表記だったからだ。そして、スペイン語の教室に一歩足を踏み入れた瞬間に出井氏の話していた意味を理解した。

私が受けたスペイン語の授業の担当はチリ人の教授だった。つまり、当たり前だがスペイン語を話せる人だった。英語が話せない英語教師がたくさんいるどこかの国とは大違いである。

それからクラスメイトは全員アメリカ人学生で、日本人はひとりもいなかった。

さらに大切なことがあった。この「スパニッシュ101」というクラスには、文字通りスペイン語のスも知らない面々が集まっていた。たとえば、日本の小学生であればいかに英語を習ったことがなくても、ハロークらいは知っているし、1から10までくらいなら数えられるはずだ。だが私が行った教室には、それこそスペイン語で1から10まで数えられない面々が集まっていたのだ。これなら勝てる、と思った。

私もスペイン語のスも知らないのは同じだった。だが少なくとも英語という外国語で大学入学を認められるくらいにはなっていた。つまり外国語という観点からいえば、ほかの米国人学生とはすでにスタート地点が全然違うということだ。それなら負けるはずがない。

日本人の英語コンプレックスを打ち破る方法

日本人学生は、初渡米して最初の授業で例外なく打ちのめされる。早口の学生は何を言っているのかさっぱりわからず、自分が何か発言しようとしても発音、というより発声が悪いため相手に全く通じない。そんなことはなかった、という人がいれば絶対に大嘘つきである。だんだん、アメリカ人というのは全員天才なのではないかと勘違いしそうになる。

だがスペイン語の授業を受けてみると、例外なくアメリカ人学生が悪戦苦闘していて、実はアメリカ人にもアホがいる、ということを実感できる。これならオレも生き延びられるかもしれない、と思った。事実だからいうが、1学期が終わったとき私はクラスで一番になっていて、1年後には飛び級していた。私の知る限り、「外国語の授業を受けた外国人」は大部分がクラスで最優等になっていた。

そして授業はすべて英語で行われ、周りのクラスメイトともすべて会話は必然的に英語になる。そしてだんだん私のスペイン語習得が明らかに周りより速い、と気付いたアメリカ人は、「一緒に勉強しないか」と誘ってくるようになる。こうしてスペイン語だけでなく、英語も上達し、しかもアメリカ人学生よりも強い立場に立てるから、強気にものを言えるようになる。

アメリカン・ジョークに次のような小話がある。

2か国語話せる人のことを英語で「バイリンガル」という。

3か国語話せる人は「トライリンガル」だ。

では、1か国語しか話せない人のことは何というか。

答えは「アメリカン」である。

私は米国暮らしの中で、この小話が冗談でもなんでもなく正真正銘真実であることを知った。大部分の米国人は中学・高校でスペイン語の授業を受け、挫折した経験がある。ちなみにどこで挫折するかというと、動詞の変化と巻き舌のRの発音である。英語の場合、主語が三人称単数の場合のみ動詞の後ろにSがつくが、スペイン語の場合、主語が「私」の場合、「君」の場合、「彼/彼女」の場合、「私たち」の場合、「あなた方」の場合、「彼ら/彼女ら」の場合で全部変わるのだ。そこでつまずく。

もっとも、ものは考えようで、動詞の変化を見れば主語がすぐにわかるわけだから、スペイン語では主語を省くことができる。ある意味このほうが便利なのだ。とにかく、日本人が英語で挫折するのと同じかそれ以上に、大部分の米国人はスペイン語で挫折したことがある、ということは覚えておいてほしい。

そんなとき、モンゴロイドの顔をした男がレストランかどこかで、はったりでもなんでもいいからメキシコ人のウェイターを相手にスペイン語で注文したらどうなるか。完全にあちらの態度が変わり、絶対にこの男を敵に回してはいけない、と考えるようになる。米国でもスペイン語がわかるかどうかで見える世界は完全に違ってくるということだ。

一気にレッドオーシャンから抜け出る「プラスアルファ」

スペイン語で私の人生は完全に変わった。

のちほど本書にもご登場いただく盟友ランコ・ポポヴィッチ（セルビア出身のサッカー選手で指導者としてJリーグの監督を歴任）と親しくなったのは明らかにスペイン語のおかげであり、いまサッカー界に首を突っ込んでどれほどスペイン語から恩恵を受けているかはここで書ききれないほどだ。

もっと言うと、日本社会で生きていくうえでも3か国語以上話せると圧倒的に優位になる。

そもそもから言って、日本人でトライリンガル以上といえる人はどう見積もっても1万人は切るだろう。昔、今は亡き某ロシア語同時通訳者が「英語の通訳者は面白くないヤツが多い」と書いて物議をかもしたことがあった。私に言わせれば、半分当たっていて半分外れている。通訳者と翻訳者は別人種だが、英語通訳者にも間違いなく面白い人はいる。ただ、絶対数が多いから日本のビジネスマナーやら形式がわかる人間が優先されて、それに外れた人は能力があってもはじかれる場合がままあるのだ。

その点、ロシア語通訳だったりスペイン語通訳だったり、もっと言えばスワヒリ語通訳とかになると、必要なときにいなくなれば即緊急事態になってしまう。だから少々の変人でも切るに切れなくなる。まさに私のように、結果を出せば誰も文句を言わなくなる。

もし私が素直に英語学校に行っていれば、いつまでたってもアメリカ人および英語に対する劣等感から抜け出せず、今の私は絶対にありえなかった。

別にスペイン語でなくてもいいから、第二外国語はぜひお勧めしたい。「なら何語がいいのか」とよく聞かれるのだが、人によって相性があるからひと口には言えない。中国の経済発展を考えて中国語、というのは簡単だが、外国語の習得には約1000時間の勉強が必要となる。それだけ中国の文化なり、歴史なり、音楽なりに愛着がないならたぶん続かない。だから1000時間の忍耐が続く、強い愛情がある言語を選ぶのが一番いいと思う。

「先行者利益」で圧倒的優位に立て

サヘル・ローズにインタビューしたとき、彼女は私に逆質問してきた。

「死ぬとき、お棺に本を一冊だけ入れるとするなら何にしますか？」

かなり迷ったが、私が答えたのは *The Millionaire Next Door*（日本版は読んでいないが『となりの億万長者』）だった。

この本も原語で読んだわけだが、日本の翻訳書について問題なのは、すぐに端折ってしまうことだ。英語の本を日本語に訳したら、だいたい1・4倍から1・6倍くらいの長さになる。あえて名前は伏せるが、原書で500ページ以上あった本が日本語版では240ページ程度になっている例もある。一体、何割カットしたのか。こういう現状があるので、英米で練りに練った500ページ以上の名作はまず日本には出てこない。この傾向は21世紀に入ってからさらにひどくなっている。だからこそ、先に洋書を読んだ者には先行者利益がついてくるのだ。

先行者利益について、ひとつ例を出そう。レイ・クロックという男がいる。マクドナルドのフランチャイズを作り上げた男だ。そんな彼が自伝を出したのは1977年のことだ。そしてこの本の日本語訳が出たのはいつか。2007年、つまり30年遅れである。

ちなみに、この1977年から2007年の間に、日本でレイ・クロックの自伝を英語で読んだ人が少なくとも3人いる。藤田田・孫正義・柳井正のお三方である。英語の本を読んで、この３人の総資産の１０００分の１でも手に入るなら、安いものだと私は思う。

ひとつだけ教えて差し上げよう。洋書を読むにはコツがある。それは、「各段落の第一文だけを読む」ということだ。

日本に限らず、東洋の修辞法というのは起承転結という大原則がある。これに基づいて文章を書くことになっている。

一方で、西洋の修辞法は違う。西洋に起承転結はない。必ず、各段落の第一文に結論を書いて、そこに何か説明を加える必要があれば続きで書くようになっている。だから、たとえ１０００ページある洋書でも、各段落の第一文だけ飛ばし読みしていけば概略はわかるのだ。そのうえで、もう少し詳しく知りたい部分があればもう一度そこに立ち戻って残った部分を読めばよい。この方法で読めば、たとえ５００ページの本であっても、せいぜい30〜40ページ分だけ読めばポイントを掴《つか》めるということになる。

話を本題に戻すが、*The Millionaire Next Door* である。この本を見つけたのは２０００年12月、私が全米一周旅行をしている最中だった。買ったのはボストンのバスターミナルだった。全米一周といえば豪勢に聞こえるが、私が活用したのはアメリパスという全米を網羅するバス会社・グレイハウンドが発行する乗り放題パスだった。たしか、当時45日分で３８０ドル程度だったと記憶している。これで、３日のうち２日をバス内泊にすればホテル代を節約できる。３日に一度くらいユースホステルに泊まってシャワーを浴びる。食事は停車時のバーガーキングか、格安の中華料理だった。おそらく、約40日間でかかった費用は１０００ドル少々ではないか。

そのときひとつ学んだことがある。バスで全米一周するなら冬に限る、ということだ。冬ならそれほど汗をかかないから毎日シャワーを浴びる必要がない。かつ、フロリダやカリフォルニア南部は温暖で過ごしやすく、バスの車内も暖房がきいているので凍える心配がない。

これが夏になると、逆に車内の冷房がきつすぎて毛布なしでは到底やっていけない。荷物が増えるということだ。バックパッカーとしては決して喜ばしい状態ではない。

もうひとついいことがあった。スペイン語が著しく上達するということだ。

グレイハウンドの乗客には一般的に言って中南米系の人が必ず混ざっている。よもやま話を始め、少しでもスペイン語を話せば物珍しいからかあちらも相手にしてくれる。40を前にした今はあんなことはもうできないと思う。10代後半か20代前半にのみできる特権である。

それでもヒマな時間は絶対にできるわけで、何か読める本を物色していた。ちょうどそのころ日本でも『金持ち父さん　貧乏父さん』が話題になっていたこともあり、どうせなら英語で読んでみようかと手に取ったとき、その隣にあったのが *The Millionaire Next Door* だった。ペーパーバックで、大した重さでも値段でもないので、せっかくならと2冊とも買った。そして、バスの移動中に読み始めたらこちらのほうが引き込まれてしまったのだ。

お断りしておくが、『金持ち父さん』シリーズも名著である。

ご存知のない方のために少し説明すると、*The Millionaire Next Door* は米国の大学教授ふたりが米国の富裕層に対してアンケートを行い、その結果をまとめたものである。

私にとって大きな救いとなったのは、冒頭に出てくる「アメリカ人ミリオネアの九十何％は一代で財を成した。つまり親の遺産は関係ない」という言葉、そして「ミリオネアの大部分は高等教育を受けている。大半は四大卒である。ただし、一流大学とは限らない」という一節だった。あ、これならオレでもミリオネアになれるかもしれない、と思ったのだ。

それからミリオネアの消費行動様式について詳述されているわけだが、著者がこれでもかと言うほど繰り返している言葉がＦｒｕｇａｌ（質素・慎ましいの意）である。スーツは安物を着ている、腕時計も何百ドル以上のものを使っている人はほとんどいない、車は中古で、高級住宅街に住む人はほとんどおらず、スーパーのちらしでいつも割引を探している。宝くじは絶対に買わない……。

本書の影響は今もはっきりと私に残り続けている。元々金銭欲と出世欲はべらぼうに強いが、物欲は全くと言っていいほどない。普段スーツを着ないということもあろうが、今持っているスーツの中で一番高いものでも７万５０００円程度だった。しかも体型が全く変わらないので10年前のオーダースーツをそのまま着続けている。腕時計にしても定価約20万円のものが型落ちで10万弱になったものをここ数年愛用している。車は未だに持っていない。夜はマラソン練習の一環でひとり寂しくキロ４分30秒か４分45秒なのかを気にしながら都内のどこかを２本足で走っているだけである。街で私を見かけても、日本有数の売れっ子翻訳者には見えないに違いない。私の生活はＦｒｕｇａｌそのもので、派手なところは皆無である。

ミリオネアのアンケートでわかったたったひとつの大切なこと

そしてさらに大きな衝撃が本の後半に待ち構えていた。

著者の教授は授業で学生たちに対し、「リスクとは何か、定義してみよ」と問いかける。大部分のアメリカ人学生は「起業すること」「銀行からお金を借りてビジネスを始めること」と答える。ところが、本書のアンケートに答えたミリオネア、その大部分は事業を立ち上げて財を成したわけだが、この人たちの答えは全く違っていたのだ。

「ひとつの収入源に頼ること」

いまだに大手企業に正社員として就職することが一番の安定と考えている人が多い。たしかに福利厚生は手厚い。しかし、クビになったらどうか。会社が倒産したらどうか。すぐに収入が絶えてしまうではないか。

そして、もし正社員としてひとつだけの収入に頼っていたら、万一この会社が道義的に反していることをしていても立ち上がれなくなる。

私が数多くの出版社から本を出しているのもそのためだ。これならひとつの版元との関係が終わったとしても、まだほかの出版社との取引で収入を手にすることができる。幸い、私のスキルはひとつの会社でしか通用しないものではない。もっと言うと、出版業界以外でも十分に使えるものである。極端な話、もう一度日本に震災がきて、原発が制御不能になって、どこかほかの国に移住しなければならなくなっても、たぶん保険か自動車のセールスマンか何かになって上位3割くらいには入る自信がある。本を1冊出すというのは、実質出版社に車1台分の出費を強いるのと同じだ。つまり、私は十数台は車を売っているわけだから、車のセールスマンになれないはずがない。

そして、本がある程度売れるようになったとき、真っ先に考えたことは「もうひとつの収入の柱」を作ることだった。そこで私が手掛けたのがエアビーだったということだ。今の私は、エアビーの収入がある程度入ってくるから、お金のために焦って本を書く必要がなくなっている。自分が本心からいいと思った本だけを手掛けることができる。物書きとして一番の幸せだと思っている。

5章
未来予測編

貧困から抜け出す方法18

未来を見通す

未来がわかれば、間違いなく稼ぐことができる。

何が流行するのか。人々はこれから何にお金を出すのか。それを先回りして知る方法があると言ったら、あなたは信じますか?

ある。私自身がそれを武器にしてきたから断言できる。

言っておくが、もちろん超能力の話ではない。本章では、まずは、それを教えてくれる本の話から始めたい。

人生を変えた1冊：Microtrends

Microtrends——この本を読んだのはいつだったろうか。確か、まだ私が荻窪に住んでいたころに近所のカレー屋で発売直後にハードカバー版を熟読した記憶がある。ということはたぶん10年くらい前だ。

著者のマーク・ペンは選挙のプロで、商売人ではない。だが、選挙コンサルタントとしての実績は半端ではない。何より、推薦文がクリントン夫妻、ビル・ゲイツ、トニー・ブレアときたものだ。どう考えても、推薦文をもらうのはほぼ不可能そうな面々ばかりではないか。

かつては、全世界を巻き込んだ「メガトレンド」があった。ビートルズとか、マイケル・ジャクソンがそうだろう。全世界が注目し、愛する存在だ。日本で一番メガトレンドに近い存在と言えば、「巨人・大鵬《たいほう》・卵焼き」とか、美空ひばりとか、力道山とかいったところだろう。

だが、マーク・ペンは冒頭で、現代において「メガトレンド」はもはや存在しないと断言する。現在あるのは何十にもわたる小さなトレンド「マイクロトレンド」であり、マイクロトレンドAとマイクロトレンドBの間には全くつながりがなく、言葉さえも通じないという。だからこそ、選挙において、マイクロトレンドAに対して通じる言葉、Bに対して響く言葉、Cを説得できる公約というのを積み重ねていくと選挙に勝てるというのだ。そしてペンは米国にある75のマイクロトレンドを順番に紹介していく。

本書の中で私は「DV加害者に対しての正当防衛殺人を認めろ」と書いたが、もしこの公約を入れた政治家が出てくれれば、間違いなくDV被害者・被虐待経験者は全員投票する。これもまた「マイクロトレンド」のひとつである。

私はこの本を読んだとき、間違いなく本書の読者から億万長者・ミリオネアが生まれると確信した。そして、現在の私の仕事もこのマイクロトレンドに基づいてすべてを組み立てている。

わかりやすい例として、人気アニメ「エヴァンゲリオン」を挙げてみよう。私の親戚で、エヴァンゲリオンを観たり読んでいる人・ファンはひとりもいない。私自身、1回も観たことがない。日本国民1億2000万人全員が熱狂しているようには到底見えない。だが、もうひとつ確かなことがあり、エヴァンゲリオンに10万円つぎ込んだ人が万単位でいるということだ。

単純計算で、1万円払ってくれる人が1万人いれば1億円を作れることになる。つまり、日本国民全員に愛される必要などどこにもないということだ。

私がことあるごとに「私と友人になるにはお金が必要です」「フェイスブックでも本を買った人のリクエストのみ受け付けます」と連呼するのも同じことだ。お金を払うということは、信用するということだ。つまり、私の本に対してお金を払わない、それもたかだか1500円とか2000円程度を払えないというのは、私を信用していない証拠だ。限られた時間、短い人生の中で何が悲しくてその程度の信頼すらできない輩のために時間やエネルギーを割かなければならないのか。幸い、今までにのべ20万人以上が私のためにお金を払ってくれている。私はそういう人たちこそ大切にしたい。

万人受けを狙ってはいけない

いつだったか、大学生の就職活動の指導をしたことがある。模擬練習で私が面接官役を務めたのだが、その子のエントリーシートを見ると、「私は万人受けする作品を作りたいです」と書いてあった。そこで私は笑いながら言った。

「オレを見ろ。万人受けなんか、これっぽっちもしてないぞ。でも食えてるぞ」

モウリーニョの本を出すということは、サッカーに関心がない人を切り捨てるということだ。その中でも、日本代表にしか興味がない人も関係ないということになる。

必然的に海外サッカーに興味がある人が対象となるわけだが、当時のモウリーニョはレアル・マドリードの監督だったから、イングランドのサッカーしか見ない人もどうでもいいということになる。そして、必然的にレアル・マドリードの宿敵であるバルサファンは全員敵に回すことになる。実際、私がモウリーニョとクリスティアーノ・ロナウドの本を出したと知ったバルセロナ出身者は、私の名刺に火をつけようとした（東京で起きた実話である）。

そうやってあらゆる無駄な層をそぎ落としていくと、残るのはレアル・マドリードのファンだけということになる。だが私にとってはそれでいいのだ。当時のスポーツ本コーナーはバルサ本ばかりで、レアル・マドリードのマイクロトレンドはがら空きだったのだ。つまり、バルササポーターはどの本を買うか迷わなければならないが、レアルファンは私の本を買うしかない。それ以外の選択肢はないのだ。だから私の読み通りすぐ増刷がかかった。

もう一度繰り返すが、1万円を払ってくれる人が1万人いれば1億円になるのだ。惜しむらくは、訳者の印税率が低すぎて万単位で本が売れても入ってくるのは100万・200万円でしかないということだが、そんな本を年に3冊出して自宅兼事務所で民泊をやっていれば最低限の生活は成り立つのだ。

だから私はどの本を出すときも、必ず「今回狙うマイクロトレンドはどこか」を徹底的に自問自答する。そのうえで、そのマイクロトレンドに競合がどれくらいあるか考える。世間より少し先行すれば、競合はほとんどない場合が大半を占めている。実を言うと本書は日本語版(『マイクロトレンド』)もあるのだが、原書では70以上のマイクロトレンドを紹介しているにもかかわらず、日本語版は40少々の紹介にとどまっているらしい。「らしい」というのは私が読んでいないからだ。読んでもいない本を勧めるのは無責任なので私はやりたくない。

その意味で、私が最近研究しているのがアメリカの歌姫テイラー・スウィフトである。彼女は、全世界の中で間違いなく昔あったメガトレンドに一番近い存在だろう。だが、そんなテイラーですら、本当に万人受けしているのだろうか。どう考えても、歌のネタにされた元彼氏とそのファンに好かれているとは思えない。

テイラー・スウィフトは間違いなく自分が狙っているターゲット、つまり同世代のシングルの女の子のことだけを考えて音楽活動を続けている。当たり前だが、デビュー当時とは彼女自身の年齢が大きく変わっており、それに伴いファンの年齢も上がってきている。テイラーの今までのCDを全部買ってきて、歌詞がデビュー当時とどう変わっているのか、どこが不変なのか、時代の流れをどう反映しているのか研究してみれば、非常にいい勉強になる。

あなたが今後どんな仕事をするにせよ、お金をもらうには一体どのマイクロトレンドをターゲットとするのかをはっきりさせることだ。*Microtrends* は、間違いなく必読の一冊である。

新聞勧誘で成約率を上げるには、どうする？

その意味でもう一冊大きく役立った本がある。マイケル・デル著『デルの革命』である。

ここで繰り返すまでもなく、マイケル・デルはデルコンピュータの創業者で米国最年少でビリオネアになった人物である。同書を読むと、彼が最年少ビリオネアになったのは当然だと心から納得させられる。文庫本で400頁近くあるが、はっきり言って全部読まなくともよい。最初の30頁だけで十分に人生が変わる。

冒頭に、高校時代のエピソードが紹介されている。高校生のデル少年は新聞勧誘のテレアポのバイトをする。ここまではよくある話かもしれないが、彼は単に電話帳を使って順番に電話をかけるという非効率的なやり方に唖然《あぜん》としてしまう。そこで今まで新聞購入してきた人の属性を調べてみると、ふたつのグループに属する人が新しく新聞を注文する可能性が非常に高いとわかったのだという。

ここで一旦本書を閉じて、どんな人が新聞を注文したか考えてみてほしい。

ちなみに、正解は「新しく引っ越してきた人」、そして「新婚さん」である。

考えてみれば当たり前の話で、新しく引っ越してきたということはまだ地元にも詳しくないだろうし、地元新聞のひとつも定期購読しようというのは当然だろう。最近は新聞を読まない人が増えているが、それはまた別の話だ。

新婚さんも同じ理屈で、今までひとり暮らしをしていたのか、実家暮らしをしていたのか、ルームメイトと共同生活を送っていたのかは知らないが、とにかく新しい所帯を構えて新しい生活を始めるのだから、新聞くらいは注文する可能性が高い。そして、当時のテキサス州においては、この2組の名簿が市役所のようなところに行けば公表されていたのだという。そこでデル君は同級生たちを使ってこの名簿を集め、集中的にダイレクトメールを送り、夏休みだけで担任教師の年収以上稼いだというのだ。私もやってみたら、効果があった。

この手法を「セグメンテーション」という。そしてデルコンピュータは狙うセグメントを徹底的に絞り、売り込みをかけている。

私が「有限会社オフィス・スカイハイ」を立ち上げたのは2005年のことだったが、登記したらすぐにデルからダイレクトメールがやってきて、私はそのまま注文してしまった。別に広告を出していたわけでもないし、まだ売り上げも何もなく、実質自宅にこもってニート状態だった。一体どこで会社の情報を仕入れたのか未だに疑問である。

この2冊から私は、「徹底して市場を厳選する・絞る」ことを学んだ。

ベストセラーの作り方を明かそう

なぜ、タカ大丸の本だけが売れるのか

モウリーニョ、クリスティアーノ・ロナウド、ジョコビッチ、ナダル……私が翻訳を担当してきた人たちである。

いずれも出版社から依頼されたのではなく、私が原書を見つけて話を持ち込んだ。

『ジョコビッチの生まれ変わる食事』が売れてグルテンフリーが日本で広まったのは私のおかげであり、ジョコビッチのおかげではない。なぜなら、ほかのジョコビッチ本は売れていないからだ。

あの本が出てから、複数人の編集者が「ジョコビッチならうちでも企画が通ったと思いますけど」と言ってきた。冗談ではない。こんなことを口にする編集者はベストセラーの原因と結

果、ものの本質を全く分析できていないわけだから、売れる本など作りようがない。

実は、あの本は三五館から出るまでに6社が企画を却下している。後付けなら何とでも言えるが、2014年末時点でのジョコビッチの人気と知名度はその程度のものだったのである。「ジョコビッチの実力と知名度があれば」という人がまだいるが、日本にはジョコビッチとは比べ物にならないほどの有名人気テニス選手がいるではないか。しかし、本の売り上げにおいて我がジョコビッチ本は完全に圧勝している。

なお、全く別の出版社がジョコビッチの伝記を刊行したが、60分の1にとどまった（POSデータからの推測）。つまりジョコビッチの名前だけでは不十分、本が売れないという何よりの証拠である。モウリーニョの本でも私がやるときとやらないときで10倍弱の差がつき、クリスティアーノ・ロナウドも3倍の差が出ている。何度でも言う。大物の本を担当しているから偉いのではない。私がやったときだけ売れるから偉いのだ。

おそらく、本書をお買い求めになるのは貧困に苦しむ人たちだけでないだろう。本を書いてベストセラーを出したい人が、この章を読むためだけに買うということもあるだろう。それは全然かまわない。私にとって大切なのは、お金を出して買ってくれるという事実と結果だけだからだ。私は究極の勝利・結果至上主義者である。動機や理由などどうでもいい。

ベストセラーの条件

まず売れる本を作る第一条件は「中身がある本をしっかりとした文章で書く」である。中身がない本を小手先のテクニックだけで売ろうと思うなら、それは無理な相談である。いかに私でも、中身がない本を売ることはできない。いや、そもそも売ろうと思わない。では、中身がある本をしっかりとした文章で書くためには、どうすればいいのか。ディーン・クーンツはこう言っている。

「読んで読んで読みまくれ。書いて書いて書きまくれ」

スティーヴン・キングは *On Writing* でこう書いている。これくらいなら、私が訳さなくてもわかるはずだ。

"Read a lot, and write a lot"

第二の条件は「タイミング」である。『モウリーニョのリーダー論』は2012年レアル・マドリードのリーガ優勝1週間後に出た。『クリスティアーノ・ロナウド』はバロンドール獲得の年に刊行した。『ジョコビッチの生まれ変わる食事』は全豪オープン優勝1か月後、全盛期の1年に出した。『レスターの奇跡』『ジェイミー・ヴァーディー』もレスターの優勝1か月後に出した。『ナダル・ノート』は全仏優勝のその週に出した。勝負事は勝つことがすべてである。敗者には何も残らない。世間が言うことを聞くのは勝者の声だけだ。私がこんな本を偉そうに書けているのも、本がそこそこ売れている、つまり出版業界の勝者だからだ。

出版社も、誰かが勝ったときにそのおこぼれにあずかろうとする。しかしそれでは遅い。事前に誰が勝つかを予測し、しかもそいつがいつ勝つのかを正確に予測しなければならない。当たれば、私くらいには売れる。

モウリーニョのときもそうだった。世はバルサ一色で、猫も杓子《しやくし》もバルサバルサと騒いでいた。当時の私は実績がなかったから、対応はさらに冷たかった。あのときは8社くらいが断ってきたが、中には「バルセロナの本なら出しますけど」と言ってきた版元もあった。

だが私の読みは違っていた。あの年はレアルが勝つと確信があった。そして書店の海外サッカーコーナーはバルサ本ばかりで供給過多に陥っていた。レアル本、モウリーニョ本は皆無だった。だからこそ、優勝の瞬間に出せば市場を独占できるのだ。

そして、予測は当たった。

第三の条件は流通の仕組みを把握することである。私の見るところ、本を出そうとしているくせに書籍の流通の仕組みを知らない人があまりにも多い。少なくとも、

1．書店が一冊1500円の本を仕入れるときの仕入れ値はいくらか？
2．書店で一冊の本が売れて、その売り上げが版元に戻ってくるのはいつか？
3．再販制度とは何か

くらいは知っていないと話にならない。そのためには、最低でも以下の本を読んでおくべきだ。

佐野眞一著『だれが本を殺すのか』上・下（新潮文庫）
百田尚樹著『夢を売る男』（幻冬舎文庫）
ディーン・R・クーンツ著　大出健訳『ベストセラー小説の書き方』（朝日文庫）

それから、John Kremer著 *1001 Ways to Market Your Book* という本がある。この本は日本で出ていないが、その名の通り本を売る方法を1000以上紹介している。こういう話をすると、「タカさん訳してくださいい」と軽く言ってくる輩がいるが、絶対にお断りする。理由は簡単で、原著が750ページ以上あり、どう考えてもこの本を訳して得る微々たる印税より、この本で紹介している手法を独占して、実践したほうが私にとって儲けが大きいからだ。

ということで、この本が私の訳で日本に出ることはまずないわけだが、エッセンスだけはお伝えしておこう。端的に言って、これをやれば必ず10万部売れるという唯一の「これ」は存在しない。これをやって数十部、あれで数百部、この積み重ねを続けるしかないということだ。

その際に一番重要なのが、「書店で平積みを続けてもらう」ことである。まさにこれが第四の条件で「自ら営業する」である。

私は毎回、新しい本が出るたびに名刺に使う写真を撮り直す。新しい本も加えて、前回とは別のスーツを着て、毎回撮影の前に3kg減量してからプロモーション写真を撮影するのだ。下手なモデルよりよほど節制しているのだ。そして、名刺右半分の写真はそのまま切り取って書籍のPOPに貼り付けておけば、書店員の皆さんもそう簡単に平積みから私の本は外せなくなる。著者の中にはそういう地道な営業活動をする人が何人かいるようだが、私が知る限り翻訳者でそういう営業活動を続けているのは私だけだ。普通なら2週間売れなければ平積みを外される本でも、私が直接行けば、4週間は置いてもらえるかもしれない。長く置いていれば、3冊余計に売れるかもしれない。3冊余計に売れれば、平積みの期間がさらに3週間延びるかもしれない。その積み重ねが今の結果である。

私は全国いろいろなところに行くが、その際に必ずその都市の大型書店の場所は把握している。関東近辺はもちろんのこと、現時点でも札幌、仙台、宇都宮、甲府、浜松、名古屋、京都、奈良、鳥取、岡山、高松、徳島、北九州、福岡、佐賀、長崎、鹿児島、那覇でも書店巡りをしてきた。すべて自腹である。そういえば、熊本に行ったときはフルマラソン完走の同日に、新潟は佐渡でフルマラソンを完走した翌日に、書店挨拶回りをした。もちろん、両足を引きずりながらである。大腿部《だいたい》はひどい筋肉痛が残り、膝と足首がガタガタで、シンスプリント（脛《すね》に発生する鈍痛のこと）も発生し、足裏の痛みのせいで靴が履けなかったので母が送ってきた布製わらじを履いていた。頭が使えないなら、足を使え。私はそこまでして売りたいものだけを厳選して手掛けているのだ。気軽に訳してくれなどとどの口が言えるのか。私ほど売れていない物書きは、私ほど売りたくないのだ。

もうひとつ営業において大切なことがある。「友人に売る」ことである。

毎回本を出すたびに版元から10冊程度私のところに本が送られてくる。ほとんどの人はそれを友人に無料で配るようだが、私はそれをしない。必ずお金をもらって売る。なぜか。

別に10冊の売り上げが欲しいわけではない。10冊売っても1万5000円程度、飲み会に数回行けば消えてしまう金額である。そうではなく、自分自身に問いかけているのだ。斎藤一人《ひとり》氏の著書に「まず友達に売れ」という言葉がある。ここに引用しよう。


たとえば、私が本を作った。

で、「この本をむちゃくちゃいっぱい日本中に売る方法はありませんか」って言うとしますよね。

そうすると、まず、友達に買ってもらう。まわりに買ってもらう。

これが大切なんです。

友達、親戚。

「そんな親戚とか友達って、たいした数いないじゃないか」って。

そうじゃないんだよ。

「これは絶対にいい本だよ」って、友達にも薦められない本、人に売ろうとするなってことなんだよ。

まわりには売らないで、遠くから売ろうなんていうのは、いんちき商品に決まっているんだ。

本当に良いものだったら、まわりから薦めたくなるんだよ。(『斎藤一人 人生が全部うまくいく話』16頁)

売れていない人、わかりましたか？　もうひとつ言うと、売れていない人は図書館で本を借りている。自分が出版業界に金を出さずに、なぜ他人にだけお金を出させようとしているのか。本は金を払って読むものである。金を払うからこそ、痛みの分だけ元を取ろうとするから血肉になるのだ。私は10代のころ今東光和尚から教わったことを今も守り続けている。

一度でも商売をすればわかるはずだが、どんなものであれ友人にものを売るのが一番難しい。相手は自分の正体を知っている。ほとんどの場合、目の前の友人との間には共通の友人が何人もいる。もし私が友人のひとりにとんでもないものを売りつけてしまったら、本人だけでなく、共通の友人10人も失うことになるのだ。だから私は独立して以来、真っ先に友人に売ることにしている。そして必ず、親友に売っても大丈夫なものか自問自答を繰り返す。

そこまでして自分の本を買えという以上、私は親しい人が出した本はすべて買うことにしている。そうしないと説得力がなくなるではないか。そして、友人に売って恥ずかしくないくらいのものなら、必ず友人が口コミを広げてくれる。この効果は絶対に無視してはならない。

もうそろそろ私の人生も半分、折り返し地点に来ている。今後も何歳になっても太らない、そして友人に売れないものは絶対に売らない、このふたつの誇りだけは墓場まで持っていく。

適切なビジネスパートナーを選ぶ考え方

第五の条件は、「適切な版元を選ぶ」である。ここでひとつ大切なこと、そして多くの人が勘違いしていることがある。大手版元なら売れるというわけでは全然ないということだ。

これは出版に限らず、どの業界にも当てはまることかもしれない。

多くの場合、大手出版社が本を出そうとするとサラリーマンによる稟議《りんぎ》・会議をいくつも経なければならない。その間に私が重要視する「タイミング」を逸してしまう場合が非常に多いのだ。だから私は小回りが利いて早く決められるところを選ぶ。ちなみに、今までの刊行決定に至るまでの最短記録は2時間だった。

そして、仮に大手から本を出せたとしても、ほかにもたくさんの本を同時期に出しているわけで、広告に与えられるスペースが小さくなる。そして編集者自身もほかの本にもかかわっているわけで、かけてくれる労力が小さくなる。

では、なぜ私が『ジョコビッチ――』を全然大手とは言えない、出版業界内でも知らない人が多かった「三五館」から出してベストセラーにできたか、少しだけ説明しよう。

多くの人が誤解しているが、意外というべきか私がコネによって出版した本はほとんどない。知り合いをたどってとか、誰かの紹介で、というルートで出したわけではない。実を言うと、今まで出した本の大部分は「テレアポ」で出した。何のツテもないところから版元に電話して、担当編集者になりそうな人を呼び出して企画書を送り付けただけだ。

そこで大切なのが「セグメンテーション」である。興味を持ちそうな対象に売り込まなければ意味がない。たとえば、医学書ばかり出している版元に電話して「サッカー界にモウリーニョというすごい監督がいて、毎回毎回行くクラブすべてで勝っているんです」と説明しなければならないとしたら、こんな面倒な話はない。少しでもサッカーを知っている人なら、モウリーニョは知っていなければおかしい。そこなら、いちいち最初から説明しなくともよい。「モウリーニョの新作があります。今年勝ちます。だから売れます」で終わりだ。だからまずはサッカー関連の書籍を出したところに当たるのが当然だ。

そこで私がいつも情報源として活用しているのが新聞である。新聞を毎日読む人は、本を読む可能性が高い。つまり、このふたつは非常に親和性が大きいのだ。ほぼ毎日通っているジムで、私はただ風呂に入っているだけではない。必ず、そこにある新聞すべてに目を通す。今通っているジムでいえば、読売と日経、スポーツ報知が用意されている。

新聞を見るときに、すべての記事を精読するわけではない。私が見ているのは、新刊書籍の広告だけで、あとは見出しとベタ記事のなため読みだけである。そこで、サッカーならサッカー関連の書籍の宣伝を打っている版元にあたりをつけるのだ。

ジョコビッチに関していうと、担当編集者はうっすら名前を知っている程度だった。テニスに関しては、全くの門外漢だった。ただ、ジョコビッチの書籍のテーマは「グルテンフリー」、つまり食事と健康である。その当時、三五館は月に数回程度「一日一食」をテーマとした書籍の広告を打っていた。

ここから次の結論を導き出せると私は考えた。

■繰り返しこの本の広告を打っているということは、この会社には広告を打てる程度の体力（要は広告宣伝費となるカネ）はあるということだ

■この本の広告をこれだけ打っているということは、この本はある程度売れているに違いない

■そしてこの本だけの広告ばかり打っているということは、この会社にはこの本以外の売れる柱がないということだ

■ということは、この会社は次の売れる本を探しているに違いない

■そして「一日一食」を出す版元なら、食事・健康関連の書籍には興味を示すに違いない

■「グルテンフリー」を知る日本人はほとんどいない。つまり題材が目新しいということだ

■「グルテンフリー」というといかにも難しそうだが、要は小麦を抜くだけである。実践はともかく、内容は単純この上ない

■だからこの広告スペースのうち、3分の1だけこちらにくれるなら、ジョコビッチはこれから勝ち続けるから勝つたびに売れるに違いない

実を言うと、先ほど「ジョコビッチを6社が却下した」と書いたが、うち1社は私のほうから断った。なぜか。「うちは、じっくり時間をかけてしっかり売る出版社です。つきましては、早くとも来年6月になります」。2014年末のことだった。

半年も待てば、その間にジョコビッチがいくつ勝ち、どれほどの機会損失をしてしまうか想

像すらつかない。当時『まいにち、修造！』カレンダーがバカ売れして、テニスバブルが発生していたが、バブルはいつか弾けるからバブルである。私はあそこで半年も無駄にするつもりは毛頭なかった。

実際、ジョコビッチはあの年6月までに全豪、パリバ、マイアミ、モンテカルロ、ローマで優勝し、そのたびに増刷がかかった。早く出してよかった、と心底思う。

イスラエル元諜報部員の教え

このとき大いに役立ったのは、私のイスラエル在住経験だった。テル・アヴィヴ大学に交換留学で行くことになり、到着してすぐに元諜報部員という大学教授の講演があった。忘れもしない、ベンジャミン・ハリーという男だった。ちなみに彼が所属していたのは「モサド」ではなく、「アマン」だった。

まあモサドだろうとアマンだろうと大部分の人にとってはどうでもいいことだと思うが、彼はアラビア語という特技を生かして中東情勢の情報収集に当たっていたという。そのときに彼が強調していたのは、「スパイの生活がいかに退屈なものか」だった。

ほとんどの人は、というか私もそうだがスパイとの付き合いはない。だから映画の007などを見てスパイとはこんなにうまい酒ばかり飲んでいいオンナとあんなことしたりこんなことしたりしているのかと想像をたくましくするばかりなのだが、実際のスパイの生活は地味そのものではなく、1日の大部分を「ひたすら新聞を読む」ことに費やすのだという。情報収集といえば、いかにも秘密組織に潜入したり、美人を有力政治家のところに送り込んだりというのばかりに思えてしまうわけだが、実際のところ諜報機関員が集める情報の95％以上の情報源は公開情報《オープンソース》、つまり誰にでも入手できる媒体からのものなのだ。それを聞いて以来、私は新聞や雑誌のニュース、その中でも特に掲載されている写真に注目するようになった。そして、私にとって新聞に掲載される書籍の広告は黄金の玉手箱だったということだ。

本当はこのテーマについて話し始めたら大学で1学期講座を続けるか、もう1冊別の本を書かなければならなくなる。以上の内容だけでも、使える人にとっては有用な情報のはずだ。

未来予測ができれば、圧倒的に有利である。そして、未来予測は決して超能力ではない

今の私は、未来予測によって食えている。

当たり前の話だが、1冊の本を完成させるにはどうやっても数か月はかかる。つまり、レアル・マドリード優勝の1週間後に本が出るということは数か月前に予測して準備していなければ間に合わないということだ。

もちろん、公正を期していえば外したことも何度かある。かつて米国女子サッカー代表GKホープ・ソロの自伝を訳し、今読んでも中身は非常に濃いものだと思うが売れ行きは芳《かんば》しくなかった。アルガルベカップに合わせて出版したのだがなでしこジャパンが早期敗退し、しかもソロは負傷で大会不参加で、おまけに国民の関心はすべて同時期開催の野球のWBCに行って

しまった。2014年には南アフリカW杯でスペイン代表の躍進を期待して代表監督のビセンテ・デルボスケの評伝を出したが、スペイン代表が惨敗し、本は一切売れなかった。それでも、これだけ9割近い確率で2012年以来毎年のように立て続けに当たり続けているということは、もはや偶然ではないし、運でもない。

先にお断りしておくが、私はまだバリバリの現役である。だから企業秘密のすべてを現時点で明かすことができないのはわかってほしい。その上で、以下の考え方を理解して実行すれば貧困脱出に大きくつながることだけは間違いない。

私が未来予測というものに興味を持ち始めたのは高校時代である。落合信彦著『戦いいまだ終らず』という小説がある。簡単に言うと、四国生まれで満州帰りの実業家・大宝米蔵が幾多の破綻企業を再生していき、再建王の異名をとる姿を描いた物語である。この主人公には、実在のモデルがいる。坪内寿夫《ひさお》、通称坪内大将である。今でも、愛媛県出身者は地元の英雄としてよく覚えているようだ。ちなみに、ほかにも柴田錬三郎、高杉良、藤本義一、半村良といった人気作家が同じく坪内大将をモデルに小説を書いている。それくらい魅力ある人物だったということだ。

坪内大将の経営手法は一貫している。徹底してコストを削減すべく、長時間労働を強いて給料もカットする。たとえば一流ホテル従業員を系列のラブホテルに配置転換したりする。ただし、絶対にクビは切らない。

そんな坪内大将の重要エピソードとして「ニクソン・ショック」が取り上げられている。

「来島《くるしま》どっく」で造船業に携わっていた際のことである。船舶は輸出品なので、当然決済は米ドルとなる。当時、1970年代前半まで1ドルは常に360円の固定相場制だった。当時固定相場だったのは、金本位制でいざとなればドルはいつでもゴールドに換えることができたからだ。

しかし当時の米国はベトナム戦争で泥沼に陥っていた。そして、戦争とは壮大な金食い虫である。戦争継続のために紙幣を刷りすぎて、金本位制が維持できなくなった。そこでリチャード・ニクソン大統領は金本位制の廃止を発表し、変動相場制が始まったわけだ。

そうなると困るのが日本の輸出業者だ。ドルで決済しているわけだから、たとえば1ドルが360円から200円になってしまえば、100万ドルの売り上げがあったとして本来3億6000万円入ってきたものが2億円しか入ってこないことになる。これは大問題だ。

当時、99%の経営者はニクソンの決断を予測できず、大損をこいたわけだが、坪内大将だけは1年前からニクソン・ショックがやってくるのを予測して、かすり傷だけで逃げ切った。

高校時代の私はこのくだりを読み、なんとカッコいい男なのかと強い感銘を受けた。いつかオレもこんな風に未来予測できる男になりたいと心底思った。そして途中経過をすべて省くと、私は今未来予測をして食えるようになっている。

一流を知れ、歴史を知れ

では、どうすれば未来予測ができるようになるのか。端的に言って「一流を知ること」、そして「歴史を知ること」である。

「一流を知る」とはどういうことか。最高級のモノや人をひたすら見続けることだ。そうすれば、ある程度目利きができるようになる。

一番の理想をいえば、若い時分に1週間ルーヴル美術館に通い、1週間ロンドンのミュージカルをひたすら見続けるとかなりの鑑識眼がつくようになる。もちろんルーヴルの代わりにエルミタージュでも、ロンドンの代わりにニューヨークやラスヴェガスでもよい。

私は音楽に関する専門知識は何もない。だが、セリーヌ・ディオンの人生最高のステージをラスヴェガスで目撃している。だから、あの日のセリーヌ・ディオンと比べれば、目の前にいる歌手に何が備わっていて、何が足りないかだいたいわかるようになる。

実を言うと、私はこれまでさんざんサッカーの本を出しているが、一度もサッカーをしたことがない。小学校の体育の授業でやっただけだ。テニスに至っては、授業ですらやったことがない。だからといって、サッカーを知らないとは絶対に言わせない。

モウリーニョおよびクリスティアーノ・ロナウドの本を出す時期、私は1年間にわたりレアル・マドリードの試合を生中継ですべて観た。リーガ（スペインリーグ）もチャンピオンズリーグも、カップ戦もすべてだ。そして、ネットでスペイン語の中継を探し出し、解説者と実況が話している内容をすべてノートに書きとった。そう、英語習得のため映画の書き取りを続けたのと全く同じである。このようにして世界最高峰の定点観測を続けていると、日本代表なり目の前で見ているチームなりに足りないものは何かだんだんわかるようになってくる。

幸い、選手や監督にも親しい人が多くいるので、わからないことがあれば直接聞けばよい。そのうち、とんでもない笑い話が生まれてくることもある。

友人の選手のひとりに、渡邉千真《かずま》という男がいる。2017年まで、ヴィッセル神戸で主将を務めていた。知り合った当時は、FC東京に所属していた。

そんな彼に、一度「レアル・マドリードのゴールキーパー問題」というのを聞いたことがある。不動の存在だったカシージャスがケガをして、ディエゴ・ロペスが起用されるようになった。そこまではわかるのだが、カシージャスがケガから復帰してもモウリーニョは断固起用しない。これだけなら監督に嫌われたのかと思うが、監督がカルロ・アンチェロッティに代わっても先発はロペスのままだった。これは一体どういうことか、プロのストライカーから見てカシージャスに何か致命的な欠陥があるのか。オレにはわからないからどういうことか教えてくれ。

彼の答えは傑作だった。

「実はそれ、僕も今日聞きたかったんですよ。大丸さん、あれ何でなんですか？」

「ちょっと待って。オレサッカーやったことないんだぞ。別に毎日練習の様子を見ているわけでもないし、プロの選手がわからないのにオレがわかるはずない」

つまり私はあちらがプロ選手だから何か知っているのではないかと勘違いして、あちらは私がモウリーニョだのクリスティアーノ・ロナウドだのの本を何冊も出しているから自分よりレアルの事情に詳しいと勘違いしていたのである。言い換えると、1年間真面目に勉強すればプロ選手が誤解するくらいには詳しくなれる可能性があるということだ。

その後サンフレッチェ広島で社長を務めた小谷野薫《こやのかおる》という人にこの話をすると、彼はこう言った。

「よく素人さんがね、〝なんで誰々を使わないんだ〟って言うでしょ。あれ、練習を見てない人に言われると辛いものがあるんですよ。前日の練習で動きがよくない選手って使いにくいんですよ」

テニスの話をすると、私はジョコビッチにかかわるまで本当にテニスのことを一切知らなかった。嘘でもホラでもなく、「ベースライン」がどのラインなのかわからず、30オールが30-0なのか30-40なのか真剣に悩んだ。念のために書き加えておくが、30オールとは30-30である。にもかかわらず、ノバク・ジョコビッチが天下を取ることだけはわかった。なぜそういうことになったたか、記しておこう。

人のために戦っている人間は強い

2014年に、私はランコ・ポポヴィッチという男と親しくなった。セルビア人のサッカー監督で、当時はセレッソ大阪を率いていた。そして、彼の故国セルビアが大洪水に襲われ、GDPの8%が流失した。ある意味で、東日本大震災に襲われた日本よりも打撃が大きかった。

私はランコの祖国のために何かをしようとチャリティイベントを開催することにした。具体的には南アフリカW杯の日本対コートジボワール戦を友人のオフィスでパブリックビューイングにして、入場料5000円をとることにしたのだ。

「パブリックビューイング」といっても、要はテレビでサッカーの試合を見るだけである。これで5000円は高い。私でもそう思う。そこで特別ゲストを呼ぶことにした。かつて清水エスパルスを天皇杯優勝に導いたストラヴコ・ゼムノヴィッチ元監督である。

氏はすでに日本暮らしも約20年となり、日本語も全く問題ない。普通に考えて、目の前で監督経験者、それも天皇杯優勝した人が解説してくれるのであれば、5000円は安い。実際来た人は誰も文句を言わなかった。

そんな氏と事前打ち合わせをしたときのことである。

「最近、ジョコビッチがローマの大会で優勝したでしょ。あのときテレビカメラの前でどんなメッセージを書いたか見た？」

「いや、見てないですけど」

「ジョコビッチはね、"Support Serbia and Bosnia"と書いたんだよ。でもね、考えてごらんなさいよ。ボスニアなんて、昔大喧嘩して殺し合ったんだよ。あんな国、もう関係ないじゃない。僕にはあんな言葉書けないよ。だけどジョコビッチは書いた。あの男は、すごいな」

サッカー監督というのは、バカではできない職業である。最低限四大卒程度の学力知識が必要であり、そこには途方もない人心掌握術もあり、権謀術数《けんぼうじゅっすう》もある。そんな海千山千の60がらみの男が、涙を流さんばかりの勢いでそう訴えるのである。私はこの瞬間に、こういう人物は勝利の女神に愛されるに違いないと確信した。

勝負の世界において、トップ100人か200人くらいの実力はほぼ同じである。しかし1位になる人がいて、5位になる人がいて、198位で終わる人もいる。ほとんどの場合、190番台の選手は食えない。一体どこから差が生まれるのか。

そのうちの重要なひとつの要素は、「勝利の女神に愛されるかどうか」である。それを教えてくれたのは、故米長邦雄著『人間における勝負の研究』『人生一手の違い』『運を育てる』の一連の著作である。幸田露伴を引用して次のように語っている。

幸福に遭う人の多くは「惜福」の工夫のある人であって、非運な人のほとんどは、その工夫のない人である。

「惜福」とは、文字通り福を惜しむことで、自分に訪れた幸運のすべてを享受してしまわず、後に残しておくという意味である。(『運を育てる』62頁)

「ジョコビッチ」を出す際に参考にしたのが「歴史」である。といっても、私がいう「歴史」とは学校の世界史で習う、やれ古代エジプトがどうのこうのとか、アステカ文明が云々という話ではない。「本件に関係があるデータベース」のことである。

日本の出版業界でいうと、この数年前にラファエル・ナダルの自伝が出版され、そこそこ売れていた。ここから、日本にはある程度テニスの市場があるということがわかる。

そして、あの本を出す前後日本には史上最大のテニスブームが訪れていた。しかも2015年1月の全豪オープンを制覇し、その後も連戦連勝を続けると私は確信していた。私自身の経験から勝てば売れることは間違いなかった。「ナダル」のときにはテニスブームがなかったのに重版を重ねていたわけで、このテニスブームの時期に世界1位の選手の本を出せば売れないほうがおかしい。10万部を超えるのは当然だった。

過去を見れば未来がわかる

藤井聡太七段をブレイク前に見つけ出したのも同じ理屈である。

2015年6月　『プレジデント・ファミリー』の巻頭特集で藤井聡太・奨励会二段（当時12歳）の記事を私が執筆・掲載

2016年9月　藤井聡太三段、史上最年少の14歳2か月で四段昇段・プロ入り達成

2017年7月　新記録の29連勝を達成

お断りしておくが、私の将棋は話にならないくらい弱い。アマ初段など夢のまた夢、「ハム将棋」でギリギリ勝てる程度だ。そんな私が棋譜を見て、「お、この少年の83手目4三銀右が

光っている。これは将来プロ八段は堅い」とかなんとかわかるはずがないではないか。

方法は簡単である。友人の若手プロ棋士に聞いたのだ。なんでもそうだが、ある業界のことを知りたければ同業者に聞くのが一番早いのだ。

「近い将来、渡辺明に勝てそうな元気な小学生はいないかね？」

渡辺明とは、将棋界最高の「竜王」を２０１７年現在11期保持する実力者である。

ここで注意していただきたいのが、私が「小学生」と聞いていることである。将棋の歴史を紐解けば一目瞭然だが、プロの囲碁将棋において「大器晩成」はない。大器は必ず「早成」し、老いてもまだ強い。69歳までA級八段、つまりトップ10に残り続けた大山康晴十五世名人、14歳でプロになり77歳まで現役を続けた加藤一二三《ひふみ》九段がいい例だ。つまり、将棋で羽生善治や渡辺明と戦える有望株がいるとすれば、もう小学生の時点で頭角を現しているはずなのだ。

「…ひとりいます」

「へえ、誰？」

「藤井聡太って言うんですけど」

「何者？」

「いま小学6年生なんですけど、奨励会初段で、詰将棋選手権で優勝しました」

「マジか！」

私は叫んだ。取材決定である。

ここで少し補足しておこう。

プロの将棋棋士になるためには養成機関「奨励会」というものに入らなければならない。だいたい小学校高学年の時点で県代表レベルになった面々が「六級」で入会する。そこから延々と戦い続け、四段になったらプロとしてお金をもらえるようになる。要は三段が幕下で、四段が十両なのだ。

小学6年生、すなわち12歳で奨励会初段というのは、羽生善治よりも渡辺明よりも早い。たとえていえば小学生が甲子園大会に出場して、清原和博のホームラン記録を破ったに等しい。ちなみに彼は小学校卒業までに二段に昇段した。今度は六大学野球のレギュラーになったのと同じである。当たり前の話だが、清原和博は高校生が高校生の相手から打った記録である。藤井聡太は小学生の時点で高校生からホームランを放っていたのである。どう考えてもこちらのほうが上に決まっているではないか。

だから、多少将棋界の歴史と仕組みを知っていれば、上記の簡単なやりとりだけで彼の凄みがわかるのだ。実に簡単であった。

未来予測が絶対にできない人とは?

ただ、少し厳しいことも付け加えておかなければならない。私の見るところ、次のふたつに当てはまる人に未来予測は不可能である。「サラリーマン」と「肥満体」である。

サラリーマンに未来予測ができない理由は簡単である。「仮に外しても来月また同じ給料をもらえる」からだ。それに対してフリーランスでどこの組織にも属していない私は、もし予想を外し、初版止まりが続けばもう商売あがったり、強制引退である。つまり、緊張感が全く違うのだ。大部分の翻訳者は翻訳学校に通い、高い授業料を払って卒業する。そしてその後編集者からの電話がかかってこなくて、「なぜ私は貧乏なのか」と悩んでいる。そして私が下訳のバイトを回してあげなかったら逆恨みする。だから私には翻訳者仲間がひとりもいない。

ただ、申し訳ないが編集者はサラリーマンである。だからもしサラリーマンが仕事を依頼してくるころには、もう遅いのだ。そんなものに頼る時点で翻訳者は食えるはずがない。

名前は伏せるが、某出版社の編集長が私に言ったことがある。

「我が社の全員二重丸ゴーサイン制度にはいいところと悪いところがあり悩みどころですね」

私はこう答えた。

「全員◎制度など悪い面しかありませんよ。誰も責任をとる必要がなく、全員が私の時代感覚を備えているはずがなく、全員が理解できるころにはとっくに時代遅れです。もし私が読みを一度外したらもうその出版社から仕事が来ることはなく、3回続けて外したら完全に市場から追い出されます。緊張感と切迫感が全く違うのですよ」

次に、なぜ肥満体の人に未来予測はできないのか。

まず大前提として、デブとは優しい人たちである。ただし、自分自身にだけだ。

生まれつき腎臓《じんぞう》が悪かったなどであれば仕方ないが、元々五体満足・健康体でありながら太っているということは、食べすぎなのか、運動不足なのか、アレルギーに対処していないか、頭の使い方が足りないか、とにかく何かが間違っているということだ。そうやって明らかな問題があるのにその問題を直視していない・対処していない人が未来予測などできるはずがない。人間身長は変えられないが、体重は変えられるのである。体重を変えられない人が、未来を変えられるはずがない。

逆に言えば、体重を適正に変えられるなら、自らの未来をも必ず変えられるという証である。

とにかく関連情報を調べ尽くせ

実のところ、未来予測とは決して超能力ではない。訓練すれば、誰でもできるようになる。米国で刊行された *Superforecasting*（邦訳は『超予測力』）という本がある。未来予測を専門家以上に正確に当てる一般人がどのようにして予測を立てているのかを調査した一冊である。端的に言って、この人たちも私もやっていることは同じである。これから知ろうとする分野について徹底的に調べ上げる。特に重要なのが歴史である。現代ならグーグルアラートという機能があるではないか。あれで関連情報をすべて集める。

それから関連書籍を30冊読む。ほとんどの一般人はそんなことはまずしないから、その時点で優位に立てる。

30冊読んだところで、今度はその道のプロ、専門家に話を聞きに行く。『ジョコビッチ――』を訳すときにはテニスの専門家として杉山愛さん、グルテンフリーの専門家として白澤《しらさわ》卓二教授にいろいろと教えていただいた。お二方とも、元々私は知り合いでもなんでもなかったし、共通の知人による紹介もなかった。普通に公式サイトから問い合わせをしただけだ。それでも出てきてくれる人は出てきてくれる。以前にも書いたが、出てきてくれる人はいい人で、疚しいところがない人である。出てこない人はどこかに後ろめたいところがある人だから、放っておけばよい。だいたい、20人に声をかければ少なくとも3人は出てくる。

それから1年間ジョコビッチの試合はすべて見る。まあ、さすがに1回戦・2回戦は見なかったが、グランドスラムであればベスト16、マスターズならベスト8くらいからはすべて見た。すでに述べたようにレアル・マドリードのときも1年間すべて試合を見てノートに書きとった。

未来予測とは理詰め・ロジカルなものである。それを忘れないでほしい。

6章
トラウマ脱出編

過去から抜け出すには、「許さなくていい」と知ること

これから、過去から抜け出す方法について語る。

「過去から抜け出す」のに必要なのはふたつの観点だ。過去とどう向き合えばいいのかという心の問題と、危険な相手から逃げるには何をすればいいか——離婚する方法や慰謝料をもらう方法など——というきわめて実際的な問題がある。

まずは私自身の話に戻るが、「過去からの脱却」のひとつの実証として読んでいただけたらと思う。

私があまり売れなかった初の翻訳書を出した年だから、2008年末のことだ。当時登録していた電話秘書会社からメールが入った。

「谷敏子様から電話。一度お話しされたいとのこと。082-XXX-XXXX」

この名前には聞き覚えがあった。あのクズの実姉、つまり本来なら伯母にあたる人物である。幼少時、広島の祖父母宅に行ったときに何度か会い、お年玉ももらったことがあるし、服のおさがりをもらったこともあった。しかし、家庭崩壊が進んでからは広島に行くこともほとんどなくなり、離婚後は全く交流がなかった。つまり15年以上疎遠だったことになる。

当初の私は警戒心でいっぱいだった。所詮は「あちら側」の人間ではないか。今さら何を話すというのか。「あんたたちも親子だから少しは仲良くしなさいよ」などとしたり顔の説教を聞くつもりもない。当然のごとく私はこの電話を黙殺した。

しかし、彼女は1週間のうちに三度も電話してきた。さすがに無視できなくなり、私は恐る恐る082で始まる広島の番号を押した。

「もしもし、敬史ですが。何回かお電話をいただいたようで」

「久しぶりじゃね」

彼女も少し気まずそうで、ぎこちなく会話が始まった。

「こうやって話すのも、15年ぶりくらいですかね」

「そうかもしれんね。15年は長いよね」

私は標準語の敬語を崩さず、あちらは広島弁だった。標準語の敬語は、私の警戒心そのものだった。再びしばらくの沈黙が続いた。結局のところ、私と谷敏子が話す共通の話題は一つしかないのだ。

「一応あんたには伝えとこうと思うんじゃけどね、あいつは離婚して広島に帰ってきてからもロクに仕事も続かんと、迷惑ばかりかけとるんよ。私のダンナの実家にもカネをせびりに行ったことがあったし、うちの息子は婿《むこ》養子に入ったんじゃけど、それが資産家だと知ったらそこにも無心しに行ってな、広島であれのことをよく思っとる人なんてひとりもおらんからね」

どうも思っていたのとは明らかに違う方向へ話が進んでいる。そして、あのクズは離婚してすべてを失っても全く更生していなかったことが判明した。

「相変わらず酒ばかり飲んでは、ふらふらしとるから、〝冬の夜は寒いぞ〟と言うちゃったら、すぐに仕事を見つけよったけどね」

一体これは何なのか。普通、〝冬の夜は……〟というのは父親が働かないドラ息子に対して説教するときに使う言葉ではないか。どう考えても60前後の男に言い聞かせる言葉ではない。

「お母さんが昨年亡くなったんじゃけど、あいつが離婚した直後に1回帰ってきてな、〝これで養育の義務その他がなくなって楽になった〟とか抜かしよったから、さすがにお母さんが〝あんたはどれだけ前の奥さんや子供たちに迷惑をかけたかわかっとらんのか〟と大説教食らわせたんじゃと。私はその場に居合わせとらんかったけど、お母さんは最後まで嘆いとったよ」

祖母が亡くなったのはすでに聞いていたが、この言葉を聞いたとき、私は文字通り吐き気を催した。やはり、徹底して慰謝料と養育費を搾《しぼ》り取らなければならなかったのだ。少しは自責の念や反省があったのかと思っていたが、大間違いだった。「至誠天に通ず」という言葉はクズには通用しなかった。これもあり、私はこの言葉を座右の銘としてあげる政治家は絶対に信用しない。

「あんたがアメリカに留学したときにな、お母さんが私に人差し指1本立てて、〝敬史さんの進学祝いにこれくらい出してやりたいのに、あいつに搾り取られてそれすらできない〟と嘆いとったんよ。それで私が〝その指1本言うのは100万か〟と聞いたら、お母さんは〝うん〟とうなずいたんじゃ。お母さんはな、あいつに2000万円以上搾り取られたんよ」

さっきから私が知らなかった事実がボロボロと出てくる。でもひとつだけわかったことがある。疎遠になっても、広島の祖母は私のことを気にかけ、最期まで愛してくれていたのだ。

「オレが言うのも変だけど、迷惑かけてごめんね」

少し私の口調も砕けてきていた。

「いいんよ、いいんよ。あんたこそ一番迷惑がかけられとるんじゃからね。実はね、そもそもあいつは結婚なんかできる状態じゃなかったんよ。パチンコと麻雀で借金を作っていたのを隠してあんたのお母さんと結婚しとるんじゃからね。それからしばらくしてあんたのお母さんが〝お金がない〟と訴えたら、〝はい、これ〟ってサラ金で借りた金渡しとるんじゃもん。どうしようもないわ」

「オレ、そんなの全く聞いたことなかったわ。何なのそれ？」

「あまりにもひどいじゃろ。あれも、中学のころは優秀で卒業生総代として答辞とか読んどったんよ。だからたまに地元へ帰るじゃろ。近所の人がな、〝あれはどうなった？〟と聞くんじゃ。どれくらい出世したんかとな。〝どうもなっとらん。どうしようもない〟と答えるしかないんよ」

「……正直に言っていい？　オレ、あんたの電話をものすごく警戒していたんだよ。万にひとつも、〝あんたらも親子なんだから、少しは仲良くしなさい〟とかなんとか言おうものなら、即刻電話を切るつもりだったよ」

するど彼女は一拍置いて、こう答えた。

「あんたバカねえ。あんたら親子がどれだけあいつのせいで苦しんだか知っていて、そんなこと言えるわけないじゃない」

悪を許す必要はない

その瞬間、私は広島を許した。広島は、具体的に言えば祖母やこの伯母・敏子は、ずっと私たちのことを気にかけ、愛し続けてくれていた。人生で、あれほど優しく響く「バカ」は、今に至るも一度も聞いたことがない。

私は何もおかしくなかった。間違ってもいなかった。おかしいのは、取り巻く環境のほうだったのだ。あれほどの悪を許す必要など、どこにもなかったのだ。

しかも、谷敏子は先ほどからDV・暴力の話は一切していない。酒は元々知っている通りだが、私が今まで知らされていなかったお金の話ばかりをしている。つまり、控えめに見積もってもあのクズは私が知る倍以上のクズだったということだ。

スーザン・フォワード著『毒になる親』に書いてある通りである。

　さらに被害者の観察を続けた結果、私はそのような「罪の免除」は「事実の否定」の一形態に過ぎないと確信した。親を「許した」と言っている多くの人たちは、本当の感情を心の奥に押し込んでいるに過ぎず、そのために心の健康の回復が妨げられていたのである。（文庫版199頁）

　例によって善悪は別として、と断りを入れなければならないが、ツール・ド・フランスを7連覇（のちにドーピングで取り消し）したランス・アームストロングもそうだった。タイラー・ハミルトン、ダニエル・コイル著『シークレット・レース』などを読むと彼がいかにとんでもない輩であるかが浮き彫りになるが、たとえドーピングの力があったとしても、あの精巣から肺・脳にまで転移したステージ4のガンから自転車競技に復帰できたという事実は偉大である。それはともかくとして、彼が生まれたとき、母親はまだ17歳だった。父親はいなかった。

　ただDNAを提供しただけで父親とは言えない。僕に関する限り、僕と父親の間には何のつながりもなかった。彼のことはまったく知らない。（中略）
　ところが昨年、不運にも、テキサス州の新聞が僕の生物学上の父親を突き止め、その話を記事にした。（中略）彼は新聞の中で、僕の父親であることを誇りに思っており、子供たちは僕を兄だと思っている、とコメントしている。しかし僕には、彼の言葉はあまりにも身勝手に思えた。今でも会いたいとは思わない。(『ただマイヨ・ジョーヌのためでなく』35‐36頁)

史上初の黒人メジャーリーガーであるジャッキー・ロビンソンの人生を描いた「42 世界を変えた男」という映画がある。彼の長男が生まれてきたときに、腕の中にいる息子に対して「オレはオヤジのようなことはしない。ずっとお前が死ぬまで一緒にいてやるからな」と語りかける場面がある。そして、この言葉はのちに皮肉な形で実現することになる。実は、彼の父親は、幼いときに隣人の人妻と駆け落ちして行方をくらましていたのである。

父がその後どうなったか、今に至っても知らない。母がいかに孤独を耐えてきたかに気付いてからというもの、父については苦々しい思いしかない。父も苦悩し続けたかも知れないが、母や五人の子供を見捨てる権利なんて、なかったはずだ。(『黒人初の大リーガー ジャッキー・ロビンソン自伝』16頁)

お断りしておくが、ジャッキー・ロビンソンは誰もが認める最高級の人格者である。初めて黒人をメジャーリーグにデビューさせるという壮大な「社会実験」において、あらゆる困難が予想された。観客によるブーイングや人種差別はもちろんのこと、対戦相手からのいやがらせ、タックル、侮辱も予想されたし、もっと言えばチームメイトから「あんなヤツとは同じフィールドに立ちたくない」「同じシャワーを使いたくない」と言われることも十分にありえた。それだけのことが重なったとしても、ロビンソンには一切の報復行為は許されなかった。

「リッキーさん、あなたは仕返しをするのが恐いような、黒人を探しているんですか?」

この時のリッキー氏の激しい答え方を私は今も忘れていない。彼はこう言ったのだ。

「ロビンソン君、わしは仕返しをしないでおれるだけの勇気を持っている選手を探しているんだよ」(同58頁)

だからこそ、今でもメジャーリーグでは初めてロビンソンが試合出場した日、4月15日に全員が彼の背番号42をつけてプレーする。そして42は全球団の永久欠番である。つまり、ベーブ・ルースよりも、ルー・ゲーリッグよりも、テッド・ウィリアムズよりも偉大な足跡を残したと認められているという証拠だ。それほどの人格者でさえ、幼いときに塗炭の苦しみをもたらした父親は生涯許さなかった。許すか許さないかは、被害者・やられたヤツが決めればいいことだ。許せなければ、許さなくていいのだ。

結局のところ、幼少時の虐待で苦しむ人の多くは、無意識のうちに「許すことが道徳的に次元が高く、許せないということはまだ許せる次元まで自分自身のレベルが達していないからだ」という思い込みに縛られていることがままある。

2018年6月に、5歳の女の子が両親の虐待の末に殺されるという痛ましい事件が発生した。ノートに「ゆるしてください」と何度も書き込みがあったとのことだが、幼いころの子供にとって親は絶対の存在であり、親が間違っているとは夢にも思わない。この子も親は何も間違っていないと思いながら殺されていったに違いないのだ。

私自身、幼稚園のころ缶コーヒーなどを冷蔵庫からすぐに取り出しお金を払う前から飲み始める元父親に違和感は覚えたが、それでも全体としてパパは正しい人だと信じようとしていた。だが、親の顔をしたケダモノは確実にいる。ケダモノが正しいはずがなく、それを許すか許さないかなどと悩むほうがバカバカしいのだ。

殺人犯の子供は悪くない

もっと極端な事例を紹介しよう。私の友人に、ニック・キャストゥリーというイギリス人の男がいる。私と全く同じ1979年生まれで、私と同じく元父親の虐待を受けながら育った。

本人曰く、自分自身が殴られたことはないとのことだが、母親と兄はしょっちゅう殴られていたという。そしてもうひとつの大問題が父親の女癖で、コンドームを使わないまま外で商売女を買い漁《あさ》っては何度も母親に性病をうつし、しかも子供たちの前で「昨日買った女のアソコの締まりは抜群だった」とか平気で言い放つクズ男だったという。

さらにもうひとつ問題があった。少年時代からニックはゲイだったわけだが、この父親は

「お前みたいなカマ野郎はろくなものじゃない」と暴言を吐き続けたらしい。

これだけでも十分にひどい話なのだが、ニックは私と同じく20代になってからこのクズな元父親がさらに卑劣漢であったことを知らされる。驚くなかれ、ニックの父親は30年近く迷宮入りになっていた地元の少女誘拐強姦殺人事件の犯人だったのである。しかも、犯行に至ったのはニックの兄が生まれたそのとき、妻が産婦人科に入院している最中だった。一体、どんな顔をして産婦人科に行ったのであろうか。しかも、その後全く別の男が無実の罪で収監されていたにもかかわらず、平然とシャバで暮らしていたわけだ。最終的にこの父親には有罪判決が下り、今も収監されている。

ニックとは国際テレビ電話でお互いの父親について相当突っ込んで話し合ったが、「許す」という選択肢は最初からありえないということで一致した。あなたは、ニック・キャストゥリーに向かって少女誘拐強姦殺人犯の父親を許してあげなさいと説教できますか?

かつて日本に「尊属殺人」という罪があった。刑法に人を殺した場合に死刑または無期もしくは5年以上の懲役を科すという規定がある。そこまではわかるのだが、その次に恐るべき条文があった。「自己又ハ配偶者ノ直系尊属ヲ殺シタル者ハ死刑又ハ無期懲役ニ処ス」。要は現代語に直すと自分と自分の結婚相手の親を殺した場合は問答無用で死刑か無期懲役になる、つまりほかの人を殺した場合より親を殺した場合のほうが罪が重いということだ。

今から50年ほど前のことだが、栃木県で娘が父親を殺害する事件が起きた。この娘は、中学時代から父親から性的暴行を受け、何人もの子供を孕《はら》まされた。そして十数年が過ぎ、職場で別の男性と恋愛関係になったことを父親に咎《とが》められ、自宅に監禁されて、やむなく父親を絞殺したのである。

元来の法律にしたがうと、この女性は死刑か無期懲役しかない。だがそのときの弁護士が尊属殺人という概念自体が日本国憲法の基本的人権の尊重、法の下の平等に反すると訴え、最高裁まで戦って尊属殺人が憲法違反であるという判決を勝ちとったのである。結局のところ、法律も親も間違っている場合がままある、という何よりの証明である。

つまるところ、子供は親を選べない。一部の宗教においてはしたり顔で「子供は親を選んで生まれてきた」というが、何が悲しくて麻原彰晃や少女誘拐強姦殺人犯を親として選ばなければならないのか。無神経の極みだ。同時代に事件を目撃したひとりとして、私は麻原の死刑執行を当然だと思うが、表に出てこない麻原の子供たちについては無名の一市民として今後穏やかな人生を送れることを心から願うばかりである。

自分を責めるのをやめる。親を許そうとして苦しまなくてよい

もう一度強調する。許す必要はない。

娘に性的虐待をする、外で少女誘拐強姦殺人事件を起こす、信者を洗脳して満員の地下鉄にサリンをばらまく、妻子を殴りながら高速道路で煽り運転をし、子どもを袋叩きにした上に新聞配達の収入に手をつけてパチンコにぶちこむ、というのは鬼畜であり、親ではない。悪いの

は加害者なのだから、許すか許さないかは被害者が決めることだ。この際だからはっきり言おう。「親は無条件に敬わなければならない」というのは人類普遍の真理でもなければ、日本の伝統的美徳でもない。単なる儒教の悪徳でしかない。被害者に向かって「許せ」と説教するのは余計なお世話であり、危険ですらある。私にもそういうことを言う人がいた。幸い、私には谷敏子とその夫・文雄という最大の理解者がおり、このように全世界の事例や学術的な解決策を研究し、かつ完全に結論を出していたから平気で受け流せたが、そこまで至っていない人に「許し」を強要するのは、新たな苦しみを生み出すだけだ。

なお、その後ニックは不動産管理会社の経営者として成功し、同じくゲイの男性と正式に結婚し、養子も迎え入れて幸せな家庭を築いている。だから、恵まれない幼少時代があったからといって、その後の人生も恵まれないものになると決まったわけではないということだけは覚えておいてほしい。

言うまでもなく、谷敏子と私は今もことあるごとに連絡を取り続けている。最近はあまり更新しなくなった私のブログも毎日確認し、私が書く記事が掲載された雑誌も本もすべて買い求めてくれている人だから、必ずや本書も買ってそのとき読むことだろう。私の人生における、真の恩人のひとりである。

貧困から抜け出す方法19

もらえる慰謝料・養育費は確実にもらう

〝幸せな家族はどれも同じようにみえるが、不幸な家族にはそれぞれの不幸の形がある〟

あまりにも有名なトルストイの名作『アンナ・カレーニナ』の書き出しである。だが、私は本書のために取材を続けていくうちに、日本の貧困の大部分は実はほぼ同じパターンであることに気付いた。

オヤジとお袋が離婚する。オヤジが慰謝料・養育費を払わない、あるいは払えない。母親は育児の関係で数年間職歴にブランクがあり、保育園にも預けられないから正社員の口が見つからない。仕方なくパートをふたつ掛け持ちするわけだが、それも時給が850円でとても生活が成り立たない――ほとんどがこのパターンなのだ。違うのは、離婚の原因が借金なのか、暴力なのか、酒乱なのか、バクチなのか、外にオンナがいるのか、という点だけだ。ちなみに、私の実家の場合でいうとオンナ以外はすべて揃っていた。

本書に登場する人だけ見ても、「オヤジが女を作って離婚した」細貝淳一はまさにそのパターンにはまっている。ニセコでご登場いただいたサンドラ・レバサも同じだ。覚悟はしていたが、本書の執筆を進めるとクズ男の多さに辟易《へきえき》するしかない。

クズ男に甘すぎる日本

ただ、私に言わせると外に女ができて離婚という場合、これは決して最悪のシナリオではない。もちろん、嬉しいはずがないのはわかる。だが、家にいないわけだから少なくとも暴力の恐怖はない。しかも、"No money, no honey" という言葉もある。無一文の男を相手にする女はいない。つまりとれるものがあるという証拠でもあるのだ。

日本がひとつ悲しいのは、養育費を払わない男が平然と東京都知事になれるということである。この男は三度結婚している。それは個人の自由だから全然かまわない。私の友人にも三度結婚した人はいるし、人生で8回結婚した人をインタビューしたこともある。そしてこの男は、二度目の結婚のときに少なくともふたりの女性と不倫関係になり、3人の婚外子を作った。少子化の時代にこれだけ子供を積極的に作ってくれるというのは、ある意味大きな功績である。

かつて、囲碁の世界に藤沢秀行という男がいた。1年のうちタイトル戦の3か月を除く9か月はアル中で、本人および夫人の著書を通じて私が知るだけで少なくとも「かあちゃん3人、子供7人」いたという出鱈目《でたらめ》男である。ただし、この男がほかと違うのは本妻と愛人と3人で温泉に行き、川の字になって寝ていたということである。しかも、愛人の子供も含めて全員大なり小なり碁を打ち、うちひとりはプロの囲碁棋士となり、その娘が現在女流で1、2を争う実力者となった藤沢里菜であるという事実がある。ここまでいくのであれば、小心者の私には絶対できないがお見事としか言いようがない。ある意味で私の元父親は藤沢秀行とそっくりだったが、ただひとつ違ったのは囲碁が全く打てないということだった。囲碁が打てない藤沢秀行など、ただのクズ以下である。

同じ意味で、かつてフランス大統領を務めたフランソワ・ミッテランも見事だった。愛人との間に娘を作ったが、決して日陰者扱いせず、葬儀のときには遺言で愛人と娘を参列させた。今でもフランス国旗のかかったミッテランの棺《ひつぎ》の前に本妻とその息子、そして愛人と娘が並んでいる写真が残っている。

ただ、この都知事の問題は、婚外子に対してまともに養育費を払わず、係争になっていることである。首相から応援演説の依頼を受けた元夫人は次のように答えている。

「今回の五輪は、オリンピックだけでなく、パラリンピックがあり障害者の問題が非常に重要ななかで……（中略）障害をお持ちのご自身の婚外子の扶養について係争になっている」（片山さつきブログ　2014年1月19日）

わかりやすく言えば、「障害をもつ自分の子供の養育費をケチっている」ということである。しかもこの男は自身が厚生労働大臣時代に児童扶養手当を削減し、生活保護の母子加算も廃止している。つまり、公私ともに母子家庭に対して冷酷であるということである。

本書で何度も繰り返している通り、貧困の大部分は母子家庭から生まれているというのは厳然たる真実である。これだけ問題点がはっきりしているのにさらにそれを広げようとしているということは、つまりこの男こそ日本の不幸の根源ということである。そして私はクソ親父が慰謝料・養育費を払わなかったら母子家庭がどれほど苦しむのか身をもってよく知っている。だから私はこの男だけは生理的に受け付けず、絶対に許すことができない。こんな最低のクズを都知事に選出してしまった都民有権者は猛省しなければならないと私は思う。

私の友人に南米某国の外交官がいるが、「え、日本ってオヤジが養育費を払わなくていいのか？　オレの国だったら問答無用で天引きだぞ。信じられねえ」と呆《あき》れられたことがある。この点において、日本は決して先進国ではない。

シングルマザーが陥る負のループ

その点私は本当に恵まれていた。母親がお人好しで、あのクズからびた一文とらないという痛恨のミスを犯したものの、母の兄弟が全員まともな人で、うちふたりは会社社長だった。そしてそんな伯父のひとりがうどん屋を作ってくれた。今にして思えば、節税対策半分と私の実家の状況を知っていたのが半分だったのだと思う。そして、「あいつは男を見る目は最低だけど、少なくとも店の売り上げをちょろまかすことはない」という信頼のようなものが母にあったのだと思う。だから、母がその店で働く限りにおいては最低限の生活が保障されていたわけだ。だが、そのように頼れる親戚がいないシングルマザーの場合は問題が深刻になる。そこで私はDV問題の際にもご登場いただいた友人の宇田川高史弁護士に慰謝料・養育費を確実に押さえる方法についてご指南いただいた。

「確実に慰謝料をとれる方法ですか……正直、ないところからはどうやってもとれないんですよ。残っているところから70万円だけもらって、それっきりとか。それで負のループにはまってしまい、抜け出せない場合は少なくないんですよ」

負のループの実例として、宇田川弁護士は自身がかかわったある事例を挙げてくれた。

「だいたい犯罪者って家族が欠けていて愛情を受けていない場合がほとんどなんですよ。僕自身が一度国選弁護人としてかかわった例ですが、50代半ばの元調理師で、手癖が悪くて窃盗で捕まった人がいました。たぶんそれで職場もクビになったのだと思います。初犯だったので執行猶予は確実でした。ただ彼は仮にこのまま出所しても住所がないから就職できない。そこで僕の友人のツテをたどって生活保護が出るまで1か月暮らすことができるシェルターを紹介したんですよ。そこで1日1000円ずつお金をもらってそれでやり繰りすることを学び、生活を立て直せば、引っ越しの際の敷金・礼金も出ます。こんなことしても僕には一銭の儲けにもならないですが、本当に更生してもらいたかったのです」

そんなシェルターがあって、引っ越しの敷金・礼金も出るならDVで苦しむ母子の悩みなど一発で解決ではないか。そして彼はどうなったのか。

「ただ、そこには厳格なルールがありましてね。門限までに帰ることとギャンブルと飲酒禁止なんですよ。タバコは決められた場所でのみOKだったのかな。実際、そこを運営している僕の友人の宮沢さんという人も最初から言っていました。彼については、酒だけが心配だと」

そして、残念ながら懸念が当たってしまい、彼はやらかしてしまった。

「少しずつ彼が門限を破るようになり、最後は酒の臭いをぷんぷんさせながら朝帰りしてきたそうです。なので、本日中に出て行ってくださいということになってしまいました。あと3日4日我慢すればアパートに移れたんですよ。再就職先も決まっていたんですよ。世の中にはそこから抜け出すためのモノカネ情報が与えられている場合と与えられていない場合がある。彼の場合にはそこから抜け出すために必要なものすべてが与えられていたのに、自ら台無しにしてしまった。あれはなんなのだろうと考えさせられましたし、自分自身本当に残念でした」

弁護士に聞いた慰謝料の相場

いきなり出鼻を挫《くじ》かれてしまった。だが、話を本題に戻すと元夫の実家にある程度の資産があった場合はどうなのか。

「それだととるのは難しいです。相続があれば話は別ですが、財産分与の基本的な考え方は夫婦で共に築いた財産を分けるというのが大前提で、結婚前の資産については触ることができないのですよ。そして慰謝料というのは、悪いことをした分について償うという考え方ですね」

現在の慰謝料の相場はどうなっているのか。

「相手の財力にもよるでしょうが、不倫だと100～300万円くらい、暴力もほぼ同じですね。そのうえで、同じ不倫でもよほど長く続いているとか、婚外子が生まれているとか悪質度が高いと判断されるとこれよりも上積みされます。裁判所には、養育費算定表というものがありましてね。慰謝料や養育費の額を決めるときの指針になっているわけですが、母子家庭を維持するにはあまりにも低すぎるということで、最近日弁連が提言していて少し改善されてはいます」

たしかに、月3万だの、5万だのという養育費で子育てに足りるはずがない。どう考えても非現実的である。

では、具体的にどうすればいいのか。

「離婚の際は、絶対に慰謝料や養育費を決めた公正証書を残すことです。そのうえでさらに大切なのは、少しでも支払いが遅れたらすぐに請求することです。実際、最近僕がかかわった案件で、養育費が止まっている一件がありました。それは内容証明1本打てば大丈夫だろうと思っていたら、実際そうなったのですが、そうすれば痛い目にあった犬と同じで、相手も学習しますからね。ただ、その人2年間放置してましたからね。放っておくと請求権も時効で消えますからね。職場がわかっていれば、給与差し押さえの強制執行ができますから」

そして信頼できる弁護士を見つけるにはどうすればいいのか。

「一番は、友人知人の紹介ですよね。あの人に依頼したらよかったよ、という事例があればそれが一番いい。そういうツテがなかったら、HPで探すしかないのでしょうが、そのときは少なくとも3人の弁護士に会ってみてください。弁護士によって考え方の違いもありますし、専門性や男女の違いも大きいです。忘れてはいけないのは、弁護士のサービスって結構高い買い物なんですよ。誰でも、30万円払って買い物をするときにはめちゃくちゃ調べて情報を集めて慎重になるじゃないですか。だったら、弁護士にも同じように対するべきです。確かに、3人に会えば30分ずつで合計1万5000円かかりますけど、あとで30万円をドブに捨ててしまう危険を考えると長い目で見れば安いんですよ」

弁護士に丸投げしてはいけない

同じく長年の友人である中野秀俊弁護士に同じ質問をぶつけてみた。

「法律ってね、それ自体は誰が担当しても大きな違いはないんですよ。ただ、弁護士の取り組む姿勢によって絶対成果は変わってきます。やはり、誰かの紹介で来られた方がいるとすれば紹介してもらった人の顔を潰すわけにはいかないという意識が働きますから、力の入り方はどうしても変わってきますよね」

宇田川弁護士はこの「力の入れ方」についてあらためて強調した。

「大切なことは、弁護士に丸投げしないことです。納得しなければ質問する。不満があれば催促する。依頼人が積極的に案件にかかわることによって弁護士も本気になり、成果も出やすくなります」

ときどき、子連れ離婚をする母親で「私はカネで揉めたくない」という人がいる。だがひとつ確かなことがあり、子育てには絶対カネがかかるのである。子供の食費、衣服代、学費、その他諸々とにかくお金がかかるのである。自身が凄腕経営者とか超売れっ子女優とかで年収1億円以上あれば話は別だが、それ以外の場合に「お金で揉めない」というのは美徳でも何でもない。「養育費はいらない」などと自分から言い出すのは無責任でさえある。お金がないために子供の進学の機会を奪ってしまう恐れは十分にあるし、何より出鱈目をした元夫を「無罪放免」にすれば、またこの男が調子に乗って再婚することで再び不幸な子供を生み出し、負の連鎖を作り出すことも十分にありえるのだ。

ここで、以前紹介したサンドラ・ブラウンの言葉をあらためて引用しておきたい。

「あなたが彼のもとへ戻るにしろ戻らないにしろ、少なくとも、あなたの〝妹たち〟のために紙の上での証拠を残してほしい。彼女たちは将来、その男とつきあうかもしれない。裁判所の書類、警察調書、実刑判決。これらがあれば〝妹たち〟がその男の過去をチェックしたとき、彼女たちに警告が与えられる」

一時的に身内に財産を守ってもらう

いくつか実例を紹介したい。本人たっての希望でAさんとするが、彼女は不定期で我が家に入ってもらっている60代の家政婦さんだ。バツイチで、子供が3人いる。

元夫の実家は京都にあり、義父は弁護士で義母は教師だった。そしてこの一家の相続人は元夫ひとりだけだった。元夫の両親から都内に家を買ってもらい、元夫は芸術関係の仕事をして自宅で教室も開いていた。一見よさそうな条件だが、この点がその後大きな足枷となる。

彼女は20代前半で結婚し、30までに3人の子供を出産した。そして30代後半あたりから雲行きが怪しくなる。

「長男が中学のとき友達3人を家に呼んだのですが、美人生徒が上の階に行く姿を見て〝あれじゃお前のお母さん負けるよな〟と言ったのははっきり覚えています。その前くらいから夫に不信感を抱くことが増えていきました」

それでも彼女は耐えた。しかし、義父が亡くなり、葬儀を終えたあたりから再び危機が訪れた。

「端的に言って、義父が依頼人の遺産を管理していたのですが、そこに手をつけてしまったらしいのですね。しかも元夫にもそれとは別に2000万円の借金がありましたから、住んでいた家を売ってそれは返して、売却益が650万円ほど残ったところで先ほどお話しした義父の不正が発覚し、８００万円の請求がつきつけられたのです」

彼女にとって、この６５０万円だけは何とかして守らなければならないものだった。ではどうしたか。

「理屈はともかく、この６５０万円を私が持っているのはまずいだろうと思い、妹の口座に入れてしまったのです」

彼女の場合は信頼できる妹がいたのでよかった。もしこのように信頼できる兄弟姉妹がいなかったらどうすればいいと思うか、聞いてみた。

「それなら友達でもいいんですよ。とにかく、苗字が違って直接の関係がなくて信頼できる人に預かってもらうことです」

義父の遺産を相続したことにより、彼女は義父の不正に対する支払いを求められ、告訴された。

「ちょうどそのころ勤めていた会社を辞める時期だったのですが、バイトみたいな形で入って16年いたら退職金として約70万円出してくれたんですね。あれは本当に嬉しかったです。で裁判で京都へ赴くことになり、〝弁済してください〟となりました。で私はこの70万円を全額渡すのだけはどうしても嫌でした。それで〝30万円なら払えます〟と必死に訴えたら〝ならそれだけは払いなさい〟ということで私の弁済義務は終わりました」

結局彼女は以上の諸々を弁護士を立てないままやり遂げた。

スマホを武器に子育ての費用を抑える

Bさんは高校生のひとり息子がいるシングルマザーである。10年前に元夫との離婚が成立した。

「理由は……性格の不一致ですね。鈍いというか、無神経がひどいんですよ。教育程度は高いけど知性がないというか。息子が体調不良で苦しんで学校に行けないときにも〝精神が弛んでるからだ〟とかいって10スクロールくらいしないと全文を読めないLINEを送りつけてくるような人ですから」

その言葉通り、確かに彼女の元夫は博士号取得者である。

「Ph.Dをとるために社会人留学していたのですが、1年の留学を終えて帰国したときに別居開始して1年後離婚が成立しました。留学費用も文化庁なんかから出してもらっていましたから、そういう意味での経済的苦労はあまりなかったですので、正直本書のテーマでお役に立てるかどうか……」

実際、彼女は帰国後すぐに割と給料がいい外資系に就職することができた。

「ですから、ひとりでも息子を育てられる基盤は作れましたし、元夫のほうも養育費の支払いには合意してくれましたし、親の実家に戻れましたから家賃もいりませんでしたしね」

養育費に関しては息子が小学校までは月3万円、それ以降は5万円を受け取っている。

「そんなのでは全然足りませんよ。でも、またあらためて請求するのは本当に面倒臭いんですよ。私が将来失業や事故で本当に困ったら増額をお願いするかもしれませんけど、今なら一応働けていますし払ってもらえるだけいいかなと思っています」

シングルマザーの中でも明らかに恵まれている彼女だが、それでも大変な時期はあったという。

「受験の時期ですね。やっぱり、受験しようと思えば準備にもお金がかかりますよね。そういうときに先立つものがなかったら、子供が本当に行きたい学校、やりたいことがあったときに叶《かな》えてあげられない恐れがあるんですよ。選択肢を広げるためにはお金が必要ですし、そのためにも養育費は絶対にとらなければならないと私は思います。日本人はお金の話をすることを汚いと捉《とら》えがちですが、これは絶対に母親としての義務ですよ」

弁護士はどうしたのか。

「最悪の場合裁判も覚悟していましたが、幸いというか別居1年であちらも合意してくれたので、弁護士も特に立てませんでした。ただ、区役所なんかで無料法律相談とかやってるじゃないですか。ああいうのは活用させてもらいました」

彼女が強調したのは情報の大切さだった。

「今の時代って、あらゆる情報がここから入手できるんですよ」

そう言ってテーブルの上に置いた自身のスマホを指さした。

「学習に関しても、今やシングルマザー・貧困家庭向けの安い学習塾があるじゃないですか。

1時間500円とか。そういうのはどんどん活用するべきだと思いますし、さきほどの離婚の話だって法律無料相談はいろいろなところでやっているんですよ。ただ、そのときグーグルにどんな単語を入れて検索すればいいのか、そこがわからなくて苦しんでおられる方が多いのかなとは思います」

猫が教えてくれた妻の不倫

離婚の際にどうしても問題となるのが住まいをどう確保するか、だろう。私自身分譲マンションから市営住宅への夜逃げを経験している。今にして思えば、なぜ家に金を入れずに暴れていたほうが分譲マンションに居残って財産を確保し、被害者で、かつ間違いなくローンを払っていたほうが夜逃げしなければならなかったのか、わけがわからない。そこでつい昨年離婚が成立した友人の社長Cさんに話をうかがった。彼自身は30代半ばの男性だが、住まいの確保について話してくれないか、と頼んでみると快く引き受けてくれた。決して気持ちの良い思い出のはずがないが、この場を借りて御礼申し上げたい。

「離婚が成立したのは昨年の6月30日ですね。原因は、元妻の不貞行為と生活費の使い込みです」

だいたい、離婚を考え始めて約半年かかったという。

「今から数えると一昨年末になりますが、大喧嘩したんですよ。たしかにこちらも仕事ばかりしていて構っていないな、申し訳ないなという思いもあったわけですが、それ以降あちらが冗談っぽくとはいえ〝離婚したら〟みたいな仮定の話をやたらするようになったんですよ」

この時点では、まだ彼は離婚する気も毛頭なく、元妻を疑うこともなかった。

「それからあちらの要求がだんだん激しくなり、平日でも早く帰ってこいとか、週末は必ず家にいろ、とかいうことだったんですね。でもゴールデンウィーク前にどうしても2回ほど週末に外へ行かなければならないことがあったんですね。そしたらあちらもオフ会か何かで外出するという。で、当時猫を飼っていましたから朝と夕方2回エサをやらないといけないんですよ。だから夕方はエサをやってくれということでしたので、わかりました、と」

のちに、この猫が大きな役割を果たすことになる。

当時の元妻は専業主婦だった。だから資格をとって社会復帰したいと彼に訴えるようになった。どうぞ、応援するよというのが彼の答えだった。

「それから元妻は勉強に集中できないといっていろいろな図書館を回るようになり、図書館の写真をLINEで送ってきていました。今思えば、アリバイ作りだったのですね」

そして5月末に大きな転機が訪れた。

「朝方にエサが欲しいと猫が暴れだして、元妻のハンドバッグをひっくり返したんですよ。よほど構ってほしかったんでしょうね。それで散らかった中身を集めようとすると、その中に男と一緒に写っているプリクラ写真があって、最初は元カレかなとも思いました。しかし日付がつい1週間前とかで、しかもその日は私が毎週会議でつまっている月曜日でした」

彼は突如として人生の岐路に立たされたことになる。

「今後どうすべきか考えました。僕の中で、許すか許さないかの二択で、許さないまま婚姻関係を続けるのはお互いに不幸だという頭がありました。そして、考えてみるとその半年くらい猛烈なモラハラ・暴言を受け続けていて弱っていました。しかも専業主婦でありながら家事も放棄していましたし、しかも生活費をよからぬ方向に使い込んでいたことがのちに発覚したわけです。そこに不倫が発覚して、もう無理という結論に至りました」

不倫を証明する手順

彼は離婚を決意したその翌日に、証拠固めのために探偵事務所に問い合わせを入れた。

「営業担当が出てくるのですが、手付金が50万円で、半日で2、30万円とかでずっと探偵をつけたらとんでもない金額になってしまうんですよ。ちなみにこの金額はその場面を押さえようと押さえまいと請求されるんですね。一方で、成果報酬制で、〝何が何でも決定的瞬間を押さえますプラン〟もあるのですがそちらは1000万近くです。今思えばうまいセールストークだったなと思いますが、さすがに1000万はイヤでしたからまずは手付金50万円を近くのATMで入金して、張り込みの時間は後日知らせるということで話がつきました」

ここから彼は驚くべき行動に出る。元妻とのLINEのやりとりを約1年間洗い出して、連絡がつきにくい時間帯の統計分析をしてエクセルの表にまとめたのだ。

「探偵事務所でも、〝そんなことをした人はいなかった〟と呆れられましたけどね……とにかく、恐ろしいくらいきれいに連絡のつきにくい時間帯が出てきたんですよ。たとえば月曜の15~18時、木曜日の17~19時、とかね。それからいくつかランダムで連絡がつきにくい時間帯があり、その理由はのちほど明らかになるのですが、まずはこの明らかになった時間帯に、と探偵さんにお願いしました。そして、一発目で証拠がきれいにとれました」

さあこれで離婚だ、慰謝料がっぽりだ、と誰もが思うだろう。だが違うのだと彼は言う。

「1回だけだと〝出来心だった〟と逃げられる恐れがあります。最近の判例でラブホテルだったら2回以上、その他の場所だったら3回以上必要というのが一種の相場になっているのですよ、と諭されました」

ここは彼と一般人の違うところだが、彼は名門大学出身のため法曹関係の友人が非常に多い。そこで友人の裁判官にこの旨を聞いたのだという。

「民事だと件数そのものが非常に多いから裁判官としてはいちいち丁寧にやっている時間はない。だから回数は1回ではなく、複数回のほうが絶対に有利に働く」

と助言を受けたそうだ。彼は断固離婚するため3回分の証拠を押さえると決意した。

しかし、元妻もそこで何かを察知したのかここから急に証拠をとれなくなり、探偵がまかれてしまったこともあったという。そこで彼は追加料金を払い、「ランダムの時間」に狙いをつけた。その一方で彼は離婚専門の弁護士に連絡をとった。

「このとき母校の強さを感じましたけど、弁護士の友人何人かに相談したら全員が、〝離婚ならこの人しかいない〟と言ってくれた人がいました。離婚界最強、攻めるも守るもこの人しかいないみたいなのが弁護士同士の間でもあるらしいのですね。そこで会ってみると〝2か月かかります〟と言われました。そこで納得して着手金30万ほどを支払いました」

そのときに弁護士からひとつ注文があったという。

「XXさん、この件を固めるには、LINEのやりとりがほしいです。そうすれば完璧です」

といっても、あちらもそんなスマホを開けたままにしているはずがない。当然ロックがかかっている。彼はいろいろ記念日などを入れたらしいが全然だめで、何回かパスワードを間違えて入れると永遠ロックがかかってしまうため、しばらくは諦めるしかなかった。

「ある日私は散歩してから帰宅してシャワーを浴びることにしたのですが、夫婦ともに洗面所の電源でスマホの充電をしていました。元妻がコンビニに行くと家を出たのですが、充電中のスマホにロックはかかっていませんでした。今しかない、と手が震えましたね」

だが時間はない。コンビニに行って帰る時間など、10分かそこらだろう。

「もし画面をキャプチャーして転送しようとしたら時間がどれだけかかるかわかりません。それで念のため私のスマホにはサイレントで写真撮影できるアプリを入れていました。そしてあちらのLINEを開いたのですが、どこにも不倫相手の痕跡がないんですよ。ヤフーメールとかも見ましたけど、ありませんでした」

一体、彼女は不倫相手とどうやって連絡をとっていたのか？

「スマホのメッセージアプリのカカオトークでした。しかも、相手はひとりではなかった。3人いたんですよ。よっぽど暇だったんでしょうね。やりとりが死ぬほど長いんですよ。5スクロールしてやっと1日が終わる、みたいな。で、例の〝出来心〟問題がありますからできれば期間が長いほうがいいんですよ。読むヒマはないですから夢中で写真を撮りまくりました。100枚くらい撮りましたね。その日は何事もなかったような顔をしてふたりで映画を観て、あちらが買い物したいと言い出したのでその間に探偵と弁護士に証拠がとれたと連絡して次のアポをとりました」

弁護士からは「離婚は絶対確定だから、もう少しだけバレないように我慢してください」と言われたという。だが彼も精神的に限界だった。この時点で6月後半だったが、探偵事務所は報告書を完成させるのに7月までかかると言ってきた。彼はもう待てないと急《せ》かした。

ここで、本題となる住まいの問題が出てくる。

離婚のとき、どちらが出ていくのか問題

「僕としては、あちらに出て行ってもらうしかないと思いました。だって契約上家の借主は私で、家賃を払っているのももちろん私ですからね。そして不貞をしているのはあちらだから鍵を替えようと思ったのです。すると、弁護士から止められました」

私もかつて元父親の暴虐から逃れるためには、パチンコで外出しているすきに鍵を替えれば

いいのではないかと子供ながらに考えたことがあった。なぜダメなのか。

「〝婚姻関係にある限りは、同居義務というものがあります。したがって、あなたが鍵を替えてしまうと同居義務を放棄したのはそちらだ、という理屈が成り立ってしまうのです。だから、ウィークリーマンションを借りて、どうしても持っていかれたくないもの、金目のもの、生活に必要なものだけをこっそり持ち出してください。その間に内容証明を出して、すべて片づけます〟と弁護士に言われました」

そして離婚には戸籍謄本などが必要なのだが、彼は実家に連絡する必要があった。

「両親に電話して〝突然ですが、離婚します。相手の不倫で……〟と説明したら、ものすごく喜んでくれたんですよ。当初は言われていなかったのですが、実は結婚そのものに反対だったらしく、協力すると確約してくれました。もともと不信感を抱いていたらしく、やっと息子が目を覚ましてくれたか、みたいな感じだったのでしょうね」

そして彼は携帯電話を解約し、LINEにツイッター、Facebookなど接触できる術《すべ》を完全に絶ち切り、週末の間雲隠れすることになる。社員にも事情を説明し、元妻から電話がかかってきてもつながないでくれとお願いした。そして万一、元妻が会社に押しかけてきたら警察に突き出していい、と指示を出した。私は「警察に突き出せる」法的根拠は何かと聞いた。

「あれはね、〝いません〟と社員が言った後に過度に居座るようであれば威力業務妨害になる、というのが弁護士の見解でした」

実を言うと、我が家でも離婚が成立して市営住宅に逃げ込んだ後、元父親が一度「皿洗い」

をしに訪ねて来たことがあった。私は居合わせなかったが、そのとき妹が家に入れてしまったのだ。子供だった妹に罪はないが、完全に住居侵入罪である。

そして彼の顧問弁護士は内容証明を発送した。

「その間に弁護士が内容証明を送り付けたわけですが、もうその文面に間男3人の名前を入れているのですよ。X川X男氏、以下甲とする、Y山Y司氏、以下乙とする、みたいな感じで甲乙丙までであって、この甲乙丙三氏との不倫関係を理由に離婚を請求したい、そして自宅の即時退去と慰謝料XXX万円を即時、1週間以内に請求するということですね」

そこからはスムーズだった。月曜日に弁護士が元妻と面会して合意書を作り、火曜日に先方が捺印《なついん》して、水曜に彼が捺印、木曜に離婚届を出しに行ったという。

結局、家がきれいになったのはいつだったのか?

「離婚成立が6月29日、例の内容証明で30日までに退去となっていました。となると30日と7月1日は遭遇する可能性があると思い、ウィークリーを2日まで借りました。2日に自宅へ戻ると、盗賊が荒らした後みたいなゴミ屋敷でした。金目の物を大急ぎで持って行ったらしく、買ったばかりのルンバがなくなり、猫ももっていかれていました。金にならなそうなものだけが散らかっていて、あんな女と離婚してよかったと心から思いました」

慰謝料の入金はいつ確認できたのか?

「6月末には弁護士事務所に入金されていました。1000万近くも生活費を使い込んでいたくせに、どこからそのお金もってきたの、という疑問はあるのですが、とにかくこれで弁護士費用と探偵費用とトントンで、引っ越し費用がマイナスというくらいの収支になりました。それ以上請求してもよかったのですが、それをやると〝払えない〟といって泥沼化しますからそれくらいにしておけば、というのが弁護士の見解でした」

結局、ちゃんとした弁護士がいて1、２週間雲隠れさえできればＤＶから逃れることは可能なのだ。相手と対面する必要もない。賢い人はこのようにして賢く離婚しているのだと教えてもらった。もし25年前にこういう仕組みを知っていれば、新築で約２０００万円だった分譲マンションを確保したうえで叩き売り、少なくとも数百万円は確保できたはずだ。未だに悔しくてならない。

慰謝料・養育費は、絶対に確保してほしい。そのためには、離婚専門の弁護士に相談することだ。「一家の恥をさらすのは嫌だ」と思うだろうが、ご心配なく。弁護士は、そんなもの見慣れている。というか見飽きている。痔《じ》ができたときに肛門科で尻の穴を見せるのと同じだ。あちらは何とも思っていない。

「持たざる者」の境遇から抜け出すヒント

ここで海外に目を向け、厳しい環境から抜け出した例を取り上げたい。

『ヒルビリー・エレジー』の著者、J・D・ヴァンスは同書の刊行時点で全く無名だった。にもかかわらず、そんな彼の自伝がアメリカで記録的大ベストセラーとなった。

まずはあらすじから。著者のヴァンス氏は「ヒルビリー」である。一言でいえばアパラチア山脈周辺に何代にもわたって暮らす白人の田舎者である。閉鎖的なコミュニティで、そこから出る人も少ないし、新しく入ってくる人もいない。出たとしてもヒルビリー同士で固まってブルーカラーの仕事をしており、何代にもわたって固定した関係が続いている。

私自身、まだヒルビリーと会ったことはない。ただ、ある程度ヒルビリーについて理解できる原体験ならある。

The Millionaire Next Door を紹介したときに触れた通り、私は2000年12月に全米一周旅行を決行した。私の米国理解にそのときの経験が大きく役立っているのは言うまでもない。大雑把に言って、ひとつわかったのは、米国人（アメリカ合衆国市民）の95％以上は田舎者である、という事実だ。

日本の駐在員や海外特派員が住むとすればだいたいニューヨークとかワシントンDCとか、ロサンゼルスとか、とにかく大都市ばかりだ。基本的にルイジアナ州バトンルージュやワイオミング州シャイアンに社員を派遣する企業はない。日本大手マスコミ特派員の大部分がトランプ大統領の誕生を予測できなかった理由はそこにある。

だが考えてみれば、アメリカ合衆国の総人口が約3億人少々で、ニューヨーク市の人口は約800万人少々、ロサンゼルスが400万人弱、ワシントンDCが約60万人、どちらにせよこの3都市に住む住人は全米の中で言えば4％程度ということだ。ちなみに同じ方法で日本の人口分布を計算すると、関東圏と関西圏を合わせた人口は5000万人を超える。残念ながら日本の在米特派員はアメリカ合衆国の4％しか知らなかったということだ。そしてそれは大部分の米国マスコミも同様である。

そしてもうひとつわかったことは、もはやアメリカン・ドリームは終わったということだった。現代において、丸太小屋に生まれた男が大統領に上り詰めることはまず不可能である。ここ数代の大統領を見れば、父親がアル中だったロナルド・レーガンと幼少時代に義父の虐待・

DVを経験したビル・クリントンを除きほぼ全員が「持っている」家族の出身である。そしてこのふたりも大学を卒業できるくらいの背景はあった。だがヒルビリーに大卒、というより大学入学者はほとんどいない。別世界なのだ。むしろ、英国やその他の欧州諸国のほうが下層階級から頂点まで上り詰めることができたりする。父親が戦死した母子家庭に育ちながらドイツ首相になったゲアハルト・シュレーダーや労働者階級の出身ながら英国首相になったトニー・ブレアが好例である。私が17、8年前に感じたのと同じことを、『ヒルビリー・エレジー』の中でも触れている。

予想どおりと言うべきか、貧しい家庭に生まれた子どもが実力社会で成功する可能性は、期待していたよりずっと低いことがわかった。
この研究によると、アメリカよりヨーロッパの多くの国のほうが、〝アメリカンドリーム〟を実現しやすい環境だという。（374頁）

私と同じか上の世代であれば、留学した日本人高校生が「フリーズ」（動くな）という単語がわからず、射殺された事件を覚えているはずだ。もし若くて知らないのなら、ぜひ親に聞いてみてほしい。絶対に許すことができない事件だが、あの地域に実際に行ってみると、そういう輩がいてもおかしくないことがよくわかる。そしてあの一周旅行の経験があるから、ドナルド・トランプに投票するアメリカ人の気持ちがわからないでもない。

20世紀の世界は東西に分かれて争っていたが、21世紀は持てる者（Haves）と持たざる者（Have-nots）の分断が大きくなった時代である。このふたつはあまりにかけ離れていて、交わることがない。そして私は、この持たざる側から一番下っ端とはいえ持てる側に移動することができた稀有《けう》な例であることを自覚している。だからこそこういう本を書いている。そして私が知る限り、『ヒルビリー・エレジー』ほど持てる者と持たざる者の間に横たわる断絶を見事に描き出した本はほかにない。

著者のヴァンス氏はオハイオ州の片田舎にある「ヒルビリー」の一員として生まれ、母親は薬物中毒だった。尿検査のときに、息子に尿をよこせと要求するような女だった。それもあり、父親は何度変わったかわからない。そして近所を見回すとそんな状況がごく普通という環境で育った。

周りにまともな大人がひとりいれば、子供は立ち直れる

日本でも似たような家族はあると思うが、ほとんどの場合こういう環境で育った子供はグレるだろう。希望が見えないから言動すべてが刹那的になる。ちなみに、私が東京に来て驚いたことのひとつは「飲み屋が平和なこと」だった。昔岡山のビアガーデンで夏の間バイトをしたことがあるが、週に3回は客が暴れていた。暴れているヤツの中に、作業員服姿の私の小学校の同級生がいたこともあった。時には店員同士の喧嘩もあった。東京と違って夜にほかの娯楽

がなく、未来に希望もないから飲み屋で暴れるくらいしか楽しみがないのだ。私は15年以上東京で暮らしてまだ飲み屋での暴力沙汰を一度も見たことがない。

著者がそんな家庭環境の中でもグレなかったのは、ひとえに厳しくてまっとうな祖母がいたからだ。私に伯父・伯母がいたのと同じである。周りにまともな大人がひとりいれば、子供は立ち直れるのだ。

そんな著者が大きく変わったきっかけは海兵隊入隊だった。

実は数年前に私は本気で沖縄の海兵隊について本を書こうと思い、何度も現地に通い、普天間や辺野古の基地にも潜入した。オスプレイにも乗った。残念ながら諸事情により単行本化はできなかったが、海兵隊についてはかなり詳しいほうだと自負している。だからこそ、ヴァンス氏が海兵隊で生まれ変わったというのは実感としてよくわかる。

まず第一に、米軍は五つに分かれている。陸海空に加えて海兵隊と沿岸警備隊の五軍がある。その中で一番厳しいのは間違いなく海兵隊である。

どこの軍に入っても、まずは基礎体力が必要ということで数週間の訓練が課せられる。これをブートキャンプと呼ぶ。一時期日本で大流行した「ビリーズ・ブートキャンプ」はここからきている。たとえば陸軍でブートキャンプを修了した者が海軍に転籍する場合はさらにブートキャンプを受ける必要はない。しかし、ほかから海兵隊に移るときだけはもう一度ブートキャンプを受け直さなければならない。海兵隊だけは厳しさが別格なのだ。

その中でヴァンス氏が海兵隊に入隊したことで大きく変わったことのひとつとして強調して

いるのが「学習性無力感」の克服である。

心理学者が「学習性無力感」と呼ぶ現象がある。自分の選択が人生になんの影響も及ぼさないと思い込んでいる状態のことで、若いころの私もそういう心理状態にあった。

（中略）

故郷で学んだのが無力感だとすると、海兵隊が教えてくれたのは強い意志を持って行動することだ。（258頁）

一番の敵は「学習性無力感」

わかりやすく言うと、学習性無力感とは「どうせオレはやってもダメだ。だから最初からやらない」という状態である。貧困と学習性無力感は分かちがたく結びついている。このくびきから逃れない限り、絶対に貧困から抜け出すことはできない。学習性無力感から抜け出すにはどうすればいいか、この点については新たに項目を設けてこの後で述べる。

もうひとつ重要な概念として紹介されているのが「社会関係資本《ソーシャルキャピタル》」というものだ。いかにも難しそうだが、要は「人と人とのつながり」「コネクション」「信頼関係」のことだ。

早い話が、もし私が元父親の名前を出したら、出てくるのは罵詈雑言《ばりぞうごん》と借金取りだけだ。こういうのを負の遺産という。

だが私に子供が生まれて、世界旅行をしたくなったら、「父・タカ大丸からお名前をうかがいました。その節は父が大変お世話になりました」とかなんとか言えばたぶん全世界に500人くらいは家に泊めてくれる人がいて、晩飯くらいは出してもらえるに違いない。もしワーキングホリデーを使って1年間くらいどこかの国で暮らしたくなったら、もちろんスキルの程度にもよるだろうがちょっとした仕事は提供してもらえるだろう。つまり、人生のスタート地点がタカ大丸とその子供では全く違うのだ。まっとうな親がいるかいないか、こういうところで差が出てしまう。

同じ意味で、かつてサッカー選手のズラタン・イブラヒモビッチも貧しい移民の息子ということでカモにされ、旧所属先のGMに騙《だま》されたことがある。移籍金をピンハネされ、安く売り飛ばされてしまったのだ。

俺はハッセを許していない。許すつもりもない。まだ世の中を知らない無防備な若者にああいうことをしたんだからな。巧妙な手段を使って騙していながら、第二の父のようなふりをした。(中略)時々思うんだ。もし俺が、リンハムンの高級住宅街に住んでいる弁護士のパパを持つお坊ちゃんだったら、ハッセは同じことをしただろうか？　するわけねえ。絶対にだ。(『*I Am Zlatan* ズラタン・イブラヒモビッチ自伝』138頁)

『ヒルビリー・エレジー』は決して成功哲学・自己啓発の本ではない。しかし、貧しい家庭に生まれた者が生き延び、何者かになっていくにはどうすればいいかをすべて網羅している。同書に基づきながら、貧困を生み出す罠《わな》、つまり学習性無力感から抜け出し、何もなかった人たちが社会関係資本を手にするにはどうすればいいか、もう少し深く考察していきたい。

貧困から抜け出す方法20

いちばん簡単で効果的なのは「肉体を鍛える」

すでに本書でご登場いただいたプロゴルファー・丸山茂樹の実父・丸山護は私が最も影響を受けた人物のひとりである。丸山護の思想のひとつに、「日本の〝心技体〟という言葉は間違っている。まず〝体〟だ」というものがある。ちなみに、全く同じことを言った人がいるので、以下に引用する。

「技心体」や「体心技」と口にしてみると、たしかに「心技体」が最も語呂がいい。では、この3つの要素を大切な順番に並べるとどうなるか。

私は「体・技・心」になると思う。（落合博満著『采配』34頁）

つきつめていうと、貧困とは一種の病気である。ただし私が「病気」というからには次の意味があると理解してほしい。

- 「病気」ということは病原を特定することがまず第一歩である
- 「病気」というからには治癒可能である

そしてこの「病気」の病原菌とは、ずばり「学習性無力感」である。そして学習性無力感を克服する一番の方法は「肉体を鍛える」ことである。

五体満足で生まれたならば、腕立て伏せができないはずがない。仮に今3回しかできないとしても、毎日続けていれば5回できるようになる。5回できていれば、そのうち10回できるようになる。1日20回の腕立て伏せに、才能は関係ない。

マラソンにも同じことがいえる。最初は500mしか走れないとしても、何日か走っていれば必ず1km走れるようになる。1km走れるようになれば必ず3km走れるようになる。3km走れれば必ず5km走れるようになるし、当初5kmで38分かかっていたとしてもそのうち30分を切れるようになる。五体満足で生まれたなら、5kmを30分で走れない人は絶対にいない。

言っては悪いが、今のJ・D・ヴァンスは小太りの体型である。おそらくは、海兵隊を離れてからそれほど運動していないのだろうと思う。要は、海兵隊入隊前の元々の肉体に戻っているのだろう。そんな彼ですら、海兵隊における〝全盛期〟は違った。

ブート・キャンプでは、10メートルのロープを登るなど、考えただけで恐ろしかった。しかし1年目の終わりには、片腕だけで登れるようになった。入隊前は1600メートルも走りとおせたことなど一度もなかったが、最後の体力テストでは、4800メートルを19分で走った。（275 - 276頁）

4800mを19分ということは、実質1キロ4分を切るペースで走れていることになる。走ったことがない方のために少しだけ解説しておくと、長距離ランナーは自身が走る速度を1kmあたりの時間で表現する。時速15kmで走るときはキロ4分ということになる。フルマラソンで5時間を切るにはだいたい平均でキロ7分7秒、4時間を切るサブ4ならキロ5分40秒、サブ3ならキロ4分15秒で走ればよいということになる。つまり、彼がフルマラソンを走れば3時間少々で走り切れる力があったということだ。

まだ走ったことがない人は、一度でいいからランニングマシンでキロ4分15秒がどのようなものか体験してみてほしい。実質全力疾走と同じで、全く基礎ができていない人なら30秒も立っていられまい。そんな人でも、元々小太りでも、貧困崩壊家庭出身で基礎体力がない人でも、きちんと鍛錬すればそれくらいにはなれるのだ。

マラソンのことなら私も多少わかるが、何の練習もしていない人が「心」だけで42km完走することは絶対に不可能である。たとえプロスポーツ選手でも、マラソン用の練習をしていなければ完走は不可能である。練習・本番ともにダメージが大きすぎるのだ。現役選手がフルマラソンを走ることがない理由はそこである。だから、フルマラソン3時間18分の私なら、たとえメッシだろうがクリスティアーノ・ロナウドだろうがマラソンにおいては全世界の現役サッカー選手に圧勝である。メジャーリーガー、NFL、NBAの選手も同様である。

結局のところ、まず長距離を走りきることができる脚を作らなければ話にならない。最初に必要となるのが「体」であり、「心」でないことだけは間違いない。「心」が必要になるとすれば、40km走れるという前提があったうえで30kmを過ぎて苦しくなったときである。

運動は知能向上に直結する

ここから導き出せる結論とは何か。運動は知能向上・貧困脱出に直結しているということだ。ジョン・レイティ著『脳を鍛えるには運動しかない!』という本がある。同書の冒頭でイリノイ州のとある公立学校の取り組みを紹介している。この学校では、1時限の前に「0時限」があり、生徒たちは走っている。

学校が生徒ひとりにかける費用――教育関係者はそれが成績を大きく左右すると見ている――がイリノイ州のほかの優秀な公立校よりもかなり低いにもかかわらず、この学

区の学業成績が常に州のトップ10に入っているのは、単なる偶然ではない。（20-21頁）

ここで大切なのはタイムがどうこうではない。「心拍数を185以上にあげること」、つまり最高心拍数の80～90％まで高めて各々にとっての全力を尽くして運動することなのだ。朝走るだけで成績が上がることがすでに証明されており、学力テストの結果でも明らかな違いが出ているという。そのまま同書31頁から引用する。

予想された通り、生活水準の高い生徒は学力テストの点数も高かったが、低所得層だけで見れば、健康な生徒の方がそうでない生徒より成績がよかった。このデータには励まされる。それが意味するのは、親は家計の状況はすぐに変えられなくとも、子どもの健康に気を配ってやれば、子どもはよい成績が取れるようになるということだ。つまり、運動によって貧困の連鎖を断ち切ることができるのだ。

もっと言えば、ランニングの最中にラジオ基礎英語なりVOAなりを聞けば英語学習ができるのは言うまでもない。これぞ究極の時間の有効活用である。英語でなくとも、ビジネス向けのオーディオプログラムを聞いてもよい。1日30分でも1年積み重ねれば180時間である。

「腕立て伏せ」「腹筋」で生きる気力を取り戻した男

それでも走るのが嫌だというのであれば、もっと強度がない運動を紹介しよう。「腕立て伏せ」と「腹筋運動」である。

誰だって、起きている間ずっと上機嫌でいられることはあるまい。疲れも出てくれば、昼食後に眠くなることがあるし、気力が萎《な》えてくることも多々ある。私だって、約1年にわたり本書の取材と執筆を続けて何度気が萎えてきたことか。

政治家の鈴木宗男《むねお》氏は、自他共に認める働き者である。北海道出身の叩き上げで、北方領土返還のために長年尽力を続けてきた。

ところが、そんな仕事人間が、突然逮捕される。

逮捕ということは、毎日取り調べ・尋問が続くということである。友人・知人とも会えず、どこにも行けない状態で拘束される。当然仕事も奪われて、独房に閉じ込められる。気力が萎えてこないほうがおかしいではないか。

実は、そんな鈴木宗男が生きる気力を取り戻した原動力は、腕立て伏せと腹筋運動だった。

拘置所では朝9時45分と午後2時45分、10分ほどラジオ体操の時間がある。私はそれを1日も欠かさず続けることにした。

また時間を見つけては腕立て伏せと腹筋をやった。向こうが消耗戦に出た以上、こちらはカラダを動かすことで気力を充実させる作戦に出たのだ。思いのほか、効果は覿面《てきめん》だった。（『汚名―検察に人生を奪われた男の告白』99頁）

本書は宗男氏の容疑がどうこうを取り上げるのが主目的ではない。ただ、生きる気力が失われそうなときにほんの少しの運動で復活できることを伝えたいだけだ。

英語に"Emotion comes from motion"（感情は、体の動きからやってくる）という言葉がある。何か悪いことが起きたときに下を向く人が多い。そして「落ち込んでいるから下を向く」と思っている人が多いのだが、これは正反対で、「下を向いているから落ち込む」のである。それが証拠に、トランポリンを飛び跳ねながら自殺を考える人はいない。「心技体ではなく、まず体である」というのはこういうところにも出ている。

もう一度繰り返すが、20回の腕立て伏せに才能は一切関係ない。

ちなみに、毎日運動する必要は全然ない。私は最低週1回は意図的に休養を入れるようにしている。負傷を未然に防ぐためだ。再び同書から引用してしめくくりとしよう。

コットマンは、毎日運動できればベストだが、休み休みでも運動すれば驚異的な効果がある、と結論した。運動が「毎日やるか、まったくやらないか」というものではないということを肝に銘じておいてほしい。もし数日間、あるいは1、2週間運動しそびれたとしても、再開した翌日には、海馬はＢＤＮＦをどんどん生産している。（３２８頁、ＢＤＮＦとは〝脳由来神経栄養因子〟のこと）

7章 稼ぎ続ける人の習慣 編

貧困から抜け出す方法21

付加価値、付加価値、付加価値！沖縄の女傑に学べ

2017年11月某日、私は沖縄・那覇に降り立っていた。

貧困の問題をつきつめると、どうしても避けて通れないのが沖縄である。日本全国で今や6人にひとりの子供が貧困ラインの下で暮らしているというが、沖縄に至っては3割だ。原因は例によって「母子家庭の多さ」である。まずシングルマザー家庭の比率が本土の2倍に達しており、その大部分は養育費を受け取れていない。子供の養育を担っているのは母ちゃんではなく、じいちゃん・ばあちゃんである。貧困ラインの下に暮らす子供の比率は3割に達する。つまりほぼ3人にひとりである。

そんな現状の中で、ひとりこの問題に光を灯《とも》してくれる人物を発見した。

奥キヌ子。１９４６年、米軍占領下の沖縄に生まれた実業家、「レキオファーマ株式会社」社長である。

同社は痔の特効薬「ジオン」注射を開発し、全国に広めた。かつてなら手術が必要だった痔が「ジオン」なら注射だけで済み、日帰りも可能になった功績は大きい。

そんな奥は幼いころに両親を亡くし、伯母に育てられた。「私はよく覚えていないのですが」とことわりを入れながら、妹や従姉妹が決して忘れられない思い出があるのだという。

「私が〝面白いところに連れて行ってあげる〟と言ったので妹や従姉妹が喜んでついてきたのですが、行きついた場所はなぜか瀬長亀次郎さんの演説会だったそうです」

瀬長亀次郎とは米軍占領時代に何度も投獄されながら抵抗運動を続けた気骨の政治家である。いったい、幼いキヌちゃんは瀬長亀次郎に何を感じていたのだろう。タイムマシンがあるなら、ぜひ聞いてみたいところである。

まだ占領時代の真っ最中で、もちろんＬＣＣもない時代だったが、本土を訪れたことはあったという。そして強い怒りを覚えたのだと振り返る。

「アメリカ占領下の沖縄をアメリカ世（ゆ）と言いますが、アメリカ世は本当にひどい時代だったのですよ。米兵が沖縄県民を飲酒運転で轢《ひ》き殺しても無罪になるような時代でした。ですが、その一方でアメリカ製のよい製品が入っていたのも事実です。そういう製品を県内で流通させるだけで、米国企業から権利を買い取り、沖縄から日本全土に売り込んでいけば基幹産業を作り出せる可能性は絶対にありました。それが惜しいです」

その後彼女は大学へ進学し、台湾留学を志すようになる。そのとき沖縄の大きな矛盾に直面する。

「留学資金を稼ぐために友人のサトウキビ畑の収穫の仕事をしたのですが、1日中働いてへとへとになっても給料は微々たるものでした。そもそも沖縄のサトウキビは補助金がなければ成り立ちません。補助金がないとやっていけないものを〝基幹産業〟と呼ぶのは言葉の使い方が間違っていますよね」

私も若いころに同じことを思ったことがある。1日に肉体労働を三つ掛け持ちして、1日18時間、週7日働いても月収は30万円程度にしかならなかった。そこが先ほど紹介したマイケル・デルにはあって私にはなかった頭の良さだ。

キングスレイ・ウォード著『ビジネスマンの父より息子への30通の手紙』の中には次のような言葉がある。

「万能のドルを追いかけるのが我々の仕事だが、もし君が9時から5時まで働いて生活の糧を得られないとするなら、君はその仕事に向いていない」

結局のところ、労働の重さ・キツさと収入は必ずしも比例していないということだ。

「安く買って高く売る」の実践例

奥は大学で中国語サークルに入り、伯母の猛反対を押し切って台湾に留学する。結局1年少々で沖縄へ戻ることになるが、この経験がその後の彼女の原動力となる。

帰国して大学卒業後、奥が真っ先に乗り出したのが「植物の種」だった。当時、台湾では二束三文で売られていたトックリヤシという観葉植物が、沖縄で高く売れたのだという。安く買って高く売る、昔も今も将来も決して変わらない商売の大鉄則である。近場の外国に行くと、必ずひとつやふたつはそのようなネタが見つかるものだ。

繰り返すが、当時の沖縄は日本ではなかった。米国の植民地だった。初めて沖縄代表として甲子園出場を果たした首里高校の選手たちは、甲子園の土を持ち帰ることができなかった。沖縄外の土を持ち帰ってはならない、という植物防疫法にひっかかり、全員土を那覇港で捨てなければならなかったのである。外国の占領を受けるというのは、そういうことだ。首里高校には、この一件を聞いた日本航空乗務員が寄贈してくれた甲子園近くの石を埋めた記念碑が今も残っている。

「もちろん、そういう法律は調べました。最低限の調査が必要なのは当然です。種子から土を完全に落として、税関でひっかからないようにして持ち込みましたよ」

そうやって東南アジア全体に手を広げていた奥キヌ子だが、27歳のときに勇み足をして生涯忘れられない一撃を受ける。バンコクで仕入れた花の種を同じく沖縄の女性実業家だった照屋敏子へ売り込みに行ったときのことだ。返答は強烈だった。

「君ね、大切な人の紹介だから仕方なく会っているが、バンコクは俺の庭みたいなものだ。俺の庭で買ってきて俺に買えとは何事か。教えてくださいと聞きに来るのが筋だろう！」

一応お断りしておくが、照屋敏子は女性である。しかし、一喝されたときの口調は完全に男言葉で、一人称は〝俺〟だったのだという。

「そのとき、ああ私はいつかこの人に追いついて追い越してやると固く誓いましたよ」

「あれ、そろそろ年齢だけは敏子さんを抜いたんじゃないですか？」

女性に年齢の話を持ち出すなど失礼極まりないが、奥もすでに齢《よわい》70を数えている。

「そうねえ、確かに年齢は抜いたんだけど、ビジネスでは全然追いつけてない……。偉大な先達として片時も忘れたことはないけど、まだ足元にも及んでいない……」

「私、10年近くこの会社にいますけど、今の照屋敏子さんの話は初めて聞きました」

同席していた側近の照屋陽子がつぶやいた。

学生でも名刺ぐらいは持っておけ

そういえば、私にも似たような原体験がある。

忘れもしない2002年6月2日に、私はヘンなおじさんと知り合った。15年以上前の日付を正確に覚えているのは、ちょうど私がイスラエル留学を終えて日本に帰る飛行機の中だったからだ。アムステルダム発関空行の便だった。

かつて全国ネットのテレビで「見た目が怪しすぎる通訳」とデカデカとテロップでうたれ、大きな迷惑を被った私だが、そんな私の目から見ても彼は怪しかった。関西弁丸出しで、話す内容の9割5分以上は下ネタで、髪型はポニーテールだった。名刺をもらうと、「川合アユム」と書いてあった。年齢は38だという。

帰国後よくよく調べてみると、彼は高校中退後ワルをしばらくしており、その後起業して一代でマザーズ上場を成し遂げた凄腕社長だった。本人のプロフィールにも「1980年　大阪府立桜塚高校入学〜アルバイト生活〜ちんぴら生活」「1983年高校中退」と明記してある。

帰国後すぐ東京に来た私だが関東にはツテもなく友達もほとんどいなかった。川合はそんな私を何度か飲み会に誘ってくれた。

その飲み会に行ってみると、当然彼の友人が集まっているわけだがやれ大学教授だの、アナウンサーだの、社長仲間だの、とにかく20代前半で何もない私にとっては畏《おそ》れ多くまともに話しかけられない感じの人たちばかりだった。名刺交換するにも、まだ名刺そのものを作っていない。そのとき私はどやされた。

「お前な、たとえ学生であっても名刺くらいは持っとけ！」

単に酔っていた勢いで説教したかっただけかもしれないが、おそらくこういう場になれば名刺交換の場面が必ずやってくる。そのとき名刺を持っていれば少なくとも引け目を感じなくて済む、そう教えたかったのだろうと私は解釈している。そして私は名刺のデザインに労力を注ぎ、どんなときも必ず持ち歩くようになった。

……あれから約15年たち、私は川合と再会した。

15年たてばいろいろと変化があるのは当然だ。私は物書きその他でまあまあ売れて食えるようになり、川合もいろいろあって事業から完全に手を引き、沖縄へ移住して私より若い夫人と自由な日々を送っている。

本人にこの一件を覚えているか聞いてみたが、「オレそんなにキツイ口調で言ったかなあ」ととぼけている。言ったほうにとってはそれほどの大事ではなかったのかもしれないが、言われたほうにとってこのインパクトは大きかった。

人は「付加価値」に金を出す

さて、話を戻すが奥キヌ子の口癖は「付加価値」である。「付加価値があるビジネスを求めて」「付加価値があってこその事業」「沖縄のためにも、付加価値がある製品を送り出さなければ」とありとあらゆる場面で「付加価値」を口にする。

観葉植物のブームが過ぎた後、奥が進出したのがクラブ経営だった。きっかけは、空港の免税で3000円程度で売っていたウィスキーがスナックに入ると1万2000円で売っていたことだったという。まさに付加価値そのものである。

といっても彼女に水商売経験は全くなかった。そこでスナック勤めの経験がある従姉妹を呼んできて商売を始めたという。

昔、米国にJ・ポール・ゲティという男がいた。23歳でミリオネアになり、生涯で結婚と離婚を5回繰り返した出鱈目な石油王で存命中は世界有数の大富豪だった。美術品のコレクターとしても名を残しており、ロサンゼルスの小高い丘の上にある超一等地に今もゲティ美術館が残っている。余談だが、遺産の利子で運営しているため、入場料は無料である。太平洋に沈む夕焼けは東京では絶対見られない雄大さで、夕暮れ後に丘の下に延びているフリーウェイ上に連なる車のライトの列は、まるで天の川である。芸術作品とは別に、このふたつだけでも見る価値がある。

そんなことはどうでもいいが、ゲティは生前に*How to be Rich*（裕福になる方法）という割と短い書籍を刊行している。どう考えても彼が本の微々たる印税のために書いたとは思えないから、単純に世間へ向かって叫びたかったのだろう。その中で彼が裕福になる第一歩として挙げているのが「自分がよく知る業界で仕事をすること」だった。

奥キヌ子は水商売について当初全く知らなかった。だが、知っている人は身近にいた。この違いは大きい。結局、彼女が作った高級クラブ「舜《しゅん》」は、那覇の大人の社交場として大繁盛を遂げることになる。本人曰く「贅沢の限りは尽くさせてもらいました」。

その後1991年に現在のレキオファーマ社の前身となる会社を立ち上げる。北京で開発された痔の特効薬について知らされ、自ら北京に乗り込んで日本での開発を引き受けた。

沖縄は離島である。ということは当たり前の話だが何を売買するにしても物流のコストがかかる。だからかさばらないもので、「付加価値が高い」、かつ利益率が高い商品・サービスが必要なのだ。奥キヌ子の最終的な悲願は「基地に依存しない沖縄経済」を作り上げることなのだ。

貧困から抜け出す方法22

敬老の日以外も敬老の精神を

ここ10年ほどだろうか、日本でも「メンター」という言葉が広く使われるようになった。元々はギリシャ神話に登場するオデュッセウスの息子であるテーレマコスに助言を与える存在だった「メントル」が語源らしいが、つまり師として助言を与え、指導してくれる存在である。2017年に刊行されたエリック・バーカー著『残酷すぎる成功法則』の中でもメンターを見つける重要性が強調されている。

学生と指導者が自由意志で師弟関係を結び、個人的につながっていた場合、指導を受けていた人は、その後の収入、在職期間、昇進の数、仕事への満足度、職場ストレス、

自己評価などの点で著しく良い結果をおさめていた。（２１２頁）

この中で重要なのが「自由意志で師弟関係を」という一節である。つまり、会社の直属の上司とか大学の指導教官とは別で、というところが大事なのだ。

同書の中で「当然あなたは一流の師を求める。ということは、その人物は間違いなく忙しい」とあるが、この問題を解決する方法がひとつある。私の人生においても絶大な即効性を持つ方法だった。それは、「70歳以上、あるいは引退した師を見つける」ことである。

70歳以上が最強のメンターである理由

70歳以上ということは、当然体力に衰えが出てくる。当然、こちらが教えを求めたいくらいだからすでに実績をあげて、業務の大部分を後進に譲っているはずだ。つまり、時間はふんだんにあるということだ。少なくとも今まで私が教えを乞うた70歳以上の人物で、１日12時間以上働かなければならず自由時間が全くないという人はひとりもいなかった。

それだけの年月を生きてきたということは、蓄積も質量ともに膨大なものがある。そして当たり前だが、人生も最終盤を迎えている。もうお墓を買っている場合も多い。はっきり言って、あと70年生きて１４０歳まで生きることはありえない。

そうなると、あちらは少しでも自らの生きざまとか知恵を形にして残したいと考えるようになる。その割に、若い人といつも接点があるわけではないから、若い友人が慕《した》ってきてくれて、それがモノになるとすればこれ以上の喜びはありえない。自身も若返ったような気になれる。もう現役ではないし、競合相手でもないから隠し立てすることも何もない。そして全盛期と比べてかかってくる電話の件数も減っているから、電話をかけるだけで喜んでくれることが多い。

さらに重要なことがある。70を過ぎているということは、当然顔も広くなる。何かの分野で第一人者になったということは、同業か否かを問わず第一人者の友人知人が必ずいる。私自身「人脈」という言葉そのものがあまり好きではないのだが、ひとり爺さんと仲良くなればこういう人たちとの交流も加速度的に広がるようになる。そして「長老」からの紹介で知り合ったとなれば、そうそう無下にされることはない。

そして時間が許すなら、ぜひ5時間以上じっくり話を聞いてみるとよい。

あの名監督とのエピソード

最近私が親しくなった老師のひとりに森祇晶《まさあき》という人物がいる。かつてプロ野球の西武ライオンズというチームを9年間監督として率いて8回リーグ優勝、6回日本一という偉業を成し遂げた人物である。現在はホノルルの超高級コンドミニアムで悠々自適の日々を送っている。

面会の約束は午後1時からだったが、自邸に招き入れられた私が辞去したのは午後7時20分だった。つまり6時間以上密談したことになる。そこで切り上げなければならなかったのは、その後どうしても外せない夕食の約束があったからだ。実は、「もしよろしければ、本日は主人が天ぷらを揚げますが、一緒にいかがですか?」と夫人から誘われていたのである。天ぷらまでご一緒できれば、あと3時間は粘れていろいろ引き出せたに違いない。夕食の約束を1日ずらしておけばよかった、と未だに残念でならない。

『残酷すぎる――』の中で、「メンターについて知る。いや、徹底的に調べる」という必要事項が書かれているが、今時何がしかの実績を残した人物であれば、必ずネット上で記事があがっている。ジャーナリズムは常に新しいネタを探し求めている。何がしかの業績があれば、必ず誰かが記事か本にしているものだ。

本書に何度かご登場いただいている丸山護が好例である。日本の大人であれば、プロゴルファー丸山茂樹を知らない人はいないだろう。しかし、父親の丸山護は特別な著名人ではない。しかし、取材は何度も受けているし著書も刊行している。やはり、ちゃんと足跡は残っているのである。

初めて会ったのはもう10年以上前になるが、そういえば初対面の日に7時間以上ぶっ続けで話したのを覚えている。以来年に何度かは必ず会っているが、おそらく一対一で話した時間は総計100時間は超えるだろう。

メンター相手に話すとき絶対にすべらない話題

さて、この場合は私が都内、あちらが千葉県と東京の境、つまり割と近所に暮らしているから問題ない。では、片方が東京、もう片方が大阪なり福岡なり、あるいは海外で暮らしていてしょっちゅう会えない場合はどうするか。

一番よくないのは何年かに一度とか、お金が足りないときや仕事が欲しいときにだけ連絡することである。これでは相手が不信感をいだいても当然だろう。お互いがフェイスブックをやっているなら相手が何か書き込んだ際にちょっとしたコメントを寄せるだけでいいが、高齢者の場合はやっていないことも多い。

できれば季節に一度、つまり3、4か月に一度は連絡しておきたいものだ。一番よいのは共通の趣味や先方の造詣が深い分野についての話だが、私の経験上話しやすい話題がふたつある。「ガンを始めとする病気」と「遠方の知人」の話である。

60、70になっていくと、必ず友人知人の中にガンをはじめとする大病を患った人がいる。回復できた人もいるし、亡くなった人もいる。いや、40前の私でさえガンで亡くなった知人がいる。

だから、身近で誰かガンなどの病気にかかった人が出たときに「もしやお知り合いの方でXXガンを克服された方はいませんか?」と聞けばだいたいひとりかふたりは名前が出てくる。

少なくとも、私がこの質問をしたときに「克服した人は3人知っているけど、お前には教えてやらない」と言った人はひとりもいない。

もうひとつが「遠方の知人」の話である。

「今度岩手の盛岡に行くのですが、どなたかお友達おられますか?」「来週クアラルンプールに行くのですが、現地の事情に詳しい方は誰かいませんかね?」ということである。

あちらも高齢となりしばらく会っていない友人がいたりすると、顔つなぎができるようになったりする。そして〝弟子〟の人のつながりも広げてあげられる、つまりある種の恩も着せることができるわけだ。だからその「目的地」に友人がいればほぼ確実に紹介してくれる。そして、多くの場合、先方の人は空港か駅まで迎えに来てくれて至れり尽くせりにしてもらえる。

敬老の日以外も、おじいちゃんは大切にしたほうがいいよ。

貧困から抜け出す方法 23

情けは人のためならず。慈善活動を組み入れよう

冒頭で書いた通り、私が『ジョコビッチ――』で受け取った印税は当初が5・5％、2万1部以降が6・5％である。5％とか、7％とかキリがいい数字ではなく、なぜ0・5％という余計な数字がついているのか、ここで説明しよう。

私が当初版元に要求した条件は「初版6％、重版以降は7％で、必ず1％をセルビア洪水被災者に寄付すること」だった。私の実績等から考えればごくごく妥当な要求といえよう。これをボッタクリという業界関係者はいないはずだ。

当初、担当者はこの「セルビアへ1％」に露骨に嫌な顔をした。なぜにこんな面倒くさいことをしなければならないのか、ということだろう。その後本が売れた後に倒産したところを見

ると、この時点ですでに会社は火の車だったとは思う。

それでもここは私にとって絶対に譲ることができない条件だった。ジョコビッチがセルビア出身であり、盟友ランコ・ポポヴィッチもまたセルビア出身だった。

結局、先方が出してきた折衷案は「訳者と版元が0・5％ずつ出して1％をセルビアのために拠出する」だった。どんな形であれ1％をセルビアのために確保できるのであれば、ということで私はこの条件を呑んだ。

そして、私自身にも計算があった。この本を慈善活動に組み入れることにより、『ジョコビッチの生まれ変わる食事』が売れることが世の中のためになる、という図式・物語を作ることができるのだ。何も単なる義理人情でやっているだけではなく、そのほうが確実に本の売り上げそのものを伸ばすことができるのだ。

そして効果は確かに出た。アマゾンに出た同書のレビューをひとつ引用する。

そして、最後の翻訳者の方の言葉を読んでビックリ。
「なお、本書売り上げの1パーセントはセルビア大使館を通じランコ・ポポヴィッチ基金の名で洪水被害者に寄付される」
この本を買うことがセルビアの洪水被害者にとっても何らかの力になったなんて‼
もう、本書を買って本当に良かったと、尚更思った瞬間だった。

おそらく、このレビューを読んで本書を買ってくれた人は多かったのではないか。

同書がきっかけで知り合った白澤卓二教授とエリカ・アンギャル氏の3名で、とある雑誌で鼎談《ていだん》したことがある。そのときに、3人とも一致したのは「日本人のアスリートはもっと慈善活動をすべきだ」ということだった。

慈善活動がプラスになる3つの理由

ちなみに、3人が挙げた理由はそれぞれ全然違う。白澤教授は、チャリティをすると「気分がよくなる」からだという。気分がよくなることにより、仕事などで嫌なヤツと接したり、嫌なことをしなければならない場面があったとしても乗り切れるようになるのだという。

エリカ・アンギャルが口にしたのは、「慈善活動をしなければ、西洋社会に受け入れてもらえない」である。ユダヤ教であれ、キリスト教であれ、イスラム教であれ、必ず寄付・慈善活動・喜捨《きしゃ》が教えのどこかに含まれている。それは社会生活を送っていくうえで一種の義務である。

ちなみに私が挙げた理由は「慈善活動をすることによって、会場の観客やテレビの視聴者を味方に引き込むことができる」である。サッカーでもなんでも、ホームのほうが勝率がよく、アウェイのほうが勝率が悪いのは同じだ。それには普段から慣れている会場、気象条件、自宅から行けるか泊まっているホテルから行くのか、などいくつもの要素が含まれているわけだが、一番大きいのは「観客が味方かどうか」であることは間違いない。

慈善活動について三人三様全く別の理由を持ち出しているわけだが、実は根底には共通点がある。「結局、自分のためになる」ということだ。

私自身、結局セルビアのためにチャリティイベントを二度開催し、本から集めた基金を合わせて約200万円をセルビア大使館に寄付したことになる。契約で全部自分のものにしておけばあと200万円もらえて年収1000万を超えられた……と思わないでもないが、おそらくは途中で売り上げが下がって結局はあそこまで売れなかっただろう。だから、私はこの200万円をあえて手放したことを全く後悔していない。

中には、そんな打算があって慈善活動をしたと非難する人もいるかもしれないが、大切なのは結果である。少なくとも、私の行為を偽善と非難する人よりは確実に私自身のほうがセルビアのため、そして世界全体のために役立つ存在である。

どんな職業・商売でもいい。慈善活動を組み込めば、必ず売上増加につながる。悪いことは、ひとつもない。

貧困から
抜け出す方法
24

話す力を磨きたければヒッチハイクをやれ

どんなビジネス書にも載っているのが、「コミュニケーションを高める方法」である。もちろんお金を稼ぐうえでは、あるに越したことがない能力だ。

で、なぜヒッチハイクなのか。

それを考えるようになったのは堀江貴文著『ゼロ』を読んだのがきっかけである。福岡のど田舎で生まれた内気でコミュニケーションに難がある大学生がヒッチハイクをきっかけに開眼し、のちの飛躍に大きく役立ったというのだ。考えてみれば、人に話しかける、人にお願いをする、といったスキルを磨くのに適していると合点もいく。

それに彼によるとヒッチハイクはコツさえわかれば誰でもできるという。ヒッチハイクのくだりを読んだ次の日、たまたま私は用事がなかったので試しにやってみることにした。

今回は別に遠くまでは行かなくともよい。とりあえず、東名高速に乗って港北PAに行って帰ってこられるか試してみることにした。港北まで行けるなら、その後静岡なり名古屋なりに行くことは可能なはずだ。必要なものは三つだけである。スケッチブック、太めの黒マジック、そして全国高速道路地図だ。近くのスーパーでスケッチブックは300円少々、マジックは100円少々、地図は約800円、つまり総計1000円少々である。私の自宅は入谷ICに近いので、まずはそこから首都高に乗れるか試してみた。

スケッチブック1ページに太く「用賀」と書いてみた。用賀にさえ行ければ西に進むことは簡単なはずだ。そう考えて入口近くの何カ所かに立ってみたが、30分ほどたっても止まる気配すらない。ネット等で体験者の検索をしてみると、東京から西へ進む場合は用賀がスタート地点になることが多いようだ。本当ならここで「無料でうちから静岡まで行ってやった」と書きたかったのだが、ここは素直に諦め、用賀までは地下鉄で移動することにする。

用賀駅を降りると、徒歩10分くらいで高速の入口に着く。ちょうど入口に向けて左折したところにマクドナルドのドライブスルーがあり、左折する少し手前にスタバがあり、そのさらに手前にガソリンスタンドがある。ここで大切なのは「左折する地点前後で待つ」ということである。右折する前だと、車そのものが中央近くの車線に寄ってしまっており、仮に善意の人がいたとしても車線の左側にいるヒッチハイカーを拾うことができない。

最初に私はスタバ前に立ってみた。スケッチブックには1ページを使って太めに「港北」とだけ書いておいた。時にゆっくり走る車があり、止まってくれるのかと胸をときめかせるが、単に大学生４人組と思《おぼ》しき連中が冷やかして通り過ぎただけだった。こういう話をすると、「そんなのにバカにされるのはイヤだ」という人がいるだろう。はっきり言って自意識過剰である。ひとつ確かなことがあり、そういう輩とはもう二度と会うことはないし、あちらも覚えてはいない。さっさと「次」に行けばいいだけの話だ。

ジョギングを始めようとする人にもよくいるのだ。もし走り始めて三日坊主に終わったら恥ずかしい。隣の人に見られたらどうしよう。はっきり言おう。隣に住んでいる人は、あなたが何をしていようと気にしていない。この本を読んでいる時点であなたは一挙手一投足が注目されるスーパースターでも何でもない。私の持論だが、人生で何かをしようとするときに最も邪魔となるのは「学習性無力感」と悪い意味での自意識過剰だ。私が初めてヒッチハイクをして、10台連続で無視されたとしても翌日の新聞の一面に「タカ大丸、ヒッチハイクに挑戦も10台連続でシカトされる」とかなんとか載るはずがない。新聞記者はそこまでヒマではない。

地方ナンバーの人は優しい

用賀インター前で30分ほど待ったころ、マクドナルドのドライブスルー出口を少し過ぎたところに立っていると１台のトラックが止まってくれた。自動車を運搬中だったが、事情を話すと港北まで乗っけてくれることになった。

堀江氏の前掲書では「港北に行け」とあったが、この運転手さんによると海老名SAのほうが規模も大きく、次の車を捕まえやすいのでほとんどのヒッチハイカーは海老名を目指すとのことだ。ヒッチハイカーを乗せるのも初めてではないという。つい先日乗せたばかりのヒッチハイカーも、海老名で降ろすと10分もしないうちに次の車を見つけて西へ向かったらしい。あと注意事項としては、この日の私は夕方5時過ぎに乗せてもらったわけだが、やはり朝方のほうが車を捕まえやすいとのことだ。それから彼が強調していたのは、大人数だと乗せにくい、最高でふたりまでがよいということ、そして楽器などあまり大きな荷物を持っているとためらってしまうとのことだった。ヒッチハイクのときは、身軽が鉄則だ。

結局港北には5分程度で着いた。運転手さんに礼を申し上げ、いったん外の道に出た。実は、港北SAは一般道から徒歩で出入りできるのだ。下りのSAを出てひと回りして上りのSAに向かう。スケッチブックに「用賀」と太めに書いて走り出す車に掲げる。だが、なかなか捕まらない。

40分ほどたった。暗くなり雨も降ってきた。さすがに立っているのも辛くなってきた。私はスケッチブックに頼るのをやめ、直談判することにした。すると、10人もしないうちに、食堂前のテーブルに座って休憩していた男性が東京まで乗せてくれることになった。

聞いてみると浜松のお菓子屋さんで、所用で東京に行くところだったという。さらに話すと、用賀を通り過ぎた後に新宿へ行くとのことだったので、新宿駅の前で降ろしてくれることになった。

いくつかわかったことがある。一般論として、東京ナンバー、具体的には「練馬」とか「世田谷」などのナンバーの車の反応は冷たい。明らかに、地方ナンバーの人のほうがよくしてくれる。そして、こちらがまず車が止まりやすい、速度を落としやすい場所にいることが大切である。右折前だと、車そのものが中央近くの車線に寄っているので、左手の歩道にいるヒッチハイカーを拾いたくても拾えないのだ。

1台目から乗れることはまずない。何台か無視されたり、冷やかされたりする。そこでめげてはいけない。繰り返すが、もう二度と会うことはないし、あちらもすぐに忘れてしまう。さっさと「次」へ進む切り替えが重要だ。

そういう耐性をつけるという意味でも、いいトレーニングになるのは間違いない。

あの人気芸能人に学ぶ「人に好かれる方法」

ちなみに、かつてヒッチハイクで名を馳《は》せてCDも100万枚売ってこの世の春を謳歌し、その後地獄に落ちてから再び復活して芸能界の頂点に返り咲いた人物が、奇しくも人に好かれるコミュニケーションの手法について語っている。少し長いがそのまま引用する。

芸人さんでもタレントさんでもラジオ番組やってる人に、「ラジオ聴いてます」って言うと、みんな機嫌が良くなるんですよ。特に芸人さんにとっては、ラジオってすごく大事な仕事なんです。テレビよりラジオなんです。

でもラジオって、基本的にそんなにリスナーがいないんですよ。そこをあえて「深夜ラジオ聴いてます」とか言うと、「お前、本当にわかってくれてんだな。俺のこと好きなんだな」ってなるんです。

それが「ゴールデンの番組観てます」じゃなんにもならないんですよ。そんなのみんな見てるから。「あ、そう」で終わり。その人の自意識をくすぐらないと話にならないんです。仕事にはつながらない。

だからラジオなんです。みんなが聴いてそうもない深夜ラジオを「聴いてます」って言うと、その人の自意識をビンビンくすぐることになる。

（中略）人と同じところをくすぐっても全然効かない。普通は人がくすぐらないようなところをくすぐるから、効果絶大なんです。（竜兵会著『竜兵会　僕たちいわばサラリーマンです。出世術のすべてがここに』第4章上司の転がし方　チンピラ社員有吉弘行より）

学生は1万5000円、社会人は15万円で物書きの心を買ってしまえ

有吉氏ほどの人気はないが、私もこの気持ちはわかる。私の顔を見て、「ジョコビッチの本、よかったです」と言ってくださる方は多い。もちろんありがたいことだし、悪い気はしないが、いかんせんあの本は大きくなりすぎた。プロスポーツ選手の間では、読んでいるのが当たり前

というレベルである。だから今となっては単なる社交辞令にしか聞こえない。別の本を挙げてもらったほうが嬉しいものである。

ついでに言うと、物書きの心ならお金を出せば買える。そして、物書きの心を買うことにはメリットが期待できる。どういうことか説明しよう。

先ほど、『ヒルビリー・エレジー』を通じて社会関係資本《ソーシャル・キャピタル》という概念について説明した。何のツテもなく関東で生きる辛さは、元々東京近辺で生まれ育った人にはわからないだろう。では、そんな何もない田舎者が社会関係資本を手にするにはどうすればいいのか。ここで「物書き」という人種が大きな役割を果たすことがある。

自著か訳書かを問わず、本を出すということは〝何かを持っている〟証明である。〝何か〟が〝カネ〟である場合が少ないのは私を見れば一目瞭然だが、〝経験〟だったり〝叡智〟だったり、〝人とのつながり〟だったりと、〝実績〟はあるわけだ。世の中にはつまらない本が多々あるが、中にはつまる本もあり、つまる本を書ける人は間違いなく何かを持っている。

そして物書きには共通点がある。私を筆頭に、みんな根が単純で寂しがり屋ということだ。執筆業なんて、孤独の中カタカタとキーボードを叩いているだけである。華やかな瞬間など、どこにもない。でもどうしても何か世の中に対して喚きたいことがあるから、辛うじて精神の均衡を保てているだけだ。

たぶん、クリスティアーノ・ロナウドもノバク・ジョコビッチも、1週間の大部分は地味な生活を送っているのだろうと思う。でも、少なくともスポットライトが当たる時間があり、万単位の観客がスタジアムに訪れ、全世界の億単位の視聴者がテレビで見守っている。ローリング・ストーンズやセリーヌ・ディオンを見ようとスタジアムに万単位の人が集まるが、私が知る限り物書きひとりのために万単位の人が集まったイベントは見たことがない。だから、愛されていることを実感できるのはポツポツと入ってくるアマゾンの5つ星レビューだけだ。それすらも、たまに出てくる１つ星レビューで気分が滅入ってくる。

世の中には、私と違って確かに金儲けに長《た》けている人がいる。ときどき「金で買えないものはない」と言い放って世間の顰蹙《ひんしゅく》を買ったりする。ちなみに私は、買えないものがないほどの大金を持ったことがないのでこの言葉が本当かどうかはわからない。
だが、これだけははっきりと言い切れる。物書きの心であれば、学生なら１５０００円、社会人なら15万円で簡単に買えるということだ。

値段の根拠は簡単である。本10冊分、あるいは１００冊分である。

先ほども言った通り、物書きは寂しがり屋であり、反応とか手応えに飢えている。本書の執筆も、普段ならあれほど筆が速い私でさえ気が付くと1年以上かかっている。

そこまで労力や手間をかけていることを考えると、本当は1冊５０００円でもいいと思う。だが、本書が学術書ではなく、趣旨が「貧困脱出」であり、いま貧しい人に手が届く、そして役に立つ実用的なものでなければ意味がないという考えから、編集者と話し合い本書については極限まで価格を切り詰めている。

根が単純だから、書店に行って私の本を手に取っている人を見ると、それだけでドキドキする。買ってくれるならサインなんか安いものだ。余談だが、私は中学時代からサインの練習をしてきたが、イチローは小学校時代からサインの練習をしていたらしい。そのころから自分がスーパースターになると確信していたのだろう。私が世に出るのが遅れている原因のひとつは、おそらくそこである。

だから物書きと近しくなるのは簡単だ。買って、アマゾンに5つ星レビューを書くだけでいいのである。私と友達になるにはお金がかかる、と堂々公言しているのはそういう意味だ。図書館で借りるのでは不十分である。まして学生がなけなしのお金をはたいて10冊買って友人に広めてくれた、あるいは社会人が100冊も買ってくれたらそれだけで生涯の恩人みたいなものので、死ぬまでずっと僕《しもべ》として言うことを聞いてあげたくなる。学生なら、就職の面倒くらいすぐみてあげようというものだ。これぞ最短の就活法である。

貧困から抜け出す方法25

お金を稼ぎたいなら、お金の集まる場所へ行け

岩崎ホセミゲル、通称ミゲルはペルー出身の日系人である。現在はメキシコ系の水産会社に勤務している。

「日系ペルー人は、なけなしの全財産をはたいて日本に来た教育程度も低くて貧しい出稼ぎの家族が多いですね。僕の家族もそうですが1990年代に日系人の日本移住が解禁されて、当時のペルーはインフレがひどすぎましたから。裕福ならそもそも移民して外国で大変な思いをする必要はありませんからね」

ペルーのインフレは一番ひどかった1990年代に7400％以上に達した。中学生・高校生のためにわかりやすくすると、今100円少々で買えている缶ジュースが、来年には

7400円まで値上がりしているということだ。お金の価値が下がりすぎて、これではいくら働いても間に合うはずがない。そうなると貧しい日系人が当時世界有数の経済大国だった日本を目指すのはある意味当然だろう。

中学2年ごろ「だいたい日本語でやりとりできるようになった」彼は工業高校に進むが、「どうしても大学に行きたいから」と校長に直訴して特例で普通科高校への転校を認められた。もっとも、幼少時からのギリギリの生活はそのままで、一応高校時代に「携帯電話が欲しくて」バイトをしたが長続きせず、念願の大学入学は果たしたものの「適当にやって遊んでいた」という。

そんな彼の「人生が動き始めた」のは就職後だったという。大学卒業とリーマンショックが重なり、大手メーカーの海外営業に内定していたものが取り消しとなった。結局彼がありついたのは某有料チャンネルの電話営業、つまりテレアポである。

仕事内容は過酷だった。パソコンが自動的に電話をかけ、そこにセールストークを畳みかける。逆に言えば、オペレーターは相手の番号を入力する必要すらない。1日に約300本の電話をかけて話した内容をログに残し、可能であれば約15分のうちに相手からカード番号を聞き出して決済を終える。

「そのころの僕、日本語は話せましたよ。でも営業というのは全くの別物ですから」

3か月間一本も契約をとれなかったミゲル君だが、転機が訪れる。

「今も覚えてますが、日曜出勤の日で午前10時45分から11時の間です。初めて加入してくれる人が現れたんです。〝え、マジで？〟と思わず声が出そうになりましたけど。そのとき初めて日本語で誰かにお金を払ってもらえた、営業できた。この快感ヤバかったですね」

以来彼は3年間ほぼ毎月トップ3を維持して、1位になったことも12回あったという。

私はミゲルに「コツは何なのか？」と聞いた。

「相手の話を聞いてるふりして聞かないことかな」という。

「まず大事なことは、ジョークとか交えてまずは相手を安心させることなんですよ。当時のあの会社の営業は面白くて、ビッグデータを採用してました。過去のやりとりなんかもすべて記録に残していた。〝私はドラマが好きじゃなくて戦争映画が好きなんですよ〟〝なんでですか？〟〝XXXだからね〟という記録が残っていて、でも前回は加入してくれなかった。そしたらその次には〝今回はそんな戦争映画がお好きな方限定で案内を差し上げているんですよ〟とか言うわけです。実際戦争映画は放映しているし、この案内自体もウソじゃない。相手が求めているものを聞き取れる力がそこでついたのかな」

いつの間にか、彼は会社で「スター・ミゲル」と呼ばれていたという。

その後、独立や、六本木にオフィスがある某メガネ会社勤務などを経て、現在の水産会社へ。

「それまでスペイン語を使った仕事はしたことなかったし、今までやってきた貿易やマーケティングの知識経験も生かせて、給料も前の会社よりよくなるというので転職しました」

昔とある本で「人にとって最高の幸せとは自らの才能をフルに活かせることである」と書いてあったが、こういうことなのだろう。

ミゲルに、幼少時代の貧困から抜け出せた一番大きな要因は何だったと思うか、あらためて聞いてみた。

「もちろん今の給料をもらえるようになったからなんだけど、昔付き合っていた彼女に言われたんですよ。〝お金を稼ぎたいなら、お金のある所に行かないとダメだよ〟」

かつての彼は六本木など「雲の上の世界」で、六本木ヒルズに会社がある企業になど受かるはずがないと思い込んでいたという。

「でも行ってみると意外と評価してもらえたり、採用されたりすることもあるんですよ。自分自身でストップをかけることをなくすだけで違うんじゃないかな」

お金がある場所……やっぱり中国だ！

岩崎ホセミゲルは「お金があるところに行け」と言った。では、今の世界でお金がある場所とはどこか。どう考えても中華人民共和国である。

２０１８年4月、私は初めて中国に行った。頭が古い人はまだぴんと来ないかもしれないが、すでに中国は完全に日本を追い越している。負け惜しみで「いや、栄えているのは北京や上海といった大都市だけ」と言う人がまだいるが、今回私は上海から1時間半飛行機に乗り、そこからさらにバスで90分の奥地に潜入した。飛行機で降り立ったのが浙江省《せっこうしょう》温州市《おんしゅうし》だが、そんな地方都市に人口が９００万人いる。バスもリクライニングは日本よりはるかに大きく傾く。

「痰《たん》を吐かないでください」と注意書きがありながら運転手が車外へ向かって盛大に何度も痰を吐いていたのがご愛嬌だが、そんなバスで行った先の都市にもすでに豊かさは届いている。

……数十年で八億人を超える貧困人口を減らし、他国に援助をするまでの成長をとげた中国は、開発援助の視点からみると超優等生だからだ。

鄧小平がマクナマラに言った「二十世紀末に経済規模四倍」の目標は、人民元建てなら十年早く一九九〇年に、ドル建てではきっちりと二〇〇〇年に達成している。

さらに言えば、累積で六百億ドル近い巨額な資金を借り、きちんと返済する中国は、銀行業でもある世銀の立場からすれば非常にありがたい顧客ともいえる。（吉岡桂子著『人民元の興亡』）

もうひとつ特筆すべきは「新幹線」だ。やっと日本にも「グランクラス」ができたが、まだ甘い。中国のビジネスクラスは座席が１８０度倒れる。朝一番から移動を繰り返して疲労困憊《こんぱい》だった私にとって、あれほど寝心地のいい座席はなかった。

サッカーもそうだ。「選手の爆買い」は日本でもニュースとなるが、ほとんどの方は1部リーグだけの話と無意識に思い込んでいないか。とんでもない大間違いで、タイの強豪で得点王になった選手が中国2部に爆買いされた事例を私は知っている。友人に中国2部で監督を務める人物がいるが、彼によると2部でさえ手取り、つまり税引き後で８００万ユーロもらっている選手がいるという。名前を出してしまえばこの監督はアフシン・ゴトビというが、彼自身かつてイラン代表監督も務めた。2部でも元代表監督、欧州強豪の監督歴任者がゴロゴロいる。アジアのクラブナンバーワンを決めるACLで日本が勝てないのは当然である。

彼が率いる石家荘《せっかそう》という都市のチームが上海郊外に遠征で来たところを捕まえたが、試合は平日午後にもかかわらず、百人単位の追っかけがいた。石家荘なんて、彼の監督就任まで私は存在すら知らなかったが、そんな都市にも一千万単位の人口がいて、平日に上海くんだりまで追っかけてくるということは、飛行機で有給休暇を使って来ているということだろう。下手したら、日本のブラック企業の社員より待遇はいいのではないか？

儲かっている在日中国人は何をしているのか

ということで、今回中国に詳しいふたりに語ってもらった。

王震《おうしん》は中国・大連出身の30代後半の貿易会社取締役で、金元聡子《そのこ》は上海出身で日本に帰化した20代後半の女性である。

王震はかつて「会社社長のかばん持ち」をして中国と日本の間を往復している間に「飛行機で隣に座った日本人」と意気投合し、今の仕事に入った。

「社長のかばん持ち」はいつの時代も最適な修業法である。幸か不幸か、日本には黒字でありながら後継者がいなくて事業をたたもうとしている中小企業が約127万社あるという。そういうところに潜り込んでかばん持ちをやり、後継者になれば元々顧客名簿はあるわけで、ゼロから始めるのとは全く違うスタートがきれることになる。

「貿易業ですが、主な仕事は日本のゼネコンのために中国で材料を仕入れるということですね」

そこで私は王震に聞いた。

「経済的には今や完全に中国のほうが上で、儲けるだけなら中国に戻ったほうがいいのではないか？　なぜあなたは日本にとどまっているのか？」

すると彼はこう答えた。

「確かに中国のほうが経済的に栄えていますよ。だいたい、日本のメディアで〝爆買い〟という言葉が出てくる1年前くらいからお金の流れが逆転しましたね。ただ、僕は日本暮らしが長くて日本的になりすぎ、もう一度中国の中に入るのが難しかったのです。それと、時代の流れに乗ることを考えると日本のほうがいいということです」

なぜ、遅れたはずの日本のほうがいいのか？

「僕が付き合いのあるゼネコンの社長とかが、中国に騙されている場合が多かったのですよ。それは中国や中国人のことを知らなすぎたからです。そういうところでお手伝いすれば、自分にも何かできると思ったのです」

それから私は、王震に「儲かっている在日中国人の共通点」とは何か、聞いた。

「日本人が発想できない仕事をしている、ということですかね」

金元聡子がそのとき付け加えた。

「たとえばですけど、タオバオってサイトがあって、そこに在日中国人が自分自身をガイドとして登録するんですよ。やることは車を出すことだけで、何か気の利いた案内をするわけでもない。それって、日本人でもやろうと思えばできますけどなかなかやりませんよね」

西谷格著『ルポ中国「潜入バイト」日記』という本がある。その中に面白い事例が紹介されていた。著者が中国人向けツアーガイドのバイトをしたときの中国人ガイドの言葉である。

「この仕事はとにかく、客をいかに洗脳するかなんですヨ」

洗脳、という言葉に驚いたが、言わんとすることは理解できた。

「例えばこの磁気ネックレス、中国のガイドはみんなこれを使っているんですよ。1本3万円ぐらいですが、ガイドなら1万円ちょっとで買える。で、お客さんが1本買うと9000円バックがもらえる。『私も使っていてすごく効きますよ！』と言えば、みんな買っちゃうんですよ」

（中略）張さんの知り合いのなかには、この磁気ネックレスの販売に特化したガイドを行い、一財産築いた人もいるという。（192‐193頁）

実際のところ、王震には在日中国人との付き合いはほとんどないという。

「騙しが多いからね。僕に提供できる価値がないと思うし、おそらく僕からあちらに提供できる価値もないんじゃないかな」

金元聡子も同調する。「うちのお母さんも同じこと言うよ。中国人は信用できないって」先ほどの本にもそんな話が出てくる。

「中国人だとなかなか信用してもらえないけど、日本人が相手だと結構すぐ信用しますよ。最初に信用してもらわないと、全っ然買ってくれないからね」

中国人が一番信用しない人種は中国人、というのはよく聞く話だが、それは海外旅行の際も同じらしい。（196頁）

「お金の入り口になる人」を大切に

王震にどうやって付き合う人を選んでいるのか基準を聞いてみた。

「まず第一に、お金の入り口になる人を大切にするということですね。それが僕の場合は中国にいる中国人か、日本にいる日本人が多いということです。あとは、紹介ですよね。たとえば、ここにいる聡子が紹介するとしたら、聡子が保証人みたいなものですからそれで信用するということですね。大人になったら誰彼なく付き合う必要はないんですよ」

実を言うと、私が4月に中国へ行った主な目的は「工場視察」だった。自分自身で開発した商品を製作するのは中国かな、と単純に思ったわけである。

昔友人の葬儀業者に聞いたが、今や日本の葬儀関係のアイテム、つまりお棺とか数珠とか仏壇とか、そういったものはほぼすべて中国からの輸入だという。あるいはおもちゃ屋に行ってみるとよい。将棋盤、オセロ、チェス、碁盤、ほぼすべてメイドインチャイナだ。今や「安かろう悪かろう」の時代は完全に終わり、日本の市場で普通に出せる商品が中国で作られているのだ。全くの余談だが、我が家の冷蔵庫と洗濯機も中国製である。

Globalsources.comというサイトに行ってみればよい。人間が考えうるありとあらゆるアイテムの業者が集っている。既製品もいくらでもある。そんな企業・工場の大部分は中国だ。「こんな商品を作ってくれないか」と問い合わせを投げると、クリック後2分くらいで一発目の返答があり、結局二十数軒集まった。その中から条件と場所が合いそうなのを選び、「工場を見せてくれる」というところに絞ってその工場に行ってきたわけだ。

「中国は世界の工場ですから。ただ、うち9割は日本人が使えないんですよ。現地の常識や習慣を知らなすぎるから」

王震の言葉である。

信用できる中国の工場はここで見分けろ

ここからは私の独断だが、信用できる工場を見分けるいくつかの方法がある。

ひとつは、レスポンスが速いこと。ふたつ目に、実際に工場を見せてくれること。三つ目は、相手がある程度英語を話せること。四つ目は、夫婦でやっていて夫婦仲がいいことだ。

言葉を話すということは、その言葉の文化や慣習をある程度受け入れるということである。英語がわかるということは、並以上の教育を受けて最低限の教養やマナーがあり、英語に根付く法と契約の精神がある程度通じるということである。忘れてはならないのは、現在の世界共通語は「イングリッシュ」ではなく「バッドイングリッシュ」だということだ。

もちろんこれは全く中国語を知らない私の言い訳でもあるが、中国語がわかる、あるいは信頼できる中国人のパートナーがいれば、もっと安くていい工場があるだろう。

中国人をお客様にする。中国の工場から仕入れる。21世紀において一気に飛躍したいなら絶対に必要な要素だ。

ここで
結論

けっきょく、一番役立つスキルは何なのか？

日系ペルー人の会社員、岩崎ホセミゲルの証言を紹介したわけだが、本書は「金持ちになるため」の本ではなく、「貧しさから抜け出す」ための本である。もちろん、やろうと思えば年商何百億円とか、年収1億を超えるビジネスマンを集めてくることは可能である。しかし、それでは今貧しい人にとって話が遠すぎて参考にならないではないか。だからこそ、事業失敗の経験もあるサラリーマンの証言を紹介することには意義があると思うのだ。

それでも、彼のような事例を紹介すれば、「でもこの人日本語と英語とスペイン語の3か国語が話せるんでしょ？」という人が必ず現れる。だが彼の証言を聞いて明らかなのは、スペイン語を使って貧しさから抜け出したわけではないということだ。

実際私自身の活動の中にスペイン語翻訳者の仕事があるわけだが、日本でスペイン語だけを使って食えている人はほとんどいない。私が知る限り、それで定職についていると言えるのはJリーグのスペイン語通訳者くらいではないか。

当然スペイン語の書籍を丸々1冊翻訳できるのは大変稀有な特殊技能といえるが、それで食おうと思えば以前に話した通り最低約8万部の売れ行きが必要となるわけで、本が売れなければ到底食えないということになる。

では、貧しさを抜け出すのに決定的に重要な死活を分けるスキルとは何なのか。

この話をする前に、もはや古典ともいえるロバート・キヨサキ著『金持ち父さん　貧乏父さん』について考えてみたい。

「実在する金持ち父さん」たちの言葉

私が同書を読んだのは、忘れもしない2000年12月末のことだった。大学1年の冬休みに、バスで全米一周している途中で、ボストンのバスターミナルで買ったのだ。つまり英語で読んだということだ。

こうして『金持ち父さん――』を読み始めたわけだが、冒頭に衝撃の記述があった。「貧乏父さんはいい仕事を得るための履歴書の書き方を教える。金持ち父さんは銀行から融資を引っ張るための事業計画書の書き方を教える」――そうか、貧乏父さんと金持ち父さんでは教育の内容が全く違うのか……貧乏か金持ちか以前の話として「父さん」そのものがいない私にとっては文字通り目から鱗《うろこ》の話だった。

それからまた長い年月がたち、私も何人かの「金持ち父さん」と呼べる存在に恵まれた。シンガポールの金持ち父さんは私にこう言った。

「いいか、セールスとマーケティング、そしてパブリックスピーキング。この三つさえあれば君は今後の人生で決して飢えることはない」

韓国・ソウルの金持ち父さんはこう言った。

「英語とリーダーシップ、このふたつこそが一生涯を通して使い続けられるスキルだ」

タイ・バンコクの金持ち父さんは大阪弁でこう言い放った。

「40何年前のXX大学（関西の某私大）を出たヤツにどんな就職先があるんや？　でも、オレが入った会社、高卒のアホばかりや。これならオレでも一番になれる思うたんや」

セールスとマーケティングにパブリックスピーキング、加えて英語とリーダーシップもすべて揃えば無敵に決まっている。そのうえで「アホばかりの世界」、つまりは自分が一番になれる分野を選べば何とかならないほうがおかしい。

では五つのスキルの中で特に決定的なものは何なのか。結論だけ言えば、私は「セールス」、つまり営業能力と英語だと思う。そして、その中でもさらにひとつだけ選ぶとするなら営業だろう。

早い話が、本書に登場する細貝淳一も、岩崎ホセミゲルも英語を使って貧困を抜け出したわけではない。全員、営業能力で貧困を抜け出した。
逆に、食えていない英語翻訳者は文字通り掃いて捨てるほどいる。ということは、どちらかひとつを優先するなら間違いなく営業だ。
村上龍著『13歳のハローワーク』にはいろいろと普通では知ることがない職業が紹介されている。たとえば、「ハンドラー」という職業がある。私は知らなかったのだがドッグショーに向けて犬を最高の状態に調整するのだという。この仕事の紹介は最後に次のように締めくくられている。

口コミで仕事が広がっていく世界なので、自分を売り込んでいく積極性が必要だ。
（28頁）

「リフレクソロジスト」の説明の最後はこうだ。

基本的に時間単位での料金設定となっているが、キャリアによって収入はさまざまだ。
（51頁）

「水中カメラマン」はどうか。字面から見て、潜水の技術と写真撮影の技量がいるのは私でもすぐにわかる。

……完全に実力主義の世界であり、収入は仕事によってさまざま。しかし、技術やセンスだけでなく、自分を売り込むための営業力がなくてはならない。現在多くの水中カメラマンがいるが、高収入を得ることができているのは一握りだけである。（59頁）

結局、人には適性というものがあり、誰にでも当てはまる「これなら儲かる」という職業はない。だが、どんな仕事でも営業力次第で売上・収入を伸ばすことができるということだ。だったら、営業の力を伸ばすことがまずは一番ではないか。

元々私は営業というものに嫌悪感を抱いていた。ある意味で、営業したくないから外国語学習に注力したといっても過言ではない。しかし、実際独立してみると否が応でも営業をするしかなくなる。そしてひとつ気づいたことがある。趣味にはお金を払わなければならないが、営業はすればお金をもらえるということだ。つまり、営業は慣れるとこんなに楽しいものはないということだ。

人生でいちばん大切な「セールス」のコツを知る必読書2冊

営業について知りたいという方には、まず2冊の本を勧めている。

フランク・ベトガー著『私はどうして販売外交に成功したか』
ジョー・ジラード著『私に売れないモノはない！』

ベトガーは故障で現役を断念した元野球選手で、保険セールスマンとして頂点を極めた。ジラードは自動車の販売でギネスブックに載った人物である。ふたりとも共通して言っていることは、「とにかく数を打て」ということだ。まずひとりでも多くの人に会わないとダメだという。

私がジラードの話で衝撃を受けたのがアメフトの話だった。

ＮＦＬの試合を観戦に行く。地元チームがタッチダウンを決めてスタジアムは大いに盛り上がる。時には紙吹雪が舞う。そのとき、ジラードは自らの名刺を紙吹雪の代わりにバラまくのだ！　すると、その名刺を見た人が車を買ったことがあったのだという。

私を救ってくれた金持ち父さんの話

先ほど、「金持ち父さん」の教えについて触れた。私が実際に面会してみて親しくなった金持ち父さんには、国籍を問わず共通点があった。

ひとつ目に、全員善人で明るいということだ。ネクラな人はひとりもいなかった。結局のところ、お金をたくさんもらってきたということは、そのお金以上の価値を世の中に与えてきたという証拠である。今豊かになっているということはこれまで凡人よりはるかに浮き沈みが激しい人生を送っているわけだが、それでいちいち打ちのめされていては到底やっていけないのだ。先に紹介した史上初の黒人メジャーリーガーのジャッキー・ロビンソンも自伝の中でこう断言している。

確かに一流選手の何人かはすごい報酬を得ているが、彼らは観客動員への寄与という形では、立派にその金に見合った働きをしているのだ。（366頁）

私に言わせれば、スポーツ選手がもらいすぎというのは大間違いだ。ほとんどの人が見るのはごくごく上澄《うわず》みの儲かっている選手だけだからそういうことを言うが、実際には大部分の選手が「競技で食えない」というのが実態である。そしてもらっている選手は実際のところそれ以上の売り上げとか価値を世にもたらしていることを忘れてはならない。

何も金銭的価値だけの話ではない。ベーブ・ルースが「予告ホームラン」で難病の子供に希望を与えたのが好例だ。そんなことは、一般人には絶対不可能である。トップアスリートとは現代の神話の主人公であり、いくらもらってももらいすぎではない。一方で、私が知る限り、下っ端でもテレビに出ていなくても食えているアスリートは相撲取りだけだ。

ふたつ目に、裕福な人たちは世界にもっと金持ち・豊かな人を増やしたがっている。その好例が、ロバート・キヨサキと今や大統領になったドナルド・トランプだ。ふたりの共著に『あなたに金持ちになってほしい』という本がある。原題は *Why We Want You to be Rich*、つまり「なぜ我々はあなた方に金持ちになってほしいのか」である。このタイトル自体が富裕層の思考回路を見事に言い表している。

私にサッカー選手の友人が多いのは、もちろん今まで出した本の実績があるからというのも大きいが、それ以上に大きいのは「ヒマだから」だ。

ほとんどの場合、サッカー選手というのは朝10時くらいから練習に行き、12時か12時半にはシャワーを浴び、少しマッサージを受けて解散、日中午後は何もすることがない。

当たり前の話だが、学生時代の同級生を呼び出そうにも、会社員になった面々は仕事中である。昼間にホイホイこられるはずがない。収入は確かに同級生一同より高い。下手すると10倍かそれ以上もらっているが、だからこそ話が合わなくなることもある。かといって同じチームの面々といっても、せいぜい二十数人である。何百人・何千人といる大企業とはわけが違う。しかも「女子社員」はいない。毎日一緒にメシを食っていたら飽きるのは当然だ。

そんな中、平日昼間でも都合がついて、一般サラリーマンよりは多少顔が広くていろいろ経験していて、まあまあ話が面白いのがいるとすれば、少しは助かるだろう。すなわち、私はサッカー選手たちの暇つぶしにちょうどいいのである。

同じ意味で、裕福になると昔の友達とはどうしても話が合わなくなったり、生活リズムがずれてきたりする。だから、お金持ちを増やすことはお金持ちの利益にかなうのだ。

キヨサキとトランプは「あなたに金持ちになってほしい。そうすれば、あなたは問題を引き起こす側ではなく、問題を解決する側に立つことができるからだ」という。つまり、何も義理人情だけで言っているわけではない。皆がお金持ちになれば自分たちに金を無心してくる者はいなくなる。国の体制・社会福祉も維持できる。何より、ふたりとも不動産投資をしているわけで顧客が増える。皆が貧しくなったらトランプ・タワーのテナントがいなくなってしまうではないか。

三つ目の特徴とは、「金持ち父さんとは、お金以外のすべてを与えてくれる」存在だということだ。

付き合っていて最初驚いたのは、こちらが頼んでもいないのに友人を紹介してくれることだ。商売の秘訣・アドバイスといったことであれば、隠し立てした人は、少なくとも私の周りにはひとりもいない。実に気前がいい。

お金持ちというのは、当たり前だが入ってきたお金（収入）より遣ったお金（支出）が少ない人種である。したがって、ムダ金・死に金を遣うことを極度に嫌う。だから、金持ち父さんと付き合ったらお金をもらえると思っているなら、期待しないほうがいい。

したがって、私は「金持ち父さん」たちからお金をもらったことはない……はずだが……いや、お金までも与えてくれた人物がひとりいた。

エロ本に連載されていた経営者インタビューのすごさ

もう10年以上前の話だ。私は近所のコンビニで一冊の本を購入した。夏目幸明著『掟破りの成功法則　破天荒創業者のマジ語り』である。たしか500円程度だったと記憶している。

著者の夏目とはその後親友となり、もう10年以上付き合いが続いているわけだが、この本において特筆すべきことは「初出がエロ本だった」ということだ。

常識で考えて経営者なら「週刊ダイヤモンド」とか「日本経済新聞」の取材なら断ることはないだろう。そこに載ること、取材されること自体がある種のステータスだからだ。

だが、エロ本などに出ても経営者にとっては何の足しにもならない。下手すると、「株価が下がる」と株主総会で怒られる恐れすらある。怒られるくらいならまだいいが、本当に株価が下がることも十分に考えられる。つまり、経営者側にとっては何のメリットもない話で、私に言わせれば「こんな場所に経営者を引っ張り出せる」こと自体が夏目の偉業である。

ふたつ目に、男なら誰でもわかるはずだがエロ本を買う目的は、絶対に「経営者インタビュー」ではない。オナニーのオカズにしたいからに決まっている。つまり、このエロ本を開いている男は下半身裸になり、右手を膨張した「バカ息子」にそえ、左手にティッシュを構え、「臨戦態勢」になっているわけだ。そこからもう一度パンツをはかせ、経営者インタビューを読ませる筆力というのは、並大抵のものではない。

はっきり言って、今の私は出した本の数も売り上げ部数も夏目を抜いた。本書はもう300頁を超えている。ここまであなたが読み続けられているということは、私もプロの物書きとしてまあまあ筆力があるという証拠だが、それでも私はエロ本に経営者の話を書いて、読ませる自信はない。だから未だに物書きとしての文章力という面において私は夏目幸明に劣っているのである。

唯一無二の生きる道

そんな本の中に、青木秀雄という人物が登場していた。長年実兄・定雄を支えて一代で関西のタクシー大手・MKタクシーを作り上げた立役者のひとりである。当時彼はMKを離れて近畿産業信用組合（通称：近産）の副会長になっていた。

高校時代からMKタクシーの業績を知っていた私は夏目にどうすれば青木秀雄に会えるのか聞いてみた。「いや、普通にMKタクシーへ電話したら会えたけど」という。そんなに簡単なのか、と半信半疑だったが別用で関西へ行くときに恐る恐る電話してみると、本当に時間をとってくれるという。こうして私は青木秀雄と出会い、親しくなった。そして、関西へ行くたびに近産の副会長室に行くようになった。

青木秀雄は、1936年に兪《ユ》台植《テシク》として朝鮮半島最南端の島・南海島に生まれた。幼いときに不注意から足の火傷を負い、その後キリスト教の洗礼を受けた。そして高校卒業後すでに日本へ渡っていた兄・定雄を頼り、日本行きを目指すことになる。

> 海軍士官学校に落ちると、もう、日本へ行くこと以外に生きる道は見えませんでした。漠然とですが、日本に行けばお金を稼げるように思えました。実際、日本に行ってお金

を稼いだ人たちが、私が住んでいた南海のほうにはかなりいました。何よりも兄がまず日本へ渡っていたことが私の心を大きく動かしました。（青木秀雄著『お金ではなくいのちです』127頁）

青木秀雄という人は、筋金入りの商売人だった兄・定雄とは違い、本質的なところで商売人ではなかった。商売の話も聞けば答えてくれるが、いつも口にするのは神のありがたさであり、キリスト教の教えだった。毎週日曜日には教会での礼拝を決して欠かすことがなく、長老としてしばしば韓国語でスピーチをしていた。だから最晩年まで韓国語を忘れることはなかった。数えきれないほど何度も会い、いろいろなことを話したが、急にこんなことを言い出したことがあった。

「大丸さん、実はね、私はあなたと一緒にお昼ご飯を食べに行くことができないのですよ」

当初意味がわからなかった。もしやいい加減押しかけて来るのをやめてくれという婉曲《えんきょく》的な断り文句なのかと思った。しかし、そうではないという。

「私はこういう仕事をしているから、金融庁から毎日の言動や食事の相手もすべてチェックされるんですよ。だから夜も高い料亭などには行きようもないんですよ」

もっとも、「高い料亭」など元々興味がない人だったからそれほど苦痛でもなかったのだろうが、たしかに10年近く付き合いが続いて結局青木秀雄と私が一緒に食事することは一度もなかった。

そうやって何年も付き合いが続き、あるとき仕事の依頼を受けた。もちろん断る理由もなかったが、ひとつだけ問題があった。当時の私は手元不如意だった。わかりやすく言うと、お金に困っていた。

私はお願いしてみることにした。

「半額でいいので、前払いにしていただけますか？」

すると青木は即座に「いいですよ」と言ってくれた。その後本人に確認することはなかったが、私の経済状態などとっくに見抜いていたのだろう。

だがまだ難関があった。その後、近産の担当者から次のような電話がかかってきた。

「率直に申し上げまして、大丸さんは手前どもに口座を作られているわけではなく、取引相手としては資格不十分なのです。しかし、副会長がどうしてもと申しておりますので……」

「どうすればよろしいですか？」

「紙1枚でかまいませんので、作業計画書のようなものをお作りいただき、FAXで送っていただけますか？」

紙1枚なら、と私は大急ぎで作業計画・納品予定などを書き込み、その日の午前中のうちに送信した。

すると午後一番には、本当に約束通りの金額が私の口座に入金されていた。これで月末の家賃が払える。ATM記帳であらためて確認し、私は自宅に戻って周りに誰もいないのを確かめ、青木秀雄がいる大阪に向かい土下座した。あなたのことだけは裏切りません。一生ついていきます、と――。

「専横的」な善

こうして数か月後に納品を終え、すべてが完了し、そのまま本章を終えることができればどんなによかっただろう。しかし現実はそれを許さなかった。青木定雄・秀雄・そして定雄の三男・義明は近畿産業信用組合の役員会で解任された。2013年5月のことだった。ちなみに、そのときに挙げられた解任動議の理由はこうだ。

「定雄、秀雄兄弟は代表権を有する会長、副会長の立場を利用し、従前から組織の意思決定プロセスを無視した独断、専横的な命令・指揮をもって物事を進めてきた事実がある」

結論から言うと、ある意味でその通りである。私の事例から見ても「組織の意思決定プロセスを無視」しなければ、あんなに早く決定と入金ができるはずがない。

ただ、ここで問題にすべきは「なぜ、何のために独断、専横的な命令・指揮」をしてきたかではないか。もし青木兄弟が信用組合のお金を自分の口座に入れていたとか、何か横領していたというのであれば許されることではないし、私がどうこう言う前に司直の手が伸びるに決まっている。

だが青木秀雄がそのように物事を進めたのは、私のような中小、というより零細企業にすぐお金を回すためだったのである。そのために救われたのは、決して私だけではないことを知っている。

昔、とあるアメリカ人のビリオネアは息子へ次のように説いたという。

「請求書がきたらすぐ支払いなさい。相手が零細企業ならなおさらだ。彼らは今すぐにお金が必要なのだから」

解任動議を知った私は、居ても立ってもいられず、青木秀雄が暮らす京都へ向かった。そして、京都駅前にあるMKタクシー専用のラウンジで久しぶりに対面した。

久々の対面

今まで私はさんざんいろいろな人種と対面してきた。

だが、さすがに功成り名遂げたのち、70代後半という最晩年に至って地面にたたき落とされた人物とは会ったことがなかった。しかも人生の恩人である。一体、どんな言葉をかければよいのかわからなかった。だから私はただ正直に思うことを伝えるしかなかった。

「僕にとってもこういう事態は初めてでどんな言葉をかければいいのかわからないのですが、あなたがくれた仕事のおかげでほんの少しだけ食えるようになりました。その感謝だけは伝えたいと思って京都に来たんです」

「それは嬉しいなあ」

喜んでくれた。そして独白を始めた。

「はっきり言ってね、ＭＫが潰れたら自分たちだけが責任を取ればよかったんですよ。でもね、金融機関の長になると関西全体の中小企業の命運を背負うことになります。それは会長も苦しかったと思うし、そんな中で新聞のネガティブキャンペーンにやられ、心労が重なって病気になった部分はあったと思いますよ」

青木秀雄は無念の思いを隠そうともしなかった。「会長」すなわち青木定雄は長年にわたり闘病生活が続いていた。

そして青木秀雄自身も肺がんを切ったことがあった。そのころには頭痛にも悩まされていた。あとで判明したこの頭痛の原因は脳腫瘍《のうしゅよう》だった。

「でも、青木さんも体調はよくなかったんでしょう？　いつか、〝そろそろ引退しては？〟って私が言ったことがあったでしょう。本当は休んでほしかったんですよ」

「いや、休めんかった。兄貴が倒れて、私まで休んでいたら、話にならんですよ」

そうやってしばらく私たちふたりは話し続けた。

最後のほうに、私は聞いた。

「で、今後青木さんはどうするんですか？　何かできるなら協力したいのですが」

すると、青木秀雄はこう答えた。

「いや、こんなことは私自身初めてだからどうするかは自分でもわかっとらん。だからね、毎朝教会で祈りを捧げて神のお導きを待っているところですよ」

そのとき私は悟った。この人は、確かに権力闘争で負けて退場宣告を受けた。だが、少なくとも一クリスチャンとして神様に見られて恥じることはしていないのだ、と――。

そろそろ別れの時間が近づいてきた。私は次の約束があり、近鉄線で移動することになっていた。

青木秀雄と私は肩を並べて切符売り場まで歩いて行った。少しでも長くこの人と一緒にいて、支えになりたいと思い歩く速さは普段より遅くなった。

歩いている途中なので、私は前を向いたまま青木秀雄の顔を見ないようにして話した。間違って目が合うと、確実に私は泣いてしまうからだ。

「今後このまま引退して孫の子守をするのか、MKに復帰するのか、それとも全く別の道にいくのか、それはあなたの人生だから僕が口を出すことはできません。でもね、何をするにしても、必ず私を計算に入れてください。そして利用してください。呼び出しがあれば、何をさしおいても必ず京都に馳せ参じますからね」

いくら才能があっても、「見つけてくれる人」が必要

その後私は何としても青木兄弟の名誉を回復したいと思い、ありとあらゆる手段を試みた。

1年に3冊、4冊とずっと出し続けたのは、ひとえにそれで実績を作り、ふたりのことを書ける場を作りたいという悲願からだった。それで少しでも顔と名前が売れるなら、全国ネットのテレビで変なテロップがつけられようと、平気だった。ふたりの命には、タイムリミットがある。Xデーがいつ来るかわからない。生きている間に何とかしなければ。だが、間に合わなかった。

ある日のこと、私は久しぶりに青木秀雄の携帯に電話をかけた。夫人が出てきたが、それ自体は入院中であれば特に不思議ではない、と最初思った。

「実はどこにもお知らせしていなかったのですが、主人は3月に――」

あとは夫人も声にならなかった。そして私の視界が完全にぼやけた。

「なんで？　まだ僕はあの人のために何もできていないのに！」

私は無念のあまり机を叩きながら号泣するしかなかった。それから20分か30分かわからないが、夫人と私は電話越しに泣き叫び続けた。意味のある会話などお互い全くできなかった。親が死んでもこんなには泣かないだろう、というくらい私は泣きじゃくった。

本書の中で、私は自分のことを正真正銘の天才だと断言し、オレが報われるのは当然だ、どんなテーマでもオレのときだけ売れる、とかなんとか好き放題書いてきた。もちろん裏付けになるデータがあるから本当のことを言っているだけなのだが、本書をお読みの10代・20代前半の若者にこれだけは伝えておきたい。

君がどんなに天才だとしても、生かす場と認めて引き上げてくれる大人がいなければ、なんにもならないのだよ、と。

いかに将棋の天才でも、プロの将棋がない南極に行けばなんの役にも立たない。どんなに才能に恵まれた役者・スポーツ選手でも、監督に選ばれて使ってもらわなければ花開くことはない。セリーヌ・ディオンのような最上級の天才、世界最高の歌手でさえ、今は亡きレネ・アンジェリルというマネージャーが才能を信じ、自宅を抵当に入れてまで賭けてくれたからデビューできたのだ。もしあなたが天才でないなら、なおのこと誰かに引き上げられなければダメだ。

今の実績がある私ではなく、まだ20代の何者でもなかった私を青木秀雄は信じ、取り立てて仕事を与えてくれた。にもかかわらず、私は何もお返しにしてあげることができなかった。私が佐藤優《まさる》なら、『国家の罠』のような本を書いてとっくの昔に一発で青木兄弟の名誉回復ができていたはずだ。ひとえに私の実力不足であり、生涯の痛恨である。

生涯の敗北

今、青木秀雄は京都にある教会の納骨堂に眠っている。

私はあの電話から間もなく京都へ向かい、教会の前で夫人と待ち合わせた。そして、教会の裏手にある納骨堂に通され、「僉台植」と書かれたコインロッカー状の扉を開けた。

叶わぬことと知りながら、私はそれでも扉の中が空っぽであることに一縷《いちる》の望みを抱いていた。だが、そこには間違いなく骨壺があり、笑顔の青木秀雄の遺影が立てかけられていた。もはや私は立っていることができず、再び膝から崩れ落ちてしゃくりあげた。この人のために、私は何もしてあげることができなかった。今までの私の人生は何だったのだろう。生涯の敗北を認めざるをえない瞬間だった。

はっきり言おう。確かに私は売れっ子となり、食えるようになった。売れなかったときと比べれば、断じて不幸ではない。売れなければよかった、とは絶対に思わない。でも、今の私は全然幸せではない。全く満たされていない。本当に助けてあげたかった人を助けることができないまま、見送るしかなかった。マーガレット・サッチャーは、Might is right（力は正義なり）と説いた。少々売れても、私には全然力がなかった。正しさを貫くには力の裏付けが必要なのだ。この無力感と満たされない思いから、私は生涯解放されることはないだろう。

「あなたの名前は主人からよく聞いていました。そして、大丸さんのことを話すときの主人は、いつも誇らしげでした」

私たちは近くの喫茶店に入った。そして夫人の言葉で、再び私の涙腺は崩壊した。

青木秀雄と私は、言ってみれば年に1、2回、1、2時間話す程度の関係だった。だから、あの遺影に残る笑顔以外の表情を見たことがない。

私よりはるかに長く彼の下にいた近産の面々には、もちろん言い分もあろう。想像だが、私の一件のような事例がほかにも多々あり、そんなときに多少声を荒らげたり、恐怖を感じた部下がいた、おそらくはそういうことなのだろうと思う。ひとつだけ確かなことは、青木秀雄の「独断、専横的な命令」のおかげで私が食えるようになり、ほかにも多くの人たちが救われたという事実だ。

そして、2017年6月8日、青木定雄もまた11年間の闘病生活ののち、この世を去った。

最後は執念だ

2年ほど前だろうか、私は衝撃の一冊を発見した。*Gold Mine Effect* という本である。著者はデンマーク人のサッカーコーチである。彼は不完全燃焼な選手生活を終え、指導者となり、アカデミーを開いた。よくある話である。そして、何人かの仲間のコーチと指導を始めたわけだが、この教え子の中でどの子が大成するか予想して紙に書いておこうということになった。そして各々のコーチは見込みがあると思った選手の名前を書いて封筒に入れ、金庫にしまった。

数年後、教え子のひとりがチャンピオンズリーグに出場した。そこであのときの約束を思い出して金庫を開けて自分たちが書いた名前を見たのだが、驚くなかれ、誰ひとりとして彼の台頭を予測できていなかったのだ！

そして考えてみると、特定の競技において特定の国が集中的に名選手を輩出しているという事実がある。マラソンのケニアとエチオピア、サッカーのブラジル、女子ゴルフの韓国、陸上短距離のジャマイカといった国々だ。そこで著者はこういった国々に飛び込み、なぜ連綿と名選手を生み出せるのか徹底調査することになった。

その本の中で私にとって一番の衝撃はジャマイカ篇だった。ジャマイカにはオリンピックのメダリストを数々生み出した陸上のクラブがある。そして著者はそこのコーチに対して「お宅の国の優れた短距離選手の中で、ひとりだけ金メダルを獲る男は一体何が違うのか？」と問いかけた。要は、ウサイン・ボルトとそれ以外は何が違うのかということだ。普通に考えれば、長々とした文章の答えが返ってきそうではないか。著者もそう思っていたらしい。しかし、コーチの返答は簡潔そのものだった。"Who wants it most" すなわち、金メダルを一番欲しがっているヤツが、金メダルを手にするというのだ。

一番欲しがるやつが勝つ

私が年に2回行くバンコクで、必ず一緒にメシを食う男がいる。タイのプロサッカー強豪クラブ・ムアントンに所属する青山直晃《なおあき》という選手である。彼はもうムアントンで4年間にわたり不動のセンターバックを務め続けている。どんな競技であれ、外国人選手が4年間優勝争いをするチームに残り続けるというのは並大抵のことではない。いつだったか、私がこの話を青山にしたとき、彼は文字通り膝を叩いた。

「あ、それわかるわかる！　ものすごくわかります。僕らの世代で、一番求めていたのは間違いなく本田圭佑でしたから。だってあいつ、19のときからもうチームメイトを家庭教師にしたてて英語の勉強をしていましたよ。僕なんか、29でこっちに来て、初めて英語の大切さを理解できたくらいですからね……」

「それ、19で気付いてたらたぶん人生変わってたね」

「ほんとそうですよね……」

私が、ノバク・ジョコビッチに魅せられたのは、まさにその「執念」だった。

私の日本語訳が出たのは2015年3月だったが、あのころ彼はグランドスラムの中で全仏だけは制覇できていなかった。そんなときに、彼が全仏で勝つために続けていたのは「フランス語の猛特訓」だった。一見テニスに関係なさそうだが、これほど関係のある特訓はほかにない。

フランス語を話せるようになれば、間違いなくフランスの観客を味方につけることができる。そしてシャワーを浴びたりトイレに入っている間にフランス語の優勝スピーチを暗唱していれば、それは最高のイメージトレーニングとなる。実際、2016年の全仏決勝において、何度ノバクコールが起きて試合が中断されたことか。

私が彼の動向を追うようになったころには、すでに試合後のインタビューやスピーチもすべてフランス語でこなしていた。少し考えればわかることだが、身近な人とプライベートで話すのと、公の場で話すのは全く別の技量である。日本人でも、生まれてこの方何十年も日本語しか話していないのに日本語でスピーチできない人がいくらでもいるではないか。私はプロのポリグロット（多言語話者）だからこそ、あそこまでいくのにどれほどの時間と努力がいるのかを知っている。そういう観点から見れば、フランス語を勉強していない選手は、そこまでして全仏なりパリオープンなりで勝ちたくない、ということになる。

もう20年以上前の話だが、物の本で今は亡き伝説のF1レーサー、アイルトン・セナのインタビューを読んだことがある。引退したレーサーに「私の現役時代には、君のような危ない運転をするドライバーはいなかった」と問い詰められたとき、セナはこう返答したという。

「あなたの現役時代には、私ほど勝ちたいヤツがいなかったんだ」

その後私はセナがこの発言をしている瞬間の映像をかなり手を尽くして探したが、今のところ見つかっていない。だがひとつだけ確かなことがある。本当にセナがこう言ったかどうかは別として、この言葉は今に至るも私の人生の支えになっているということだ。

私は幼少期から貧困の辛酸を嘗《な》め尽くした。何がなんでも抜け出したかった。そう強烈に信じ続け、願い続け、動き続けたら、確かに抜け出すことができた。

結局のところ、最後にわかったのは青木秀雄と私は思った以上に似た者同士だった、ということだった。

どちらも貧困の中でのたうち回り、小さな故郷に飽き足らず、外の広い世界に活路を見出そうとした。というより追い詰められて見出す以外に道がなかった。一時期MKを離れて米国に移住したこともあったが、したがって複数言語を自在に操ることができた。

若いころは手段を選ぶことなく成り上がろうとしていたが、結局のところ商売人にはなり切れない一面があった。私が真の商売人だったら、こんな原稿を一文字一文字重ねて利益率が低い仕事を続けているはずがない。

たしか、京都の教会に行ったときだった。説教を終えたころを見計らい、聞いたことがある。

「青木さん、そういえば大学の勉強って事業にどのように役立ちましたか？」

よくたたき上げの経営者で、したり顔で「学校の勉強なんか役に立たたん」という人がいる。ちなみに彼は立命館大学の法学部卒である。

「いや、それがあの裁判のときにものすごく役に立ったのですよ」

あの裁判とは――本人の言葉をそのまま引用する。


「'83年に、『運賃の値下げをしたい』と大阪陸運局を相手に訴訟を起こしたのがきっかけですわ。この業界は2年に1度、運輸省主導で機械的に値上げをしておったんです。ところがオイルショック以降、経済が横ばいなのに運賃を上げたもんやから、お客さんがタクシーから逃げ始めた。単純な話、不況の時に商品の値上げする店はありまへんやろ？」（夏目幸明著『掟破りの成功法則』より）

タクシー同一運賃ということは資本主義の大原則である自由競争の原理に反する、つまり監督官庁が法律に違反していたのである。それを青木兄弟は正したわけだ。ある意味で、観光庁が露骨に法律違反を犯し、国益を損なうことばかりを行っている現在の民泊問題に重なるところがある。実際、青木秀雄は下手な弁護士よりはるかに法律に詳しかった。

だからどんな人も生涯勉強をやめてはいけないし、学歴を否定してはいけない。特殊技能ですでに食える見込みがあって世界の頂点を目指せるなら話は別だが、それ以外の場合、行けるなら、できるだけ上の学校まで進んだほうがいい。本書で取り上げた離婚もそうだが、学があればこそ身を守ることができる場面は、人生で思った以上にたくさんあるのだ。

すべてはスクワット10回、腕立て伏せ20回から始まる。次は1㎞を走る。毎日3㎞走れば基礎英語か「Learning English」1回分は聞ける。それから相撲部屋に入門するか、何も考えずに200万円貯金する。それから競争が激しくない分野で売って売って売りまくり、お金があるところに身を寄せる。そうすれば、必ず貧困からは抜け出せる。

これから日本の格差はますます広がっていく。人口は減り、国全体が下り坂に入っている。それでも、本気で願い続け、正しい方法・手順を踏めば、人類最悪の病魔・貧困は必ず克服できる、と私は今も信じている。

あとがき
本当のターニングポイント

本書もそろそろ終わりとなってきた。結局のところ、本書のメッセージは明確そのものである。貧困にいいことは何ひとつなく、いつか撲滅しなければならない世界的な疾病だということだ。そして、貧困から抜け出すのは生半可なことではない。これをすれば簡単に抜けられます、とか誰でも簡単に300万円儲かります、といった方法は残念ながらない。

これまでにさんざん明かしてきた通り、私自身貧困から抜け出すために悪戦苦闘を重ねた。その中には無駄なもの、役に立たない回り道があまりにも多かった。だからこそ、これから私以上に苦しい状況を乗り越えなければならない人たちが遠回りしなくていいように、という一心で1年以上にわたり取材と執筆を続けたのだ。

最後に、これだけは言いたくないのだが……という秘密をひとつ明かそう。本書で私が紹介してきた理論の大部分は、1枚のDVDから導き出されたものなのだ。その名を「紳竜の研究」という。

このDVDは、吉本興業が開いているお笑い芸人のための学校で今は諸事情により引退した島田紳助氏がなぜ自分が売れたのか、紳助・竜介のコンビがどのような戦略をたてて目論み通りに世に出ていったのかを洗いざらい明かしてしまった約2時間の講義である。

たとえばの話だが、世の中には自己啓発の講師などで「好きなことを仕事にしましょう」と説く人がいる。実に耳ざわりがいい言葉だ。しかし、考えてみればおかしくないか。好きなことを仕事にできるのなら私はメジャーリーガーになっていなければおかしいし、ストリートミュージシャンは全員食えているはずではないか。

では、なぜストリートミュージシャンの大部分が食えていないのか。話は簡単である。「売り方がわかっていない」、そして「誰のために歌っているかが不明確」だからだ。

よくあるのが「ファンのために歌っています」という人だ。しかし、お前のファンはどこにいるのだ、という話になる。ファンがどこにいるのか、それは誰なのか、どれくらいの規模なのか全くわかっていない、あるいはそもそもまだファンがいない場合もある。これでは売れるはずがない。

もうひとつ「愛する人のために歌っています」も多い。たとえば、若かりし日のマライア・キャリーは夫となったレコード会社社長のために歌っていた。これならいい。同じ意味で、凄腕マネージャーの夫のために歌い続けてきたセリーヌ・ディオンもいい。しかし、そんじゃそこらの何もないフリーターの彼氏のために歌ったとしても、飯の種にはならない。かつて華原朋美が売れたのは、誰のためという相手が当代一番の凄腕プロデューサーの彼氏だったからだ。この人を納得させられれば、大衆を納得させられるはずではないか。

同じ意味で、スポーツ選手で最近プロデビューしたばかり、二軍から一軍にあがってきた程度の選手が「ファンのため」にプレーするというのは私に言わせれば身の程知らずである。スポーツ選手には、まず監督がメンバー表に名前を書かなければ先発出場できない、という宿命がある。だったら、まずは監督のため、監督のことを考え、監督の求めることを実現することだけに集中すべきなのだ。同DVDでは、この「誰のために」という一番根源的な問いに対して明確な答えを示している。この話を踏まえたうえで、DVDを見るときに一体タカ大丸は誰のために書いているのかを類推してみることが大切だ。ここで正しい答えを導き出せた人は、一歩大きな前進を果たせたことになる。

ほかにも「XとYの法則」というものもある。「本来XとYが何かを知ったうえで悩まなければならないのに、XもYもわからんと悩んでいるヤツが多すぎる」と紳助氏は説く。本当にその通りだと思う。

それから忘れてはならないのが「一発屋とは何か」である。なぜに一発屋というものが生まれて、一発屋は一発だけで消えていくのか。まあ、私に言わせれば世の中の大部分はその一発すら出せない「零発屋」なわけで一発こっきりでも当てられただけ上出来だと思うのだが、一発で終わらないためには絶対に知っておかなければならないことがここですべて語りつくされている。私が「モウリーニョ」以降一発だけで終わらなかったのはひとえにこのＤＶＤのおかげである。

ちなみに、ひとつだけ異議を申し立てておこう。紳助氏は自分の言葉をノートに書き留めようとする受講生たちに対し、「ノートはとらんほうがええよ」と声をかける。しかし、私に言わせればノートをとったほうがいいと思う。理由は簡単で、そのほうが語り手の「自己重要感」を引き出し、気持ちよくしゃべらせることができるからだ。気持ちよく相手をしゃべらせれば、思わぬ秘密が聞き出せることも出てくる。フレデリック・フォーサイスは『ジャッカルの日』や『オデッサ・ファイル』『戦争の犬たち』などの作品を書くために、「取材中は一切ノートもとらず、録音もしないようにして秘密を聞き出し、別れた後にすべてをノートに書き込んだ」らしいが、これは地下組織や裏社会の人間を相手にするときの手法であり、表に生きている人が対象ならノートをとったほうが圧倒的にメリットが大きいというのが今までの私の実感だ。

ほとんどの場合、傑作小説を映像化・映画化すると面白くなくなるという場合が多い。しかし、これに関してはその後書籍化もされているが絶対にＤＶＤで観たほうがいい。このＤＶＤを30回くらいは見て、自分の業界に当てはめた公式を作り出せたら絶対に第一人者になれる。あくまでも想像だが、出版業界でも著者の中にはこのＤＶＤを観た人が一定数いたと思うが、翻訳者の中では皆無だったに違いない。もし観て咀嚼《そしゃく》していれば、私以外にもうひとりくらいは売れているヤツが出ているはずだからだ。

大真面目な話、もし島田紳助氏が本書をお読みになることがあれば、御礼に一席設けたいのでぜひご連絡いただきたい。

おそらく、今本当に貧しさで苦しんでいる人には、本書を買うお金すらないだろう。だが、考え方やキャリアを実践するにはこれから10年間で100回は読み返してほしい。図書館で借りるのはダメだ。読んだ人の血肉にならない。そのため、本書を読んで救いになると思った方は、本書を5冊か10冊お買い求めのうえ「こども食堂」で配ってほしい。学校の先生で、教え子にこういう問題で苦しんでいる子がいれば、本書を買い与えてほしい。

【著者略歴】

タカ大丸

英語同時通訳・スペイン語翻訳者のポリグロット（多言語話者）。

1979年福岡県生まれ岡山市育ち、最下層の貧困母子家庭にて少年時代を送る。中学時代から4年間新聞配達を続け、高校時代から米国留学を志し独学で英語の勉強を始める。高校卒業後肉体労働で資金をため2000年1月に米国ニューヨーク州立大学ポツダム校に入学、政治学を専攻し、イスラエルのテル・アヴィブ大学でも交換留学で学ぶ。

卒業後は様々な職業を経験後、翻訳者として『ジョコビッチの生まれ変わる食事』（三五館）、『モウリーニョのリーダー論』『クリスティアーノ・ロナウド』（実業之日本社）など、自ら発掘した海外書籍を刊行しベストセラーに、累積25万部を超える。ライターとしてオンライン媒体・オフライン雑誌などへの寄稿も多く、「たけしの超常現象Xファイル」（テレビ朝日）「水曜日のダウンタウン」（TBS）などテレビ出演も多数。「見た目が怪しい通訳」の異名をとり、日本唯一の視聴率をとれる通訳者でもある。

貧困脱出マニュアル

2018 年 10 月 11 日　第 1 刷発行

著　者　タカ大丸
発行者　土井尚道
発行所　株式会社　飛鳥新社
〒101-0003東京都千代田区一ツ橋2-4-3
光文恒産ビル
電話（営業）03-3263-7770（編集）03-3263-7773
http://www.asukashinsha.co.jp

装　丁　井上新八

印刷・製本　中央精版印刷株式会社

ISBN978-4-86410-639-9

編集担当　矢島和郎